国家出版基金项目
NATIONAL PUBLICATION FOUNDATION

网络强国建设

物联网在中国

"一带一路"
与全球现代供应链

"The Belt and Road"
and Modern Global Supply Chain

李芏巍 编著

电子工业出版社
Publishing House of Electronics Industry
北京·BEIJING

内 容 简 介

　　"一带一路"与全球现代供应链是全方位开放的必然，标志着中国从参与全球化到塑造全球化的态势转变。本书将"一带一路"倡议和全球现代供应链两大主题联系在一起，在系统、准确的理论框架下审视"一带一路"与全球现代供应链的特征，为相关研究提供了新的参照；从前向联系和后向联系的双重视角全面分析，研究内容涵盖单边整体和双边联系，从而更完整地刻画特征。

　　本书对于"一带一路"与全球现代供应链的全面认识和理解，既可为落实"一带一路"与全球现代供应链加快"走出去"提供支撑，也可为从事"一带一路"与全球现代供应链工作的相关人员提供参考。

图书在版编目（CIP）数据

"一带一路"与全球现代供应链 / 李芏巍编著. —北京：电子工业出版社，2021.6
（物联网在中国）
ISBN 978-7-121-41817-4

Ⅰ. ①一…　Ⅱ. ①李…　Ⅲ. ①供应链管理—研究　Ⅳ. ①F252.1

中国版本图书馆 CIP 数据核字（2021）第 169609 号

责任编辑：李　敏
印　　刷：固安县铭成印刷有限公司
装　　订：固安县铭成印刷有限公司
出版发行：电子工业出版社
　　　　　北京市海淀区万寿路 173 信箱　邮编　100036
开　　本：720×1 000　1/16　印张：20.25　字数：426 千字
版　　次：2021 年 6 月第 1 版
印　　次：2021 年 6 月第 1 次印刷
定　　价：149.00 元

　　凡所购买电子工业出版社图书有缺损问题，请向购买书店调换。若书店售缺，请与本社发行部联系，联系及邮购电话：（010）88254888，88258888。

　　质量投诉请发邮件至 zlts@phei.com.cn，盗版侵权举报请发邮件至 dbqq@phei.com.cn。

　　本书咨询联系方式：（010）88254753 或 limin@phei.com.cn。

《物联网在中国》（二期）
编委会

主　任：张　琪

副主任：刘九如　卢先和　熊群力　　赵　波

委　员：（按姓氏笔画排序）

专家委员会委员（按姓氏笔画排序）：

于　全　中国工程院院士

王　越　中国科学院院士、中国工程院院士

王小谟　中国工程院院士

王少萍　"长江学者奖励计划"特聘教授

王建民　清华大学软件学院院长

王哲荣　中国工程院院士

尤肖虎　"长江学者奖励计划"特聘教授

邓玉林　国际宇航科学院院士

邓宗全　中国工程院院士

甘晓华　中国工程院院士

叶培建　人民科学家、中国科学院院士

朱英富　中国工程院院士

朵英贤　中国工程院院士

邬贺铨　中国工程院院士

刘大响　中国工程院院士

刘辛军　"长江学者奖励计划"特聘教授

刘怡昕　中国工程院院士

刘韵洁　中国工程院院士

孙逢春　中国工程院院士

苏东林　中国工程院院士

苏彦庆　"长江学者奖励计划"特聘教授

苏哲子　中国工程院院士

李寿平　国际宇航科学院院士

李伯虎　中国工程院院士

李应红　中国科学院院士

李春明　中国兵器工业集团首席专家

李莹辉　国际宇航科学院院士

李得天　国际宇航科学院院士

李新亚　国家制造强国建设战略咨询委员会委员、
　　　　中国机械工业联合会副会长

杨绍卿　中国工程院院士

杨德森　中国工程院院士

吴伟仁　中国工程院院士

宋爱国　国家杰出青年科学基金获得者

张　彦　电气电子工程师学会会士、英国工程技术
　　　　学会会士

张宏科　北京交通大学下一代互联网互联设备国家
　　　　工程实验室主任

陆　军　中国工程院院士

陆建勋　中国工程院院士

陆燕荪　国家制造强国建设战略咨询委员会委员、
　　　　原机械工业部副部长

陈　谋　国家杰出青年科学基金获得者

陈一坚　中国工程院院士

陈懋章　中国工程院院士

金东寒　中国工程院院士

周立伟　中国工程院院士

郑纬民　　中国工程院院士

郑建华　　中国科学院院士

屈贤明　　国家制造强国建设战略咨询委员会委员、工业
　　　　　和信息化部智能制造专家咨询委员会副主任

项昌乐　　中国工程院院士

赵沁平　　中国工程院院士

郝　跃　　中国科学院院士

柳百成　　中国工程院院士

段海滨　　"长江学者奖励计划"特聘教授

侯增广　　国家杰出青年科学基金获得者

闻雪友　　中国工程院院士

姜会林　　中国工程院院士

徐德民　　中国工程院院士

唐长红　　中国工程院院士

黄　维　　中国科学院院士

黄卫东　　"长江学者奖励计划"特聘教授

黄先祥　　中国工程院院士

康　锐　　"长江学者奖励计划"特聘教授

董景辰　　工业和信息化部智能制造专家咨询委员会委员

焦宗夏　　"长江学者奖励计划"特聘教授

谭春林　　航天系统开发总师

序

2018 年 7 月 25 日，中国国家主席习近平在金砖国家工商论坛上指出，当今世界正面临百年未有之大变局。国际格局和力量对比加速演变，世界经济新旧动能快速转换，全球治理体系深刻重塑。而"一带一路"正是这一时代的产物，将为这一时代的演变添砖加瓦。

"一带一路"倡议不仅有时代的烙印，更有中国的印记。它由中国国家主席习近平提出，通过加强政策沟通、道路联通、贸易畅通、货币流通、民心相通，以点带面，从线到片，逐步形成区域大合作，构建全球经济命运共同体。

2019 年 11 月 5 日，中国国家主席习近平在第二届中国国际进口博览会开幕式上作主旨演讲指出，经济全球化是历史潮流。世界经济发展面临的难题，没有哪一个国家能独自解决，因此要共建开放合作的世界经济。当今世界，全球价值链、供应链深入发展，你中有我、我中有你，各国经济融合是大势所趋，而"一带一路"正是这一潮流中的巨浪。

全球现代供应链是一种新型的国际关系，是一种新型的国际治理模式。经济命运共同体与全球命运共同体是全球现代供应链追求的目标。中国国家主席习近平指出，"我们应该谋求包容互惠的发展前景，共同维护以联合国宪章宗旨和原则为基础的国际秩序，坚持多边贸易体制的核心价值和基本原则，促进贸易和投资自由化便利化，推动经济全球化朝着更加开放、包容、普惠、平衡、共赢的方向发展。"

我们应该推动不同文明相互尊重、和谐共处，让文明交流互鉴成为增进各国人民友谊的桥梁、推动人类社会进步的动力、维护世界和平的纽带。千百年来，丝绸之路承载的和平合作、开放包容、互学互鉴、互利共赢精神薪火相传，我们要弘扬这种丝绸之路精神。中国的经济发展有成功的经验，也有失败的教训。从历史的长镜头来看，中国发展是属于全人类进步的伟大事业。中国将张开双臂，为各国提供更多市场机遇、投资机遇、增长机遇，实现共同发展。

李芏巍是我在物流界的一位老朋友，他对我国各地物流业及物流园区的规划做出了很大贡献，其中规划项目的成果质量与水平相当不错，对现代物流与现代供应链也有许多独到的见解。他很早就建议成立中国供应链智库，整合全国供应链领域精英，承接来自市场的供应链咨询，开展国际间交流合作。听闻李芏巍要写《"一带一路"与全球现代供应链》这本书，我非常高兴，也十分欣慰，但我知道肯定不好写，因为"一带一路"的推进是动态的，随着"一带一路"的实施，会出现各种不同的认识。前后经过两年的努力，这本书终于完稿并能很快与读者见面了，这为"一带一路"与全球现代供应链的后续研究开了个头。

亲爱的读者，你们看的是《"一带一路"与全球现代供应链》这本著作，品味的是"丝绸之路"的不朽精神，走的是充满机遇之路。我一直深信，经过 10～20 年的努力，中国特色的供应链理论与实践将走在世界前列。

前　言

　　世界各国因全球化发生变化，中国也因"一带一路"与全球现代供应链发生巨大变化。

　　"一带一路"是中国拥抱世界、拥抱和平的体现，是中国主动融入经济全球化，敢于担当、敢于作为的重要举措；"一带一路"的终极目标是打造"人类命运共同体"，符合全人类的诉求，将为人类文明提供一个全新的起点。"人类命运共同体"不局限于一个国家或一个地区的发展，而是关注全人类的发展。

　　"一带一路"倡议由物流通道连接，构建起一个内部高效运转、外部通达主要国家目标市场的全球现代供应链体系，中国必须融入全球现代供应链体系中。中国拥抱世界和平，抓牢人类共同休主线，才会突破获得"全球链"价值。这更加彰显"一带一路"倡议拥有的更长远的三大历史使命：一是全球经济增长之道；二是实现全球化再平衡；三是创新合作新模式。当"一带一路"转向"全球现代供应链、价值链"，并汇聚核心思想精华时，将释放无限的发展空间。

　　21 世纪的竞争不再是企业和企业之间的竞争，而是供应链和供应链之间的竞争。本书从不同的视角剖析"一带一路"与全球现代供应链，立体、全面地刻画"一带一路"与全球现代供应链的特征。本书的核心体现在两个方面：一是"一带一路"倡议全面梳理；二是"全球现代供应链"前沿视角解析。"一带一路"与全球现代供应链相互联动、相互呼应、相互递进，着力构建全球价值链。另外，大数据是全球现代供应链发展变革的新趋势、核心动力，未来大数据将是"供应链之根"；"工业 4.0"牵一发而动全身，促使供应链求变；区块链进入中国供应链体系，将参与"一带一路"建设；人工智能时代的现代供应链数据服务将成为数字经济时代的主流，大数据思维"链"是数字经济时代的价值链之根，将引领全球现代供应链的新未来。

本书可作为高等院校（物流、信息、金融、电子商务、管理、经济、国际贸易等专业）及从事物联网相关研究的科研机构、国家物流枢纽城市政府关联管理部门、技术企业、物流中心、物流园区、物流企业、电子商务物流企业、快递企业、供应链企业、互联网企业、金融企业、生产加工制造企业、跨境电商企业的专家、学者、决策人员、管理人员，以及行业学会、协会联盟、社会大众的阅读参考书。本书对于"一带一路"与全球现代供应链的全面认识和理解，既为"一带一路"实施与全球现代供应链加快"走出去"提供支撑，又为相关人员领会"一带一路"与全球现代供应链开拓视野提供参考。本书试图引导读者进入以发展实践和实战应用为主的创新阶段，一定会带给读者积极行动的动力。笔者相信，中国物流、中国供应链、中国物流与供应链枢纽城市未来在"一带一路"和国际产业链、供应链、价值链体系中一定会扮演重要角色。

在本书撰写期间，因项目任务较多，笔者基本上只能利用节假日和深夜时段撰稿，书中仍有不足之处，还望读者朋友批评指正，不胜感激。

李芏巍
于广州大学

目 录

第 1 章

通向和平与发展的丝绸之路

丝绸之路古今传承，创造了地区性的大交流、大发展、大繁荣，自古以来就是一条各种文明交流融合、共同繁荣之路。纵观世界发展历程，中国提出的"一带一路"倡议，为世界和平与发展提供了新思路、新模式。"一带一路"将走出一条通向世界和平的发展之路。

1.1 丝绸之路发展历程

遥望千年，古代丝绸之路见证了陆上商旅络绎的盛况和海上千帆交错的繁华。在这条大动脉上，生产要素自由流动，商品、资源、成果等实现共享，"骆驼和宝船"创造了地区性的交流与繁荣。

1.1.1 历史的记忆

丝绸之路古今传承，丝绸之路带来了多元文明。在丝绸之路的多元文明发展中，互动始终贯穿其中，在东方与西方、中国与外国、陆地与海洋、农耕与草原、人类与自然等领域，都有丝绸之路多元文明互动带来的结果。

公元前 139 年，汉武帝派出了心腹大将张骞出使西域。张骞穿越了茫茫大漠，翻过了高原雪山，到达了大宛国，后到了康居、大月氏、大夏等地拜访、游说，意外地收获了不少西域国家的人文地理知识。公元前 119 年，汉武帝派张骞再次出使西域，与周边国家交好，西域诸国也派出使者来汉表达友好。张骞为汉朝的发展做出了不可磨灭的贡献，对开辟从中国通往西域的丝绸之路做出了卓越贡献。

丝绸之路起点为长安（今西安），经甘肃、新疆，到中亚、西亚，并连接地中海各国。这条线路因运送的货物中以中国古代出产的丝绸制品的影响最大，得"丝绸之路"之名。

丝绸之路开辟了中外交流的新纪元。丝绸之路是沿线各国共同促进经贸发展的产物，西汉时期张骞两次出使西域开辟了中外交流的新纪元，并成功将东西方之间最后的珠帘掀开。司马迁在《史记》中记载："于是西北国始通于汉矣。然张骞凿空，其后使往者皆称博望侯，以为质与国外，外国由此信之。"从此，"使者相望于道""商旅相继"，中国与中亚、西亚、南亚的主要国家和地区建立了直接联系。

海上丝绸之路兴起。秦汉时期，海上丝绸之路就已出现，成为海上中外贸易的主通道。两宋和元朝时期，航海技术的突破和经济贸易的空前需求使海上丝绸之路达到鼎盛。海上丝绸之路分为东海航线和南海航线两条线。东海航线向东直抵朝鲜半岛和日本。南海航线主要往东南亚及印度洋地区。通过海上丝绸之路，中国当时实现了与沿途几十个国家的商品与文化交流。

郑和七次下西洋促进了贸易和文明交流，也改变了历史。郑和前后七次下西洋，到过亚非30多个国家和地区，最远到达红海沿岸和非洲东海岸。郑和船队到达各国，大多受到热烈欢迎。船上装载着大量金银宝物，以丝绸和瓷器最受当地人喜爱。船队返航时，许多国家的国王和使臣，都搭乘他们的船只来访中国。

从曾经的世界版图上，到打开当今的世界地图，中国倡导的"丝绸之路经济带"和"21世纪海上丝绸之路"，再次激发了这古老而又崭新道路的无限活力。"一带一路"是由国家主席习近平提出的统筹国内发展和对外开放的伟大倡议，是新时代的中外交往，是中国历史上中外交流的继续和发展，也是中国寻求建立以合作共赢为核心的新型国际关系的重要载体，反映了中国新时期积极的外交举措。

1.1.2 "近代丝绸之路"不可忽略

"近代丝绸之路"是历史跨越的重要节点。"丝绸之路"是一个不断演变的概念，包括时间、空间和内涵三大项，交通线路是其基础。"近代丝绸之路"是从"古代丝绸之路"到"一带一路"历史跨越的重要节点。晚清、民国的中西交通，与近代的发展变迁有极其密切的关联，从古代到当代，承前启后的节点是近代。如果忽略对近代的研究或梳理就会断层，"丝绸之路"的命名、探险、考察、复原、研究等，都是从近代开始的。

德国地理学家费迪南德·冯·李希霍芬在 1877 年出版的《中国》中最早提出"丝绸之路"这一命名，特指西汉张骞通使西域后形成的以丝绸贸易为主的交通线路，时段局限在两汉。

今天的"一带一路"与陆上丝绸之路和海上丝绸之路在近代的发展变迁有紧密关联。1910 年，德国汉学家赫尔曼从文献角度重新考虑"丝绸之路"的概念，在其著作《中国和叙利亚之间的古代丝绸之路》中提出："中国应该把这个名称的含义延伸到通往遥远的叙利亚的道路上。"把丝绸之路的西端定在叙利亚，是因为张骞通使西域不久，中国丝绸就沿着丝绸之路运到了罗马帝国境内，并延伸至叙利亚，这是丝绸之路空间的进一步扩大。后来，外国探险家如俄国的普尔热瓦尔斯基和科兹洛夫、瑞典的斯文·赫定、英国的斯坦因、德国的勒柯克、法国的伯希和、日本的大谷光瑞等，相继在丝绸之路上探险，发现文物古迹，不断证明、丰富、发展了丝绸之路的概念。

中华人民共和国成立后，学者对"丝绸之路"展开研究，先是以引进翻译外国学者的著作为主，后来于 1979 年成立中亚文化协会，1982—1988 年联合国教科文组织发起编纂《中亚文明史》，1987—1997 年联合国教科文组织实施"世界文化发展十年计划"、组织"丝绸之路综合考察"，这推动了中国"丝绸之路"研究的热潮。在海上丝绸之路方面，广东阳江"南海一号"于 1987 年被广州救捞局与英国海洋探测公司在距阳江市海陵岛 30 多千米的海区发现，并于 2007 年整体打捞上岸，沉睡海底 800 多年的"南海一号"入驻广东海上丝绸之路博物馆，一起入驻的还包括"南海一号"上的 10 多万件瓷器、金器、玉器等。"南海一号"是目前世界上年代最早、船体最大、保存最完整的远洋商贸船。密密麻麻的南宋瓷器得以重见天光，展现在世人面前。经过考古识别，这些南宋外销瓷器主要由江西景德镇窑系、浙江龙泉窑系、福建德化窑系、福建闽清义窑系和福建磁灶窑系五大民窑瓷器构成。一艘沉没在泉州湾后渚港的古代木帆船被发掘出来，沉船出土物和科学考证表明，这是 13 世纪泉州造的三桅远洋商船，其运载着大量香料、药物及其他商品从东南亚归来，从而揭开了一段辉煌的历史。宋代的造船业和航海业十分发达，且造船技术在同一时代世界领先。海上丝绸之路线路的考察、海上丝绸之路申遗活动等都极大促进了国内对海上丝绸之路的研究。"丝绸之路"成为大众关注的对象，与中国对"丝绸之路"研究的开展是分不开的。

1.1.3 "丝绸之路"成为世界文化遗产

2014 年 6 月 22 日，在卡塔尔多哈召开的联合国教科文组织第 38 届世界遗产大会上，由中国、哈萨克斯坦、吉尔吉斯斯坦三国联合申报的"丝绸之路：长安—天山廊道的路网"申报世界文化遗产成功。该世界文化遗产包括 33 处遗迹：中国境内有 22 处考古遗址、古建筑遗迹等，包括陕西省 7 处、甘肃省 5 处、河南省 4 处、新疆维吾尔自治区 6 处；哈萨克斯坦境内有 8 处遗迹；吉尔吉斯斯坦境内有 3 处遗迹。

1.1.4 新时代"丝绸之路"跨越的重要节点

"丝绸之路经济带"和"21 世纪海上丝绸之路"简称"一带一路"。"丝绸之路经济带"主要有西线、东线和南线。西线从中国沿海港口过南海，经马六甲海峡和印度洋，途经东南亚、南亚、西亚、中东、北非，通达欧洲。东线不仅直抵朝鲜半岛、日本和俄罗斯远东地区，而且可以到达北美大陆和拉丁美洲；随着北极环境变化和北极航道的开通，甚至可以通过北极航道，抵达欧洲和北美大陆东海岸。南线从中国沿海港口过南海，经东南亚抵达南太平洋国家，是"丝绸之路经济带"的自然延伸。

1.2 从历史视野看"一带一路"

当今世界，经济全球化、世界多极化、文化多元化、通信信息化、局势复杂化的趋势要求改变经济与社会发展方式，完善经济治理结构，走世界和平与发展之路。在这一关键时刻，中国提出"一带一路"倡议，意义重大深远。从历史视野看，"一带一路"将是世界历史进程中的一个重要里程碑。

1.2.1 "一带一路"的背景和内涵

纵观人类发展的历史，要发展就要创新。创新始终是推动一个国家、一个民族向前发展的动力，也是推动整个人类向前发展的重要力量。创新是人类发展与民族进步之魂，发展是第一动力。创新是发展前进的引擎，变革就是这引擎的点火器，"一带一路"是当代人类发展史上宏大而独特的实践创新。

1."一带一路"倡议

"一带一路"是"丝绸之路经济带"和"21 世纪海上丝绸之路"的简称。

中国国家主席习近平 2013 年 9 月 7 日在哈萨克斯坦纳扎尔巴耶夫大学及 2013 年 10 月 3 日在印度尼西亚国会发表重要演讲时分别提出"丝绸之路经济带"和"21 世纪海上丝绸之路"合作发展的理念与倡议。"一带一路"旨在借用古代丝绸之路的历史符号，打造人类命运共同体。"一带一路"倡议自提出就受到国际社会的高度关注，很多国家对"一带一路"倡议做出了积极的响应。

"丝绸之路经济带"称为一带，是指从中国到中亚、中东再到欧洲这样一条带状之路，是中国从陆地上连接中亚和欧洲的一条走廊，与古代丝绸之路基本重合。

"21 世纪海上丝绸之路"称为一路。古老的海上丝绸之路自开通以来，一直是沟通东西方经济、文化的重要桥梁，而东南亚地区自古就是海上丝绸之路的重要枢纽和组成部分。"21 世纪海上丝绸之路"从中国沿海港口经南海，过中南半岛，经马六甲海峡进入印度洋，然后通过苏伊士运河穿过中东，最终到达欧洲。

中国提出的"一带一路"倡议，沿着"丝绸之路经济带"和"21 世纪海上丝绸之路"这两条线向外拓展。一带，通过陆地交通与外互动；一路，通过海上交通实现对外交流。

2. "一带一路"是一项国际工程

"一带一路"是一项国际工程，全球许多国家都在参与这项国际工程，这项国际工程的价值是较大的、深远的。

"一带一路"凝聚了中国人的智慧，为多元的世界注入了更多创新，彰显了中国的国际亲和力。"一带一路"包含有形的和无形的东西，有形的是基础设施，无形体现在理念、文化、价值、准则、规范等人文方面。"一带一路"是中国发展的重要组成部分，也是"一带一路"沿线国家和地区发展的重要组成部分。"一带一路"倡议设计将会日趋完善。

3. "一带一路"是形成全面开放新格局的重大举措

"一带一路"为中国改革开放和发展提供新动力，也为世界经济复苏和全球治理变革提供了方案。"一带一路"顺应时代要求，正从"引进来"向"引进来"和"走出去"并重转变。"一带一路"贯穿亚欧非大陆，涉及 65 个国家和地区。"一带一路"的实施，不可避免地会对地区乃至世界的关系产生深刻影响。

"一带一路"涉及的 65 个国家和地区如下。

（1）东亚的蒙古国，以及东盟 10 国（新加坡、马来西亚、印度尼西亚、缅甸、泰国、老挝、柬埔寨、越南、文莱和菲律宾）。

（2）西亚 18 国：伊朗、伊拉克、土耳其、叙利亚、约旦、黎巴嫩、以色列、巴勒斯坦、沙特阿拉伯、也门、阿曼、阿联酋、卡塔尔、科威特、巴林、希腊、塞浦路斯及埃及的西奈半岛。

（3）南亚 8 国：印度、巴基斯坦、孟加拉国、阿富汗、斯里兰卡、马尔代夫、尼泊尔和不丹。

（4）中亚 5 国：哈萨克斯坦、乌兹别克斯坦、土库曼斯坦、塔吉克斯坦和吉尔吉斯斯坦。

（5）独联体 7 国：俄罗斯、乌克兰、白俄罗斯、格鲁吉亚、阿塞拜疆、亚美尼亚和摩尔多瓦。

（6）中东欧 16 国：波兰、立陶宛、爱沙尼亚、拉脱维亚、捷克、斯洛伐克、匈牙利、斯洛文尼亚、克罗地亚、波黑、黑山、塞尔维亚、阿尔巴尼亚、罗马尼亚、保加利亚和马其顿。

4. "一带一路"是探索多元文明的道路

古代丝绸之路是一条连接亚、欧、非三大洲的商贸之路，沟通了当时大陆兴起的诸多文明。古代丝绸之路开拓的是人类文明的全球史。古代丝绸之路、海上丝绸之路、"一带一路"都是各种文明交流融合、共同繁荣之路。

"一带一路"是全球化表述，其内涵远远大于一个发展倡议。"一带一路"倡议将给非洲东部地区带来急需的发展，也将给整个非洲大陆带来一个不一样的未来。"一带一路"提出的使命，是服务和关照世界最广大人民利益的。因而，"一带一路"打开了一个新的时代，开启了与以往完全不同的合作模式。

1.2.2 "一带一路"的机会和成果属于世界

1. 共建"一带一路"更好造福各国人民

秉持和遵循共商、共建、共享的原则，就一定能增进合作、化解分歧。共建"一带一路"能更好造福各国人民。

共建"一带一路"的关键是"共"字。"一带一路"建设，共商合作大计，就共同关心的地区和国际问题深入交换意见，达成重要共识，具有十分重要的意义。抓住共同发展这个最大公约数，不仅可造福中国人民，而且可造福"一带一路"沿线人民。

共建"一带一路"的关键是"通"字。"一带一路"海陆融通，要聚焦政策沟通、设施联通、贸易畅通、资金融通、民心相通。民心相通的桥梁要不断延伸。

共建"一带一路"的关键是"联"字。万物互联时代，"一带一路"为解决当前世界和区域经济面临的问题提出了新方案。"一带一路"可实现互联互通，工商互联。

共建"一带一路"的关键是"惠"字。让"一带一路"的红利惠及全球，为"一带一路"沿线经济增长注入新动能。"一带一路"立足长远，成效将惠及世界。"一带一路"，赋予古丝绸之路以全新的时代内涵，"一带一路"惠及全球、全人类。

共建"一带一路"的关键是"友"字。相交友也，志同为友，"一带一路"加强友好对话，向所有志同道合的朋友开放。"一带一路"的关键是友谊，"一带一路"的"朋友圈"不断扩大，可让友国、友邻安心、舒心、开心，也为构建人类命运共同体奠定了坚实基础。

共建"一带一路"的关键是"合"字。翻开历史，古丝绸之路留下的是互利合作的足迹。加强国际合作，共建"一带一路"，实现共赢发展，这其中最核心的关键词就是道要合，"合作"方能实现"共赢"。"一带一路"是合作共赢的新平台，"一带一路"建设是"一带一路"沿线国家和地区的合唱，一个复合型的基础设施网络正在形成。

共建"一带一路"的关键是"梦"字。"一带一路"将"中国梦"和"亚洲梦""欧洲梦""世界梦""人民梦"结合起来，将各参与国的梦想结合起来。"一带一路"与各国人民的美好梦想息息相通，得到了众多国家和国际组织的响应与支持，"一带一路"将实现"人民梦"。

共建"一带一路"的关键是"尊"字。"一带一路"不仅是一条经济发展之路，而且是一条相互尊重、相互交流之路。"一带一路"有利于将各种文明更加紧密地联系在一起，推动人类文明创新，从而成为构建人类命运共同体之路。

共建"一带一路"的关键是"福"字。"福"代表"幸福""福气"和"福运"，是一种吉利的象征。"福"体现了共享幸福生活，"一带一路"不仅造福中国人民，而且造福世界人民，在文明交流史上将续写灿烂的"幸福"篇章。

共建"一带一路"的关键是"势"字。"一带一路"有势也有为，应乘势而上、顺势而为，各国搭上"一带一路"的顺风车势在必行。"一带一路"建设应充分利用地理和通道两大优势，持续利用各种优势资源，不断加速产业升级，推动"一带一路"沿线经济高质量发展。

2. 共建"一带一路"助推世界友好秩序

中国经济正处于由中低层次向中高层次奋力爬坡的关键阶段，在世界经济中的地位不断提升，但中国经济的转型升级绝不可能一帆风顺，面临重重挑战。中国经济发展虽然承受很大压力，但我们应以新思维和新方法破解难题。

中国过去是通过大量引进外资，吸收和消化外来技术来创新，从而实现跨越式发展的。但是，随着中国技术在很多领域接近发达国家水平，甚至超越发达国家水平，原有创新方法遇到越来越大的阻力。中国要继续大踏步走向世界，就必须开发新领域和新市场。

中国应积极参与建立合作共赢的新型国际关系，积极参与国际经济体系治理与改革。通过"一带一路"可加强地区性经济合作。在当今世界经济形势下，中国需要在中东、中东欧、非洲及周边国家开拓新的国际市场。尽管有些地区经济发展水平相对落后，购买力较弱，销售额相对较小，但未来发展潜力巨大，有可能成为未来的新兴市场。"一带一路"可促进沿线国家合作交流，以经促政，减少经济新规则的负面影响，对发展中国家参与制定世界贸易与经济新规则具有重大价值。

中国从外部吸收新技术、新经济资源，以突破低水平均衡的陷阱，这是中国要加入世界秩序的内部动因。它与外部动因一起，推动中国开始现代转型，加入开放的国际经济体系。中国经济规模庞大，只有整体加入国际经济体系，大规模的经济优势才能释放出来。

"一带一路"影响范围触及欧洲、非洲、东南亚、阿拉伯半岛等地区，并向西方进一步扩展，将部分欧洲国家也纳入辐射影响范围之内，形成了一个横跨亚欧大陆的经济贸易纽带。"一带一路"提供了一个新的发展契机，极大地优化了"一带一路"沿线经济发展空间布局，促进了区域经济协调发展的新实践。

1.3　构建全方位开放新格局

构建全方位开放新格局是中国深度融入国际经济体系的关键。

1.3.1　开放型世界经济

中国应理性评估所处的工业化阶段,有针对性地构建核心竞争力。全球化企业应拓展路径,以应对资源配置和全球协同机制,并从大数据中找出盈利点,防止亏损。

1. 为世界和平发展增添新的正能量

"一带一路"倡议是统筹国内、国际两个大局做出的决策。中国坚持共商、共建、共享原则,完善双边和多边合作机制,推进"一带一路"建设。为了推动中国与世界各国和国际社会组织关系深入发展,中国领导人邀请各国领导人和国际社会组织相关领导对中国进行国事、经济访问或互访,在多方共同努力下,取得了令人可喜的长足发展。

2. 国家政策的解读

从国家层次来看,"一带一路"倡议打造了中国全方位开放新格局,推动了沿线各国发展对接与耦合,发掘了区域内市场的潜力,使中国深度融入了国际经济体系。中国坚持对外开放的基本国策,共建国际大通道和经济走廊,共同建设通畅、安全、高效的运输大通道,推进"一带一路"进程。

3. "一带一路"如何建设

"一带一路"建设应促进政策沟通,增强各国理解,加强相互支持。在交通方面,优先打通缺失路段,畅通瓶颈路段,提高道路通达水平。在能源方面,推进跨境电力与输电通道建设,规划建设洲际海底光缆项目。在贸易畅通方面,着重解决投资贸易便利化问题,消除投资和贸易壁垒;加快边境口岸"单一窗口"建设,降低通关成本,提升通关能力;挖掘贸易新增长点,促进贸易平衡;加快投资便利化,消除投资壁垒;拓展投资领域,推动新兴产业合作。在资金融通方面,鼓励沿线国家使用所筹资金。在民心相通方面,中国每年向沿线国家提供 1 万个政府奖学金名额;联合哈萨克斯坦、吉尔吉斯斯坦申请世界文化遗产;提高沿线各国游客签证便利化水平;支持沿线国家申办重大国际体育赛事；扩大在传统医药领域的合作；合作开展重大科技攻关。

4. 促进中国区域协调发展的新实践

"一带一路"发展到目前，已成为一个依托亚欧大陆发展中国家的经济复兴来提振世界经济的全球计划，未来发展前景广阔。为了构建全方位开放新格局，在新形势下，我国应发挥各地区优势：促进东部地区发展，挖掘东部地区的发展潜力；发展中部地区经济，打造中部枢纽；助推内陆沿边地区成为开放前沿，带动形成陆海内外联动、东西双向互济的开放格局，实现开放空间逐步从沿海、沿江向内陆、沿边延伸。

（1）促进东部地区发展。

随着产业结构转型升级的深入推进，中国东部地区的工业企业数量有所减少，而服务企业数量显著增加，东部地区经济增长对投资的依赖性不再强烈。基于此，应发挥沿海和港澳台地区优势作用：打造粤港澳大湾区；发挥海外侨胞及香港、澳门的独特优势作用；支持福建建设"一带一路"核心区；助力台湾地区参与"一带一路"建设。

（2）发展中部地区经济。

中部地区应以长江经济带为依托，着手打造陆桥经济带，并将其作为"一带一路"建设的重要组成部分；应充分发挥与东西部地区的衔接与协调作用，打造内陆开放型区域经济格局，有效提升中部地区经济发展质量。

（3）扩大西部地区经济开放。

在构建区域协同发展格局的过程中，西部地区将在能源、电网、铁路等方面获得大量资源支持，从而一改基础建设薄弱、对外开放不足的劣势，使其经济发展焕发出巨大生机和活力。

扩大西部开放，做好西部开发，打造内陆开放型经济高地；发挥地区窗口作用；发挥新疆的区位优势和窗口作用；发挥内蒙古连通俄、蒙的区位优势，建设向北开放的重要窗口。

（4）向西南进程发力。

在西南地区大力开发和建设边境口岸，积极打造经济合作带和经济走廊。在新形势下，向西南进程发力，建设西南开放的城市群，发挥西南地区优势；打造中国—东盟合作发展格局，发挥广西与东盟陆海相邻的独特优势和重要门户作用；发挥云南区位优势和向东南亚的辐射作用；推进西藏与尼泊尔等国家边境贸易和旅游文化合作。

5. "一带一路"塑造了新时代的特征

中国为世界经济复苏和全球治理变革贡献了中国智慧，提供了中国方案。"一带一路"向广、深、高不断拓展，塑造了中国新时代的五大特征。

一是从商品输出转为资本输出，这是开放型经济转型升级的必由之路。二是中国进口规模的持续扩大，增强了中国在世界经济舞台上的话语权。三是中国由过去的"跟随跑"变为"齐步跑"甚至"领先跑"，陆海内外联动、东西双向互济的开放格局正加速形成。四是从以关贸总协定和 WTO 框架下的货物贸易为主，转变为 FTA 框架下货物贸易和服务贸易共同发展。五是从以融入和适应全球经济治理体系为主，转变为积极参与甚至引领国际投资和贸易规则的制定、修订。

这些新时代的特征，将贯穿中国社会主义现代化建设全过程，推动中国以更高层次的开放格局参与经济全球化，推动世界经济朝着"创新、活力、联动、包容"的方向发展。

1.3.2　"一带一路"是充满机会之路

"一带一路"是充满机会之路，但"一带一路"在实施过程中也面临挑战，需要有一定的风险防范意识。"一带一路"沿线一些国家的政治形势不够稳定，社会和商业环境动荡，"一带一路"的建设既有机遇也充满了挑战。

1. 海外开展业务

企业在"走出去"选定市场的过程中，需要风控机制设计与决策指导，以规避长期性的大规模投资面临的较大风险。政治、经济、文化、风俗、信仰加之地缘政治的冲突，使海外业务开展在安全和发展方面存在不确定性。"一带一路"涉及很多国家和地区，各国风俗习惯有差异，必须保持防范和清醒，防范政治动因"限制"禁令引起的风险。

2. "一带一路"时代的主题

亚投行是"一带一路"的软件支撑。亚投行是一个系统、庞大的融资平台，可以调动"一带一路"沿线国家参与的积极性和主动性。中国构建这样庞大的投资体系，会对国内经济和资金链造成不可预估的风险。

历史上的无数次实践告诉我们，一个开放包容的国家，必然是一个能够富强的国家；一个富强的国家，必然是一个开放包容的国家。"一带一路"对外开放迈上新台阶，是近年来中国综合国力与国际地位大幅提升的体现。

和平与发展一直是当今时代的主题。随着"一带一路"不断深化与实践，中国要树立全球意识和开放意识，积极主动与国际朋友平等交往；要积极宣传建设成果和优秀文化，让世界了解中国，让中国走向世界。

3. "一带一路"充满吸引力

"一带一路"获得多国青睐。"一带一路"建设在多国政界获得越来越多的支持，多国领袖政要高度赞赏"一带一路"倡议的长远意义，各界支持"一带一路"的声音越来越响亮。

"一带一路"建设推进取得了显著成效。2013—2019年，中国与"一带一路"沿线国家货物贸易进出口总额从 1.04 万亿美元增至 1.34 万亿美元。中国企业对"一带一路"沿线国家非金融类直接投资额累计超过 1000 亿美元，年均增长 4.4%，较同期全国平均水平高 1.4 个百分点。中国在"一带一路"沿线国家建设的合作区累计投资 350 亿美元，上缴东道国税费超过 30 亿美元，为当地创造就业岗位 33 万个。2013—2019 年，"一带一路"沿线国家对中国直接投资超过 500 亿美元，设立企业超过 2.2 万家。截至 2019 年年底，中国已与 25 个国家和地区达成了 17 个自贸协定，正在开展 12 个自贸协定谈判或升级谈判，以及 10 个自贸协定联合可行性研究或升级研究。"一带一路"不断推动相关国家实现优势互补、互利共赢，为促进各国经济增长提供强劲动力和广阔空间。

1.3.3 "一带一路"建设的前景和环境

"一带一路"建设可以进一步拓展国际空间，有助于改变经济全球化不合理的格局。过去，发展中国家长期被边缘化；现在，发展中国家的力量在集聚，在国际贸易中占的份额进一步增强，国家之间的合作机会增加了。

"一带一路"搭建的平台对发达国家并不封闭，已经不局限于经济和技术合作，还包括同相关国家和地区的经济贸易合作、政策沟通、人员互信，以及信息互换、基础设施建设等。这使得各国可以拓展对外开放工作，有利于缩小地区差距，全方位提升开放水平。

"一带一路"建设在未来全面开放新格局中必然是重要方向、重点领域，是国际国内联动发展的纽带，同时关系到政治外交格局，将给21世纪的全球经济带来重要影响。

"一带一路"影响范围触及欧洲、非洲、东南亚、阿拉伯半岛等地区，形成了一个横跨亚欧大陆的经济贸易纽带。"一带一路"无疑提供了一个新的发展契机，表明了中国深化改革开放的信心和决心，旨在加强与沿线国家的经济合作。

"一带一路"建设的实施，必将对地区乃至世界地缘政治关系产生深刻影响，也将为中国带来巨大的地缘政治意义。对外开放的焦点在区域化布局，经济发展应以合作协同为手段，打造区域共同发展格局。

"一带一路"建设的实施一方面会惠及沿线国家，另一方面会与一些既有经济体系或经济大国之间产生竞争关系。如何妥善处理与这些经济体系或经济大国之间的关系，成为"一带一路"实施过程中面临的重要问题。

经济的发展可能伴随环境问题，原本广阔的沙漠和戈壁有可能进一步向外扩张，而海上丝绸之路也会出现海洋资源开发及环境污染等一系列问题，这会造成一些国家之间的不和谐，不利于"一带一路"沿线国家的深度交流与合作。

1.3.4　"一带一路"推进构建区域价值链

以发展包容为依托，挖掘发展新动能，进一步促进"一带一路"建设走实、走深，打造能够适应"一带一路"沿线国家差异的互利合作新架构，构建区域价值链推进产能合作。

1. 实现国际分工地位提升的重要途径

从全球价值链的收益来看，各国发展极不平衡。发展中国家处于低附加值环节，发达国家处于高附加值环节，这种二元格局使发展中国家长期处于"低端锁定"困境。中国正面临"高端回流"和"中低端分流"并存的双重竞争格局。在此背景下，中国转变国际分工二元格局，加快形成开放新格局。中国以"一带一路"为契机，构建区域价值链分工体系，形成双驱双向全球产业链、供应链、价值链的合作体系，具备形成全球价值链产能合作体系核心枢纽的基础。中国通过对外投资途径主导构建区域价值链。根据海关统计，2019 年中国货物贸易进出口总额为 31.54 万亿元人民币，同比增长 3.4%。其中，出口总额为 17.23 万亿元人民币，同比增长 5%；进口总额为 14.31 万亿元人民币，同比增长 1.6%；贸易顺差为 2.92 万亿元人民币，同比扩大 25.4%。

2. 构筑公平竞争的国际贸易渠道

（1）"一带一路"符合经济全球化趋势。

中国对推进全球化的贡献很大，全球化是一种综合效应，中国谋求发展的做法非常务实，必须集合所有力量才能实现，其中共同目标起到了引领作用。中国强调要实事求是，这是中国对全球问题的姿态，这种做法具有深远意义，影响非常大。中国始终强调集体智慧、全球合作，主张国家不分大小、强弱、贫富，合作才能解决全球问题，各国都是国际社会的平等成员，这是全球化发展的基础。

（2）构筑公平贸易渠道。

全球价值链体系的二元结构，以中国为核心枢纽，将两端的高端、低端产业链有效衔接，从而连通产能合作路径，构筑公平贸易渠道。中国对发达国家和"一带一路"沿线国家实现双向链接，融合特征非常显著：一方面作为原有价值链的补充；另一方面减轻了对传统"不稳定"主导国的依赖。这种转换将促进缓解全球经贸环境韧性，共享全球化红利。

（3）空间上的功能互补。

"一带一路"沿线的投资环境复杂，在工业化启动时要输入必要的外部产能，在资源类基础设施建设合作、产业竞争格局优化、企业"走出去"经营等方面发挥溢出效应，实现资本流动的溢出效应和获得积累的增长效应在空间上的功能互补。

3. 具备构建区域价值链的优势条件

中国将率先作为区域核心在"一带一路"产能合作价值链中发挥"承前启后"的作用，在区域内主导产能合作价值链。

（1）从全球化角度看。

从全球化角度来看，主要全球生产网络均围绕特定"中心"构建。随着新兴经济体地位的上升，得益于参与全球化的先行优势，网络化全球价值链中地区空间的"中心"重获关注，中国具备成为新型国际分工体系中核心枢纽的优势条件。

（2）从经济总量看。

中国占世界经济的比重约为 15%，位列世界第二大经济体，"一带一路"覆盖 65 个国家，覆盖 44 亿人，市场容量巨大。

（3）从贸易往来看。

中国贸易增加值超过德国和美国，成为全球贸易增加值最大的经济体。2019 年，中国的零部件等中间贸易品的比重约占进口贸易的 75%，中国与"一带一路"沿线国家的附加值贸易占中国附加值贸易总额的近 30%。2019 年，中国与"一带一路"沿线国家的进出口总额为 9.27 万亿元，同比增长 10.8%，占中国进出口总额的近 30%。

（4）从技术创新看。

中国制造业技术创新能力日益提高，有的甚至已经处于世界领先水平，部分行业具备了与发达经济体竞争的能力。

（5）从制造业实力看。

目前，中国的产能虽有富余但不落后，符合"一带一路"沿线国家的现实需要和承载能力，表现为在电子、汽车、机械等领域已形成较完善的产业链和产业集群。中国在新兴产业产品领域具备竞争优势和技术创新能力，为构建区域价值链提供了优势条件。

4. 将"中国梦"和"世界梦"相连接

"一带一路"将"中国梦"和"世界梦"相连接，积极为沿线国家提供国际公共产品。为了消除一些国家的疑虑，中国宣布决不干涉其他国家内政，不谋求地区事务主导权，不经营势力范围，而是做真诚互信的好朋友。

（1）将更多国家纳入全球分工体系。

在提升包容性的基础上，以多元化异质性参与主体的模式，最大限度地调动地区产能合作的积极性和成果的惠及面。把控好国际形势机遇，发展宽松的外部环境，为人类提供创造更多财富的机会，拓展对外贸易规模，创新对外投资方式。但是，全球化红利分配不均也是事实，应培育贸易新业态、新模式，消解分歧；调整政策，守住底线，用广阔的市场换取技术、换取发展的空间与时间，优化区域开放布局。

（2）创建境外中国工业园区。

创建境外中国工业园区，发展外向型产业集群，一是中国经济高度融入国际经济体系的表现，二是中国承担大国责任担当的体现。为了建好境外中国工业园区，需要注重两个方面：第一，开创一个新局面；第二，培养人才，人才是境外中国工业园区建设最短缺的支撑力量。

（3）精心保护沿线国家的生态环境。

中国在环境保护方面强调加强合作协调，因为任何环境污染都可能会给整个人类带来灾难。扩大对外开放建设经济项目，要通盘思考当地的生态环境开发与保护问题，为他国民众保留甚至创造更好的蓝天绿水，实际上也就是维护了人类共同的家园。

第 2 章

世界共赢新局面

在探索中前行，涓涓细流汇成大海，点点星光点亮银河。"一带一路"推动构建人类命运共同体，开创世界共赢新局面。

2.1 勾画宏伟蓝图

跨越万里海域，穿越千年时光，"一带一路"壮美画卷铺展开来。

2.1.1 "一带一路"开启新征程

"一带一路"开启了全球共同繁荣发展的新征程。"一带一路"成为沿线各国共同的机遇之路、繁荣之路，为完善全球经济体系拓展新实践，助力全球经济强劲、可持续、平衡、包容增长。

在"一带一路"促进大融合、大联动、大共享的同时，中国内陆地区也从开放的"末梢"不断突破，变身为开放的"前沿"。中国中西部地区在"一带一路"经济合作中，开始扮演越来越重要的角色。自首趟中欧班列开通以来，重庆、成都、西安、武汉、郑州等城市发展江、海、铁、水、空联运，联通了"丝绸之路经济带"。

中国在内陆地区陆续设立了 100 多个国家级口岸，并相继建立了进出口指定口岸。中国的海关"单一窗口"建设，实现了与"一带一路"沿线 20 多个国家便捷高效的通关模式。

中国在 20 个中西部省（直辖市、自治区）设立了 30 余个保税区，打破了内陆地区保税区的格局。内陆地区的保税区具有"境内关外"保税区特征，并叠加保税、物流、加工、贸易、服务等功能，成为发展开放型经济的重要载体，带动内陆地区开放步入了新阶段，使"一带一路"建设提速。

国家新一轮开发开放和改革的新区被命名为国家级新区。国家级新区，是由国务院批准设立、承担国家重大发展和改革开放任务的综合功能区。国家级新区是中国于 20 世纪 90 年代初期新设立的一种开发开放和改革的大城市区。

截至 2018 年 12 月，中国国家级新区共有 19 个，其中，8 个在东部，2 个在中部，6 个在西部，3 个在东北。另外，武汉长江新区、合肥滨湖新区、郑州郑东新区、南宁五象新区等在申报中。作为承担国家重大发展和改革开放战略任务的国家级新区，在中国经济向高质量发展的背景下，国家级新区更应担当、提质、增效，继续发挥开发、开放、发展和改革作用。

中国内陆地区按照产业链布局，打破"碎片化"凌乱的模式，垂直整合格局明显改善。

近年，对我国经济起支撑作用的长江经济带日益凸显。长江经济带涵盖了上海、江苏、浙江、安徽、江西、湖北、湖南、重庆、四川、贵州、云南沿江 11 个省份，约占中国国上面积的 21.4%，承载了约 6 亿人口。贵州省统计局统计报告显示，2019 年，长江经济带生产总值合计 457805.17 亿元，占中国经济总量的 46.2%，占比较 2018 年提升 2.1 百分点，较 2017 年提升 2.4 百分点。作为货运量居全球内河第一的黄金水道，长江在区域发展总体格局中具有重要战略地位。

2.1.2 "一带一路"与自贸区建设的对接

"一带一路"建设是目前世界上规模最大的基础设施和投资项目之一，截至 2020 年 6 月，中国共有 19 个自由贸易试验区。自由贸易试验区建设是"一带一路"引导的国家开放新思路。中国已经建立了多个自由贸易试验区，涵盖了中国 30%左右的进出口贸易总额，形成了面向全球、辐射"一带一路"、立足周边的自由贸易试验区网络。

1. 自由贸易试验区建设与"一带一路"建设的成功对接

中国自由贸易试验区是指在中国境内设立的，以优惠税收和海关特殊监管政策为主要手段，以贸易自由化、便利化为主要目的的多功能经济性特区。中国自由贸易试验区建设是中国政府全力打造中国经济升级版的重要举动，其核心是营造一个符合国际惯例的、对内外资的投资都具有国际竞争力的国际商业环境。

上海自由贸易试验区于 2013 年 9 月正式成立，到 2020 年 6 月中国共有 19 个自由贸易试验区以"1+3+7+1+6+1"的雁式矩阵全面铺开，从南到北、从沿海到内陆，多点开花。

自由贸易试验区"先行先试"积累了大量的成功经验，在接下来的建设中，应根据现有的发展思路，将东部沿海地区积累的成功经验嫁接到其他自由贸易试验区的发展过程中，在上海、广东、福建等自由贸易试验区的基础上，向中西部地区推广、普及、扩充和改进。同时，以"一带一路"沿线国家为依托，不断完善中国的自由贸易试验区网络，让更多的省份和国家参与进来，进而提高自由贸易试验区建设与"一带一路"建设的对接效率，从而创造更多的机遇，为中国经济社会发展提供新的动力和保障。

中国制定的各项政策应当积极服务于自由贸易试验区建设。同时，在与"一带一路"沿线国家签订的自由贸易协议中也应当充分体现"一带一路"的原则和精神，与"一带一路"沿线国家接轨，实现自由贸易试验区政策的统一，借助中国自由贸易试验区网络进行拓展与升级，加强中国与"一带一路"沿线国家的经济合作。通过自由贸易试验区政策的相互融合与促进，中国将会在国际经贸合作与国际规则制定中发出更多中国声音、注入更多中国元素。

2. 自由贸易试验区担负与"一带一路"建设进行对接的任务

在当今时代发展下，自由贸易试验区已经成为全球外贸发展的重要举措和手段。自由贸易的发展不仅体现在经济利益方面，在国家政治和外交等方面也具有重要意义。自由贸易通过经济往来使双方国家互惠互利，还能使其互相学习对方国家的先进文明，使合作双方关系更加密切友好。这一发展趋势使国家间的竞争发展成利益间的合作与竞争，同时对世界经济格局产生重大的影响。中国的自由贸易试验区伴随着自由贸易协定数量的增加、协定内容的不断深化，以及贸易合作关系一直向周边国家发展，正在向多样化的方式转化。在以后的发展建设过程中，要注意与中国的能源、资源政策相协调，进一步拓宽中国自由贸易试验区合作领域的深度和广度。

上海自由贸易试验区是首个被纳入"一带一路"倡议的自由贸易试验区，肩负着基础设施互联互通、金融聚集等重要作用和功能。广东自由贸易试验区与"丝绸之路经济带"沿线国家和地区开展经贸活动，打造物流、投资、贸易枢纽，为"丝绸之路经济带"建设服务。天津自由贸易试验区则将发挥自身优势，促进京津冀地区的口岸辐射能力。福建自由贸易试验区加强与"一带一路"沿线国家的经贸对接力度。辽宁自由贸易试验区肩负着中、蒙、俄经济走廊和面向东北亚十一区开放的任务，将全面提升东北老工业基地的整体竞争力和对外开放水平。浙江宁波、舟山港的自由贸易试验区将成为新一轮对外开放的海上门户。河南自由贸易试验区有助于提高中国整体对外开放层次和中部地区协调发展水平。湖北自由贸易试验区有助于加快"走出去"步伐，助力"一带一路"建设。重庆自由贸易试验区标志着加大了中国西部地区门户城市的开放力度。四川自由贸易试验区有利于探索中国内陆地区的开放机制。陕西自由贸易试验区提高了中国与"一带一路"沿线国家的经贸合作与人文交流水平。

自由贸易港有商品进出自由、贸易自由、金融自由、人员进出自由等特点，这些特点赋予其新时代重任，内陆自由贸易的政策创新将为其带来发展机遇。

2020 年 6 月 1 日，中共中央、国务院印发的《海南自由贸易港建设总体方案》强调，在海南建设自由贸易港，是推进高水平开放，建立开放型经济新体制的根本要求；是深化市场化改革，打造法治化、国际化、便利化营商环境的迫切需要；是贯彻新发展理念，推动高质量发展，建设现代化经济体系的战略选择；是支持经济全球化，构建人类命运共同体的实际行动。

2.1.3 "一带一路"国家经贸合作

1. "一带一路"经贸合作规模扩大、质量提升

"一带一路"经贸合作规模扩大、质量提升、亮点纷呈，加快向高质量发展。2019 年，"一带一路"进出口值第一季度为 7.03 万亿元，第二季度为 7.68 万亿元，第三季度为 8.26 万亿元，第四季度达到 8.59 万亿元，2019 年 12 月甚至达到了 3.01 万亿元，同比增速达到两位数，为 12.7%。其中，出口额为 1.67 万亿元，同比增长 9%；进口额为 1.34 万亿元，同比增长 17.7%。2019 年，中国的第一大贸易伙伴仍然是欧盟，进出口额为 4.86 万亿元，同比增长 8%；与东盟的进出口额为 4.43 万亿元，同比增长 14.1%；与美国的进出口额为 3.73 万亿元，同比下降 10.7%；第四大贸易伙伴是日本，与日本的进出口额为 2.17 万亿元，增长 0.4%。我国与"一带一路"沿线国家的进出口额为 9.27 万亿元，同比增长 10.8%，高出整体增速 7.4 百分点。中国已与 18 个阿拉伯国家签署了共建"一带一路"合作文件。

中国成功举办了首届中国国际进口博览会，协调推进中非合作论坛"八大行动"各项举措，推动"一带一路"经贸合作不断走深、走实。2018 年 11 月 5 日，首届中国国际进口博览会开幕，五大洲 172 个国家、地区和国际组织的代表参会，3600 多家企业参展，超过 40 万名境内外采购商云集。2019 年举办的第二届中国国际进口博览会共吸引 181 个国家、地区和国际组织的代表参加，3000 多家企业参展，超过 50 万名境内外采购商到会，意向成交额高达 711.3 亿美元。

"一带一路"经贸合作有以下几个方面的特点：一是贸易往来快速发展；二是投资合作不断深化；三是重大项目做优做精；四是自由贸易试验区网络加快建设；五是合作机制逐步完善。

2. 多项资金助力"一带一路"建设

"一带一路"专项投资基金是国家级专项基金，已成为"一带一路"投融资的重要力量。"一带一路"建设基础设施的资金需求量达数万亿美元，引导各方资金"输血"至项目中，资金融通使市场化投融资体制迎来破题。

由中资银行金融机构共同出资 400 亿美元成立的丝路基金于 2014 年年底正式启动。丝路基金投资覆盖了"一带一路"沿线国家，涵盖金融、基础设施、开发、产业合作四大领域，为"一带一路"建设"走出去"的企业提供金融支持。此外，丝路基金出资 20 亿美元设立了中哈产能合作基金，切实为"一带一路"建设提供高质量金融服务和金融支持。

2019 年 3 月 4 日，中国出口信用保险公司与交通银行股份有限公司签署了《全面业务合作协议》和《服务"一带一路"建设支持企业"走出去"专项合作协议》。双方将继续加强各类业务合作，共同服务好"一带一路"建设，采取有效措施扩大出口信用保险保单融资规模，为中国企业"走出去"提供更加有力的金融支持。

2014 年 9 月，中国—欧亚经济合作基金启动，主要发起人为中资银行，基金规模达 50 亿美元，是推进"一带一路"建设的股权投资平台之一。另外，中欧共同投资基金、中国—中东欧投资合作基金、亚洲区域合作专项资金、中国—东盟海上合作基金等都是"一带一路"资金平台，其资金量可达 700 亿美元。

由中国进出口银行等平台共同出资 100 亿美元成立的中非产能合作基金，批准投资项目 6 个，批准投资额为 5.42 亿美元。另外，中非产能合作基金立项 11 个项目，备案项目近 60 个，参与投资 36.8 亿美元的埃塞俄比亚—吉布提石油天然气重点项目。

此外，还有一些开发性金融项目，主要集中于交通基础设施、能源资源和装备制造及出口方面。来自 21 个"一带一路"沿线国家的 55 家银行已经在中国设立了机构。海外基本项目建设需要大量资金支持，靠国内资金供给，一是不能满足要求，二是不符合项目双方伙伴共享利润的国际市场交易准则。多方位的融资就是解决这些问题的好办法。

3. 加速输血"一带一路"沿线项目

目前，全世界基础设施建设资金的供给每年不到需求量的 5%，"一带一路"沿线基础设施建设资金需求量不少于 20 万亿美元，因此"一带一路"建设资金空缺最大。坚持互利共赢原则，"一带一路"投融资以市场化为主，投融资合作不是"撒钱"和单方出力，实现财务中长期可持续性才是发展的必然要求。

"一带一路"产业投资基金为"一带一路"建设提供金融支撑，定位为中长期、开发性、投资基金，投融资方式为股权、债权、贷款、基金等多元化模式，为"一带一路"建设提供投融资服务。其尊重国际经济金融规则，遵循对接、效率、合作、开放四项原则，重点围绕投融资、统一货币结算和金融服务三大需求，实现财务收益和中长期可持续发展。

4. 为全球治理贡献中国智慧

"一带一路"正从理念转化为行动，从愿景转变为现实。在成果方面，"一带一路"倡议自提出以来取得了显著的成绩，在科技交流、教育合作、文化旅游、绿色发展、对外援助等方面都取得了一系列成果；增加了就业，提供了税收，改善了民生，添置了优质资产，促进了相关地区乃至世界经济的复苏和发展。

2.2 "一带一路"的基础设施先行与物流网络

"一带一路"是中国经济新常态和国际经济新形势下，促进全球和平合作和共同发展的中国方案。对外开放的关键契机和重要途径是"开放发展"与"合作发展"，要提高开放水平，形成更加平衡的开放格局，共享发展成果。开放侧重由发达国家转向发展中国家，实现更高效的市场配置，在互惠互利的基础上开放贸易和投资市场。

2.2.1　推进务求实效新突破

1. 基础设施先行

大数据分析显示，"一带一路"的推进务求实效、互联互通合作取得新突破。互联互通是贯穿"一带一路"的血脉，而基础设施联通是"一带一路"建设的优先领域。中国和"一带一路"沿线国家在基础设施联通领域合作，有效提高了这些国家的基础设施建设水平，成果超出预期。

高速公路、公路、大桥等建设进展顺利。截至 2019 年 3 月，中国已与 125 个国家和 29 个国际组织签署 173 份合作文件，合作范围遍布亚洲、非洲、欧洲、大洋洲和拉丁美洲，极大地推动了"一带一路"沿线国家的基础设施建设和国际贸易往来。在基础设施方面，中国港口已与世界 200 多个国家、600 多个主要港口建立航线联系，海运联通指数保持全球第一。海运服务已覆盖"一带一路"沿线所有沿海国家，参与 34 个国家、42 个港口的建设。

截至 2018 年 10 月 16 日，中国与 45 个"一带一路"沿线国家实现直航，每周约 5100 个航班；共有 37 个"一带一路"沿线国家的 90 家航空公司从 84 个国外城市运营至 52 个国内城市的定期航班，每周超过 2346 个航班，其中，客运航班有 2204 个，货运航班有 142 个。

能源通信设施联通和技术合作取得积极成效，通道等标志性合作项目取得明显进展。基础设施互联互通有新进展，政策文件逐渐完善，中国与更多国家在更广领域达成协同联动合作。

中国与"一带一路"沿线国家共同推进国际骨干通道建设，形成连接亚洲各区域、亚欧非之间及其他区域的基础设施网络；共同推进"一带一路"沿线国家间运输便利化和大通关协作，畅通经济血脉，让联通成果惠及更广范围，切实提高"一带一路"沿线民众的获得感。

2. "一带一路"的探索

"一带一路"本质上催生了新的需求，实现了世界经济再平衡。"一带一路"主张世界经济一体化的发展模式，实现基础设施建设和体制机制创新，创造新的经济增长点，增强各国经济内生动力和抗风险能力，调整和平衡经济发展布局。

互联互通是"一带一路"的血脉经络。中国推进互联互通，在"硬件"上打好基础，在"软件"上对接一体化基础；以政策沟通实现对接，以设施联通便利区域融合，以贸易畅通激活发展潜能，以资金融通化解金融短板，以民心相通夯实社会基础。

3. "一带一路"的实践

中国本着丝路精神，把握全球化和国际格局变化的新特点，让"一带一路"伟大倡议转化为现实；汇聚各方智慧与力量，参与常态化、高效化的全球现代供应链合作，围绕全球生产、流通、贸易需要，打造与"一带一路"倡议理念相匹配的普惠、开放、包容、均衡的新架构。

2.2.2 构建"一带一路"物流网络

1. 构建铁路、海运、公路、航空物流系统

（1）构建中欧班列国际铁路货运网络。

以"一带一路"建设为契机，逐步构建全球现代供应链服务体系；打通中国陆路商贸交流通道，构建安全、高效的国际铁路货运网络，推动中欧班列国际铁路技术标准、技术装备、工程建设、运营管理及相关产业走向世界。

（2）完善国际海运网络。

完善国际海运航线网络布局，加强中国与新兴经济体之间的海运班轮航线，增强中国与贸易伙伴国之间的海运能力，加强中国的国际航运中心建设，推进中国与各国海运基础设施的互联互通；积极参与全球海运治理，提高中国与发达经济体之间的海运航线密度，推动海运发展和加强安全保障能力，完善全球现代供应链的国际海运通道。

（3）完善"一带一路"沿线国家公路运输网络。

提高"一带一路"沿线的连通性，完善国际公路通道体系，形成"一带一路"国际公路运输通道；参与亚洲公路运输系统和全球公路运输系统建设，参与境外公路基础设施"全链式"供应与服务。

（4）完善国际航空运输网络。

增强中国的国际航空货运枢纽机场功能，完善国际航空运输网络体系，实现国际航空货运枢纽网络运作；扩大航空运输网络辐射范围；加强境外航空货运机场和航空物流中心战略布点，推动中国与周边国家航空货运一体化；深化国际合作，提高中国与发达经济体之间的航空线路密度，拓展国际航空货运服务市场，增加中国与新兴经济体之间的国际航空线路。

2. 完善国际管道网络和全球快递配送网络

（1）完善国际管道网络。

促进国内管网互联互通，推动中国与周边国家的能源交易市场和定价中心建设。加强中国与油气供应国、途经国、中转国、消费国的国际管道连接，完善国际油气储备库的建设。

（2）完善全球快递配送网络。

增强国际邮件处理中心布局，完善海外仓储网络体系，部署配送网络体系。2019 年 12 月 16 日，国家邮政局实时监测数据显示，我国快递业 2019 年第 600 亿件快件诞生，标志着我国快递年业务量迈入 600 亿件时代。我国快递包裹量每年以新增 100 亿件的速度迈进，连续 6 年超过美国、日本、欧洲等发达经济体。因此，应加快国际快递配送网络布局，尤其是国际重要城市的快递配送网络布局，不断提升全球快递专线服务质量。

2.3　"一带一路"与全球现代供应链方略

"一带一路"这项庞大的国际工程建设，是由物流通道连接的，因此应构建一个内部高效运转、外部通达主要国家目标市场的全球现代供应链体系。中国必须融入全球现代供应链体系，建设全球现代供应链。

2.3.1　从物流大通道看"一带一路"

物流大通道是指一个国家的某个地方由于与其他国家或其他地区在物流贸易上有很多往来，在地理环境上和政策上比普通的物流运输要大很多。

中国经济快速发展，构建区域经济发展新格局，实现边贸和边境地区跨越式发展，推进"一带一路"实施等，都迫切需要国际运输道路发展。中国国际道路存在运输统筹规划不够、市场培育不充分等问题，因此，应加强国际道路运输合作的统筹规划，带动区域互联互通和基础设施建设，促进形成国际物流大通道。

1. 催生新的需求，实现世界经济再平衡

"供应与需求"中的供应只有出售的愿望和供给的能力，需求是指想得到某种商品的愿望，需求不是自然和主观的愿望，而是有效的需要。"商贸与物流"指商业贸易过程及其中的商流、物流、资金流和信息流，实现商贸与物流

一体化可顺利处理好这"四流"之间的关系，可以保证商流畅通、降低物流成本。"一带一路"的本质是实现世界经济再平衡，这需要通过提高有效供给催生新的需求来实现。

2. 构建陆上物流大通道

"一带一路"构建亚欧区域哑铃型经济格局，构建陆上物流大通道，串联六大国际经济合作走廊，中国内陆全面向西开放。其中，六大国际经济合作走廊一是中蒙俄经济走廊，二是新亚欧大陆桥（也称"第二亚欧大陆桥"），三是中国—中亚—西亚经济走廊，四是中国—中南半岛经济走廊，五是中巴经济走廊，六是孟中印缅经济走廊。其中，中巴经济走廊是共建"一带一路"的旗舰项目。六大国际经济合作走廊是"一带一路"建设的主要载体和纽带，是"一带一路"建设的通道和空间。

3. 建立物流大通道，需要以多式联运作为枢纽依托

物流大通道建设经常会涉及物流网络、通道、枢纽和节点的概念。建立物流大通道需要以多式联运作为枢纽依托，物流网络是物流节点相互贯通的网络结构，多式联运枢纽以铁路、港口和公路港为核心。货运通道是由货流和基础设施的累积叠加组成的。物流通道由物流空间走廊、多条线路形成的复合交通运输轴、从分散到相对集中的货流、聚集的物流基础设施和多个运营商稳定的运输服务构成。物流节点在网络中是一个支点，是网络的接入点和通道的连接点，对于有港口的地区，铁路线延伸进港口比较合理。对于没有港口的内陆地区，大型公路港应该成为港口的内陆港。枢纽是"轮辐式"经济与运输战略下的产物，枢纽是货运物流一个大经济中心拥有 N 个次经济中心的重要大端口。

4. 全球现代供应链是"一带一路"的延伸

（1）全球现代供应链生态圈。

全球现代供应链生态圈是全球经济一体化下中国从积极融入到参与引领的必然选择，可使中国一方面积极融入全球现代供应链网络，另一方面参与全球现代供应链规则制定，有助于提高全行业现代供应链在全球市场的竞争力。

供应链是 21 世纪高效配置和利用资源的必然趋势，认识供应链、把握供应链需要掌握供应链思维，坚持整合与优化结合，专业化与一体化结合，灵活性、弹性与韧性结合，平台化与生态化结合。供应链已成为西方社会的共同思

维，用于审视和处理政治、军事、经济、外交和社会问题。发达国家已制定了供应链国家战略或全球战略，并形成了完善的供应链体系，掌握了国际供应链的主导权。为了应对国际供应链竞争，中国必须构建中国特色的供应链话语体系、战略运行体系和战略保障体系。

（2）"一带一路"与全球化。

"一带一路"伟大构想，是中国的第一个全球化构想。"一带一路"的目的在于，通过中国来推动世界各国、各地区参与并促进全球化进程。为了世界各国、各地区的全球化，"一带一路"遵循包容、开放、共享原则，力图共建人类命运共同体。

（3）"一带一路"是全球现代供应链形成与发展的过程。

当前，全球社会经济发展所处的过剩环境，使商品与资本交易的空间十分有限。为了更好地推进"一带一路"，营造新的优势，积极开拓新领域，准确把握当今世界格局与大环境，不仅要发挥自身技术和产能优势，积极"走出去"，而且要把握好自身庞大的市场优势，引导世界的方方面面"走进来"。国家供应链作为全球现代供应链必不可少的支撑体系，对"一带一路"的实施起着至关重要的作用。中国应融入全球发展新理念，支撑可持续供应链，构建全球现代供应链体系。

2.3.2　"一带一路"对全球现代供应链发展的意义

中国已经提出了非常明确的目标，要构筑辐射"一带一路"、面向全球的网络，目前这个网络开始逐步成形。同时，中国18个省份已经设立自由贸易试验区，"一带一路"沿线很多国家也在建立自由经济区，这就形成了"小自由贸易区网络"。两个网络相互协同，"一带一路"合作机制化水平、合作效果会不断提升。

"一带一路"为现代供应链的发展开辟了广阔空间。近年来，现代供应链成长迅速，服务能力显著提升，服务质量明显改善，"互联网+"供应链蓬勃兴起，现代供应链体系初步形成。中国现已成为世界物流大国，但从总体上看，现代供应链发展水平较低，发展方式比较粗放。因此，中国虽然是物流大国，但不是供应链强国，中国的现代供应链水平与世界领先的现代供应链水平之间存在差距。

"一带一路"建设形成中国经济的西进梯度转移，西部地区将成为中国对外开放的前沿。"一带一路"不仅是中国解决东西部经济不均衡问题的一个药方，而且将促进区域均衡发展，使区域基础设施显著加强，使现代供应链发展空间越来越广阔。另外，"一带一路"有利于加快传统供应链升级，建立和完善社会化、专业化的供应链体系，形成一批具有较强竞争力的现代供应链企业，提升产业规模和发展水平。

1. "一带一路"助力建设现代供应链体系

中国供应链存在发展起步相对较晚、在全球现代供应链中综合竞争力不强等问题，在国家全球现代供应链创新战略驱动下，在充分借鉴国外先进经验基础上，利用现代信息技术手段，中国有望走出一条具有中国特色的全球现代供应链创新发展之路，提高在全球现代供应链体系中的话语权和控制力，即具有贸易主导权、渠道掌控权、资源支配权、规则制定权，形成价格与市场的风向标，将通道优势转变为贸易优势。

中国拥有以传统产业链为基础的"一带一路"合作优势。"一带一路"区域价值链暂时难以与成熟的全球价值链竞争，可以选择价值链比较短（如服装纺织品、食品）、生产过程相对简单的产业形成区域价值链。"一带一路"价值链形成后，中国和"一带一路"相关国家将逐渐形成合力，增加中国地缘博弈优势。"一带一路"已经得到发展中国家的回应。不仅局限于"一带一路"，中国作为消费大国必将受到各国企业的青睐，中国市场的开放性将持续为中国参与全球现代供应链助力。同时，这种合作会为全球注入新的利益分配理念。这种均衡分配的利益观得到了更多国家的认可，从而增加了主导全球现代供应链体系的中国力量。

2. 牢牢把握"一带一路"建设的重点方向

"一带一路"国际物流大通道的方向，总体来看，应该围绕海运通道，打通国际贸易交通大通道，加速现代供应链的发展，促进各国家经济发展。"一带"的重点方向：构建经济要素和市场的深度融合，开展更深层次的区域合作，参与建立高标准的自由贸易网络，共同打造开放、包容、均衡、普惠的区域经济合作架构，共同打造六大经济合作走廊。"一路"的重点方向：以重点港口为节点，通过投资参股等方式参与建设和经营，使之成为保障海上通道安全、促进双边合作的重要合作支点，共同建设畅通、安全的运输大通道。

3. "一带一路"建设加快全球现代供应链发展的进程

从"一带"看，"丝绸之路经济带"的建设向广阔的西部地区大力拓展，必将推进亚欧大陆经济的整合，拉动中国与东盟、南亚、西亚、中亚，以及海湾国家与欧洲国家的经济聚力，建立连接五大洲、覆盖全球的现代供应链体系。

从"一路"看，"21 世纪海上丝绸之路"的建设将使中国超越西太平洋海域，向南深入南太平洋，这将有利于中国开辟两洋出海大通道的运输线。"一带一路"的实施将深化中欧、中俄合作，推进亚欧大陆的一体化进程，塑造中国全球现代供应链体系的格局。

区域一体化发展应该是大势所趋，中国需要加强和周边国家的联系，加强对外开放。通过"一带一路"建设，中国将构建开放型经济新格局，推进新一轮高水平对外开放，拓展发展的纵深，增添改革的新动力。

在"一带一路"建设大背景下，每个区域扮演的角色不一样，发挥各自区域的优势特色，有利于"一带一路"建设的实施。首先，从各区域的特点出发，确立本地区现代供应链在"一带一路"中的角色；其次，更注重服务贸易的开放，这既是中国转型升级的需求，更是中国市场连接区域市场、全球市场的一个新亮点；最后，强化区域生活和生产现代供应链及供应链金融的发展。

现代供应链需要强化举措，需要认真研究实现现代供应链的方案，并有步骤、分阶段逐步实现供应链现代化。为了适应"一带一路"建设需要，适应信息技术发展新趋势，应提高供应链服务效率，降低成本，减轻资源和环境压力，积极营造有利于现代供应链发展的政策环境，着力建立和完善现代供应链服务体系，加快提高供应链发展水平，为全面建设社会主义现代化国家提供现代供应链服务。

第3章

全球计划、世界共识

3.1 筑梦空间

"一带一路"从历史深处走来，融古通今、连接中外、顺应潮流，承载着丝路梦想，具有崭新的时代内涵。在新时代，"一带一路"为我们开启最美丽的"筑梦空间"。

作为推动构建人类命运共同体的重要实践平台，高质量共建"一带一路"，将推动各国互联互通更加有效、经济增长更加强劲、国际合作更加密切、人民生活更加美好，共同谱写各国人民携手实现互利共赢的华丽篇章。

3.1.1 加快推进国际道路运输发展

1. 交通成为国家新的城市课题

进入 21 世纪，全球的城市人口已突破人口总数的 50%，城市生活日渐成为人类生活的重要方式，因而对城市空间的规划、对公共交通的设计，成为各国新的城市课题。

（1）全世界的目光盯着未来的中国。

在新的课题下，全世界的目光都在盯着未来的中国。比起西方，在国际大交通领域，中国的确起步晚了百年。但现在，无论从哪项指标来看，中国高铁"后发制人"，"中欧班列"走在了世界前列。中国铁路有如下领先优势：一是铁路网规模领先；二是铁路质量达到世界领先；三是铁路技术装备达到世界领先；四是铁路创新能力达到世界领先；五是铁路运输安全达到世界领先；六是铁路运输经营管理水平达到世界领先。

（2）高铁把人流、物流、信息流和资金流盘活。

作为发达的"躯干"——高铁把人流、物流、信息流和资金流等盘活，使之流动起来。在中国发展高铁的过程中，先进制造业被带动起来。中国高铁已然成为中国高端制造的名片。中国目前正将中国高铁发展经验延续到城市轨道交通建设规划中来。

（3）中国铁路成绩用数字说话。

中国国家铁路集团有限公司 2019 年统计公报显示，2019 年，中国铁路固定资产投资完成 8029 亿元，其中铁路完成投资 7511 亿元；投产新线路 8489 千米，其中高铁投产线路 5474 千米；到 2019 年年底，全国铁路运营里程达到 13.9 万千米以上，其中高铁运营里程达到 3.5 万千米；铁路完成旅客发送量 35.7 亿人次，同比增长 7.7%，其中动车组旅客发送量为 22.9 亿人次，同比增长 14.1%；铁路完成货物发送量 34.4 亿吨，同比增长 7.8%。2018—2019 年，铁路运输累计降低社会物流成本 358 亿元。

（4）交通的立体化。

地铁难以覆盖城市的每个角落。城市需要不同运量、不同制式的轨道交通协同发展，需要打造大、中、小运量匹配的轨道交通网络，即实现交通的立体化，充分利用从空中到地下的空间资源。

（5）未来城市之梦。

自 2018 年 12 月以来，不到一个月的时间，国家发展改革委密集批复了 6 个城市的轨道交通建设规划。中央经济工作会议也明确指出，基建的重心不再是房地产，而是城际交通、物流、市政基础设施等新型基础设施建设。中国已认识到城市轨道交通既要有主干，又要有微循环来协同盘活一个城市，中国的城市轨道交通走向多制式、多模式协调发展成为趋势。发展立体智能化交通，提供新的思路和战略性解决方案，是中国交通发展的重要信号。"绿色大交通"之梦，终将是未来城市之梦。

（6）强大运输保障。

中国铁路 2020 年的主要工作目标是保持持续稳定，铁路完成旅客发送量 38.5 亿人次，完成货物发送量 36.5 亿吨，全面完成政府下达的任务，为基本实现社会主义现代化提供强大运输保障，进而使中国铁路成为社会主义现代化强国的重要标志和组成部分。

市场驱动型的供应链不会离开中国，如果发现了资源洼地，资源驱动型的供应链有可能离开中国。例如，对于作为不锈钢上游的镍铁矿，印度尼西亚就很有优势，但这些镍铁矿开采出来后，相当大的市场还是在中国，因此仍然会进入中国的加工供应链，而不会完全移走。

中国现代供应链与全球制造业相互依存，全球制造业对中国现代供应链的优势有信心。中国从来都是进口大国，发展起来的中国更是向世界敞开大门，今天的中国已成为120多个国家和地区的最大贸易伙伴。正在全球化布局的中国，需要全球现代供应链协同，需要增加供应链的柔韧性，需要加速向数字供应链发展，加速科技在物流与供应链方面的应用，建立更智能化的现代供应链，发挥全球现代供应链的引擎作用。

2. 中国对物流大通道的认识过程

注重基础设施建设的认识结果是交通通道；运输线路复合交通轴的认识结果是货运通道；认识物资通道的依据是国民经济基础工程的理论——"基础论"。物资运送、应急处置等所需车辆和人员应进出通畅，为保障人民生活与健康的菜篮子工程，中国还建立了"绿色通道"。交通物资运输是国民经济的基础工程，交通运输服务能力要与经济发展相适应，要建立适度超前的基础设施。

物流大通道注重物流服务供给能力。物流大通道的基础是网络建设，包括交通、运输、集货、运营组织和信息化网络建设，注重对供应链布局的优化，以形成新的经济合作格局。国家交通运输是战略性、引导性行业，物流大通道建设由各环节主导运营主体基于"引领论"发展理念开展，物流大通道服务于供应链要求，通过全球战略形成全球现代供应链，需要各种运输方式形成现代供应链战略协同。物流大通道以创新规则为驱动，以跨界服务为运行手段，以追求经济规模为出发点，实现设施联通与信息服务系统衔接，需要利益相关方共同的顶层设计。

交通运输部数据显示，2019年我国完成营业性客运量176.0亿人次，高速公路小客车出行量同比增长8.8%；完成货运量534.0亿吨，同比增长5.5%，保持在较快增长区间。其中，公路完成货运量416.1亿吨，同比增长5.1%；水路完成货运量74.7亿吨，同比增长6.3%；高速公路货运量同比增长6.8%。

3. 国际物流大通道的格局正在发生深刻变化

"一带一路"带动了国际物流大通道格局的变化，从以海运为干线运输向陆路与海运并举转变；从贸易或运输通道向物流通道转变；从以单一运输方式为主向多式联运网络化服务转变。国际物流大通道由完整的物流产业带动贸易聚集的系统构成，通道网络具有"轴辐式"结构，即"大通道→大枢纽→大中转→大集散→大贸易"，实现贸易平衡，故也称为"贸易平衡模式"。

全球现代供应链模式是由"物流节点→多式联运→枢纽→商贸集散→物流干线→境内外网络→供应链服务→供应链金融→内陆口岸+新型贸易"构成的。

2015 年 5 月和 2016 年 12 月，我国先后颁发了《全国流通节点城市布局规划（2015—2020 年）》和《推进物流大通道建设行动计划（2016—2020 年）》，从国家层面统筹交通枢纽基础设施建设大物流、大通道体系。

4. 推进物流建设行动五项计划

（1）优化物流大通道网络结构。

推进物流大通道内铁路长距离货运，引导连通重点口岸，发展内河水运以分担低附加值货物运输，加强公路扩能改造，补齐交通基础设施短板。

（2）改善物流大通道节点服务功能。

以多式联运的物流枢纽承载城市为核心，配套完善城市对外物流通道，推动建设辐射能力强的货运枢纽或物流园区，强化枢纽港站集疏运体系建设。

（3）提升物流组织水平。

重点强化多式联运，同运输方式和干支运输实现协同高效。

（4）强化供应链协同管理。

在物流大通道上建立区域联动机制，推动物流大通道上部门间的政策协调机制。

（5）完善和推进标准化、信息化建设。

重点推动建立物流与运输装备标准化体系，运用现代信息技术实现对大通道物流过程中人、车、货的指挥与控制，并对降低成本、提高效益的活动进行管理。

5. 全国骨干流通大通道

《全国流通节点城市布局规划（2015—2020 年）》确定了全国骨干流通大通道。

一是三条流通大通道：东线沿海流通大通道；中线京港澳流通大通道；西线呼昆流通大通道。

二是五条东西向流通大通道：西北北部流通大通道；陇海兰新沿线流通大通道；长江沿线流通大通道；沪昆沿线流通大通道；珠江西江流通大通道。

一个更大的国际物流大通道建设已经启动。2011年3月19日，"渝新欧"国际铁路正式开通。

中欧班列是指中国开往欧洲的货运编组列车，已初步形成西、中、东三条中欧铁路运输通道，通达欧洲15个国家、49个城市。基础设施互联互通为"一带一路"建设注入了动力。截至2019年10月底，中国已与137个国家和30个国际组织签署了197份"一带一路"合作文件，其中既有发展中国家，又有发达国家，不少发达国家的公司、金融机构与我国合作开拓第三方市场。在设施联通方面，中老铁路、中泰铁路、雅万高铁、匈塞铁路等扎实推进，瓜达尔港、汉班托塔港、比雷埃夫斯港、哈利法港等项目进展顺利。截至2019年10月底，中欧班列累计开行数量已近20000列。在贸易畅通方面，2019年1—9月，中国对"一带一路"沿线国家合计进出口额约9500亿美元，对"一带一路"沿线国家非金融类直接投资超过100亿美元。中白工业园、中阿（联酋）产能合作园区、中埃苏伊士经贸合作区等稳步推进。在资金融通方面，截至2019年11月，中国先后与20多个"一带一路"沿线国家建立了双边本币互换安排，与7个国家建立了人民币清算措施。

3.1.2　中欧班列对接国家方略

中欧班列是适合装运集装箱的货运编组列车，已初步形成东、中、西三条通道运行线：东线由满洲里（绥芬河）出境；中线由二连浩特出境；西线由阿拉山口（霍尔果斯）出境。

1. 中欧班列的意义

2014年，国家主席习近平前往欧盟进行访问，在访问中提出开通中欧班列，中欧双方力争早日实现年贸易额1万亿美元的目标。中欧班列的开通，是中国加强与"一带一路"沿线国家经济合作的重要举措，是协同"一带一路"沿线各国共同发展的重要道路，是建设中外经济走廊的重要手段，是交流各国人文历史的重要平台。中欧班列的初衷是对接国家西进战略，目前中欧班列上升到国家高度，已成为"一带一路"的重要组成部分。

2. 中欧班列成为国际物流陆路运输骨干

亚欧物流通道包括陆、海、空通道，中欧班列因其特征和组织日趋成熟已经成为国际物流陆路运输的骨干力量。伴随着国家经贸交往日趋活跃，各方合作日趋密切，中欧班列发挥了国际铁路物流骨干作用，对"一带一路"由"商贸路"转变为"经济带"起到重要作用。

3. 全面释放"丝绸之路经济带"物流通道的潜能

加强中欧班列的运行组织，中国、白俄罗斯、德国、哈萨克斯坦、蒙古国、波兰、俄罗斯七国签署了《关于深化中欧班列合作协议》，确保中欧班列按图正点运行，标志着各国铁路合作关系更加紧密。未来，我国应努力提升中欧班列运行品质，优化完善中欧班列客户服务，进一步建立经贸交流合作、工作流程和制度，助推"一带一路"建设，并为客户提供全方位的良好服务。跨国铁路物流组织日趋成熟；国家间的合作日趋密切；中欧班列沿途国家经贸交往日趋活跃，扩大了中欧班列市场，这些有利条件，在既有各地开行中欧班列的基础上，进一步发挥了中欧班列作为国际物流骨干的作用。

4. 中欧班列为"一带一路"提供运力保障

（1）打造铁路国际联运货物运输品牌。

为适应中欧班列国际联运需要，中欧班列按照品牌标志、运输组织、全程价格、服务标准、经营团队、协调平台六个统一，强化联运机制和保障，为提高运输质量和效益拟定了《中欧班列组织管理暂行办法》，遵循"快捷、准时、安全、稳定、环保"原则，不断优化班列组织方案，打造国际联运货物运输品牌。

（2）不断深化中欧班列建设。

在全面调整提升中欧班列运行质量的同时，推进班列服务平台建设。中欧班列以市场和客户为导向，设立单证中心和客户服务中心来提供全程物流服务，口岸与海关作业无缝衔接，统一向客户提供单证服务，按班列早晨到达口岸倒排运行图，定点定时推送班列追踪信息和客户服务信息，平均压缩国内段运行时间在 1 天左右，做好整列直达组织。加强境内外营销组织，进一步加强班列服务团队，推进成组集结、零散中转等运输组织方式，在提升班列服务质量的基础上，不断深化中欧班列建设。

（3）加快中欧班列做大做强。

为了使中欧班列做大做强，国内各方明确铺划全程运行图，提高运行品质和服务水平，开展全程优惠价格谈判，做好回程货源组织，推动国际联运增加运量，降低全程物流费用，统筹做好宣传等方面工作。

（4）中欧班列飞驰惠及更多沿线消费者。

中欧班列当前面临的堵点、痛点，不是中国一方就可以解决的。各国相关部委组成的联合调研组赴沿线实地督查调研中欧班列建设情况，重点考察了基础设施建设情况，调研了相关平台公司运营情况，并与多部门举行座谈交流，共同拓展更深层次合作。"一带一路"建设给边境口岸带来的既是巨大挑战，又是巨大机会。中国—中东欧重大基础设施项目合作正在驶入快车道，中欧班列飞驰惠及更多沿线消费者。

3.2 中欧班列成为"一带一路"的重要组成部分

中欧班列开行以来，中国铁路机型不断升级换代，中国铁路确保安全的初心始终没有改变。中欧班列开出去前必须进行货物的集结，然后货物由铁路场外进入铁路管辖区域内。货源组织后，检查车辆，然后将车列进行重新分解编组，送到指定位置，从而使中欧班列安全、正点到达目的地。

3.2.1 中欧班列开行的是新时代的新模式

1. 中欧班列开行的是新时代的惠民之车

中欧班列把中国的很多货物方便地运往欧洲，又把欧洲很多商品，如汽车、奶酪、牛肉、纸浆等源源不断地通过这条大通道运回中国，丰富了人们的生活方式，满足了人们对美好生活的需求。现在，中欧班列更像新时代的惠民之车，中欧班列把国外的一些商品源源不断地运到国内，把中国很多地方特色食品运出国外，打开了国际市场，也使欧亚国家的老百姓得到了非常多的实惠。中欧班列的货物增加了，运输量增加了，越来越受沿线各国的欢迎。

2. 开辟了中欧班列绿色通道

中欧班列发展非常迅速，惠及了沿线很多国家和地区。中欧班列绵延数千千米，它所经过不同国家的经济文化发展水平，甚至铁路的标准不一样，国际货运遵循的准则和公约也不一样。中欧班列口岸通关起初没有一套统一、完整的管理体系，但外方铁路部门对中欧班列的重视程度越来越高，现在对涉及中欧班列开行的相关工作更加支持和配合，明确了中欧班列在口岸之间必须要优先组织换装，开辟了中欧班列绿色通道。中欧班列在口岸的通关时间由之前的

12 小时压缩到现在的 6 小时，运输时间由原来的 25 天左右压缩到 12～14 天，运输效率提高了 1 倍。中欧班列开行之初遇到了一些困难，从货物的集结，到集卡的合理安排乃至集卡在途中的运行时间，大量的运输细节必须和国际联运的操作流程相配合。在到达铁路货场以后，它的装卸时间、装火车时间都有一套国际联运流程，包括最终形成国际联运的运单都要按照相关流程来执行。中欧班列第一次使用了铁路集装箱，满足高附加值产品的运输，集装箱到达后要装 Smartbox 电子数据盒，便于全程跟踪，该电子数据盒还带有报警系统。

3. 高科技设备应用开创保安全的新模式

随着铁路行业的蓬勃发展，有很多高科技设备都应用到列检工作中。TFDS 系统通过高速摄像机对列车运行中各部位的图像进行采集并回传，可以做到在室内通过显示器上的回传图片对车辆故障进行判别，在很大程度上保障了车辆安全，既提高了工作效率，又降低了劳动强度。近年来，整个铁路发生了巨大的变化，高铁建设也发生了巨大的变化，变化最大的是调车数量上的加大，作业量翻了一番，这充分体现了国民经济的发展；调车作业效率大幅度提高，铁路加大了科技投入，设备从落后走向了科技化。例如，以前调车作业用手动信号调车，现在用无线电指挥调车，这样大大提高了生产力，调车作业安全也更有保障，安全控制转变为"人防+物防+技防"保安全的新模式。

4. 中欧班列运输迅猛发展

中欧班列全程运行时间大幅压缩，日均运行 1300 千米，接近 100% 的正点率。现在，和谐重载机车环境干净、整洁，原来蒸汽机车速度只有 40～50 千米/小时，载重约 2000 吨，而和谐重载机车速度可以达到 120 千米/小时，载重量也达到 5000 吨。目前，开行中欧班列的等级已经高于客车等级。例如，从重庆到德国杜伊斯堡仅需要 12 天，所需时间是海运的 1/3，价格是空运的 1/5。对高附加值的产品而言，它的时间成本是很重要的。相比公路运输，中欧班列拥有更大的承载量，不仅缩短了运输时间，还降低了运输成本，这就是中欧班列运量迅猛发展的原因。

5. 强大运输网优势保证了中欧班列快速增长

铁路最大的优势是不受气候限制，对高附加值产品来说，集装箱晚到一天产生的时间成本是巨大的。当初惠普、华硕、富士康采用的运输方式是海运，现改用中欧班列。中欧班列有一个绿色专用通道，挂了中欧班列标志的集卡进站是无条件放行的，不需要铁路中间环节和手续，加快了周转时间。有中欧班列标志的集卡通过绿色通道到达海关作业区，并立即通知正面吊进行装卸作业。其从进入车站大门到进入海关区装卸落地只需要几分钟，卸货以后集卡返回进行第二批货物周转。当前，大部分高附加值产品采用中欧班列运输，保证了中欧班列的运量。绿色专用通道和无缝连接方式不仅适用于高附加值产品，而且吸引了很多低附加值产品和大众货物。

6. 良性循环加速中欧班列的发展

基于中欧班列在运量上发生的变化，其由单向开行变为双向开行，实现了物畅其流。中国的货物走出去，欧洲的货物走进来，形成双向开行，这种回程班列形成对流的方式，压缩了整个中欧班列的运输成本。有去有回形成良性循环才能加速中欧班列的发展，惠及沿线人民。中欧班列是"一带一路"的缩影，"一带一路"建设让沿线国家和地区共同进步、共同发展。

3.2.2 实现跨境运贸融一体化

中欧班列产生了巨大的社会效益。基础设施互联互通为"一带一路"建设注入了动力。中欧班列在"一带一路"建设背景下，成为引导中外跨境运输和商贸的一张靓丽名片，为"一带一路"建设注入了动力。

1. 中欧班列开行和回程货流市场培育成长

随着中欧班列开行线路的增加和欧洲回程货流市场的培育成长，中欧班列已经具备适应市场化运行的潜力。随着更多城市开通中欧班列，中欧班列开行量突破预期，综合成本优势明显，新客户增多。中欧班列已实现常态化运行，未来将立足口岸功能的发展，国外货源成为中欧班列回程货源的重要补充，新增多条新线路的辐射范围将不断扩大。

2. 实现运贸融一体化

从中欧班列的规模经济性和范畴经济性考虑，中欧班列运行线路的网络布局使更多城市能通过铁路直通欧亚国家，各地通过中欧班列实现资源共享、互联互通、货运接续和运输组织优化。当铁路货运利润不能支撑货运成本时，铁路公司可以考虑在信息和金融创新基础上联合货主企业、商贸企业和第三方物流实现运输、贸易和供应链金融的运贸融一体化。

3. 中欧班列开行量突破的因素

中欧班列开行量突破有三个重要的因素。

（1）客户增多，成本优势明显。

中欧班列是对外开放的重要载体。表面看，海运要比铁路运输便宜一些，但陆路大通道实现了中国与欧洲的紧密相连，铁路节省的时间成本非常明显。中欧班列这种新的物流运输方式，在很大程度上使客户资金占有时间明显缩短，使客户抗风险能力明显提高。

（2）实现常态化运行，持续推动中欧班列发展。

回程货源增多，去程和回程开行班列比例趋于平衡。中欧班列回程货源量增大，回程货源的组织已不是弱项。

（3）国外的货源成为中欧班列回程货源的重要补充。

中欧班列回程实现了常态化，反映了中欧班列被国外客户认可，意味着将国外的东西进口到中国来。中欧班列能够取得突破，与中欧班列的回程货源越来越多关系密切。回程货源越多，在集货分拨的货物越多，意味着中欧班列的竞争力越强，越有助于打造国际物流枢纽和集散分拨中心。以铁路用集装箱为例，中欧班列回程班列增多，欧洲与中国贸易往来更密切，班列发出后很快组织货物回程，回程班列集装箱的使用率就提高，有助于降低成本，也能进一步推动打造内陆开放高地，促进"一带一路"沿线国家和地区之间的合作往来。

4. 中欧班列在变革中前进

中欧班列更加注重开行质量，构建互联互通的国际物流通道，同时重点考虑班列的重载率、运行时效、返程货运量等具体运行指标，进一步深化中欧班列开行质量，而不是单纯强调开行数量。

（1）中欧班列追求质量。

2018 年 12 月 11 日，中欧班列运输协调委员会第三次全体会议在成都召开，中欧班列累计开行超过 12000 列，已连接境内外 105 个城市。其中，成都、重庆、西安、郑州和武汉居开行数量前列，占全国开行总量的 80%以上。截至 2019 年 10 月底，中欧班列累计开行数量已近 20000 列。

在设施联通方面，新开通班列的运营支线，优化了铁路与水路、公路、航空和海运等线路的衔接，进一步提升了开行运输质量。中欧班列建设坚持质量思维，稳扎稳打提升运输质量。

（2）绘制精谨细腻的"工笔画"。

在这方面，中欧班列采取的措施包括：①扩大中欧班列"朋友圈"；②推动市场化运作，促进良好发展环境；③维护品牌形象，强化管理和市场监管；④加快信息化建设，打造数字班列；⑤化解通道拥堵，推进设施设备扩能改造；⑥倾力打造国际安全运输典范，精准应对突发事件。

（3）从单纯的物流通道向经济通道转型和发展。

中欧班列进一步细化考核标准，从单纯的物流通道向经济通道转型和发展，以"高质量发展"为目标。

（4）提升中欧班列的服务能力、集散能力、揽货能力。

提升中欧班列所有节点的服务能力、集散能力、揽货能力，形成"一主两辅"的陆海大通道；提高中欧班列的运行时效，加强中欧班列全程的实时监控，提高境外协调能力，加快异常处置，优化运行线路，以减小运输压力；补齐信息化和自动化的短板，拓展货源，提高效率。

（5）推动城市物流功能发展。

国家物流枢纽的承担城市，也是中欧班列开行较多的城市，中欧班列的稳定发展支撑城市功能升级。国家物流枢纽是最高层次的物流枢纽，能够承载和服务于商贸流通、生产加工制造业，并在地理上实现空间聚集。城市本身就是一个物流枢纽，而国家物流枢纽的布局规划，希望承载城市可以承载一个或多个具体的产业，发展相应的枢纽功能。

（6）增加物流通道的经济效应，提升物流通道的吸附度。

发展"供应链枢纽"城市，借助物流与地方产业的配合，进一步改善营商环境；探索和社会资本一起建设产运贸服务平台，增加物流通道的经济效应，提升物流通道的吸附度。

（7）新增多条新线路，辐射范围不断扩大。

中欧班列向南延伸的路线抵达河内。该新线路将通过泛亚铁路直达泰国、老挝等地，推动欧洲与中南半岛的深入交流。中欧班列回程可转运至中国及东南亚地区，辐射范围和辐射领域进一步扩大。

3.2.3　新势能：陆桥运输+多式联运

随着"一带一路"建设的不断推进，国际物流大通道的交通运输能力获得了充分肯定，这为多式联运的发展指明了方向。

1. 从国家政策层面看

聚焦物流与交通基础设施，推动建设 30 个辐射带动能力强的货运枢纽，扩大基础设施建设与升级改造向铁路靠拢。在定位物流与供应链枢纽和节点的前提下，多式联运有助于提高效率和物流的可靠性，并在国家政策层面得到强力扶持。

多式联运作为一种集约、高效的运输组织方式，能够充分发挥各种运输方式的比较优势和组合效率，这对于推动物流与运输转型升级、支撑经济提质降本增效意义重大。

2. 陆桥运输在国际多式联运中的作用

陆桥运输是国际多式联运的主要形式。陆桥运输是指采用集装箱把横贯大陆的铁路或公路作为"桥梁"，两端的集装箱通过海运与列车或卡车连接起来的一种连贯运输形式。陆桥运输也是一种海陆联运形式，在国际多式联运中具有独特地位，故将其单独作为一种运输组织形式。陆桥运输分为大陆桥运输、小陆桥运输、微型陆桥运输。大陆桥运输从形式上看是海陆海的连贯运输，在集装箱运输和多式联运的实践中发展了多种形式。小陆桥运输是指货物以国际标准规格集装箱为容器，通过海运、陆路将集装箱货物先运至港口，再转运到海岸港口，卸船后再由港口换装铁路集装箱或汽车运抵目标区域的运输形式。微型陆桥运输比小陆桥运输更短，是指海运加一段从海港到内陆城乡的陆上运输或相反方向的运输形式。

大陆桥运输、小陆桥运输和微型陆桥运输都以标准化集装箱作为流通载体，将海运、铁路、公路、航空、内河等各种运输方式有机结合起来，构成一种快速、廉价、安全的连贯运输。中国内陆地区贸易流通主要采用以公铁联运为基础的多式联运方式。

3. "一带一路"在新的高效国际物流大通道中获得新势能

国际物流大通道为推进"一带一路"建设提供运力保障，"一带一路"建设又推进国际多式联运发展。这既需要在顶层设计上下功夫，又需要在配套制度上花力气，更需要用试点实践来推动落实。物流与供应链的产业结构升级，进一步推动国际贸易体系改变。从电子商务物流的角度来看，培育贸易新业态、新模式，根本目的是转变产业发展模式，推动经济结构转型升级。电子商务物流作为与互联网最贴近的新兴业态，具有独特的属性和不断扩大的向外延展性，突破了时间、空间限制，降低了人力和物流成本，拓宽了市场空间，改变了国内国际市场拓展方式和经营模式。全产业链协同联动，推动了国际贸易体系的创新发展，推进了产业结构转型升级，促进了生产、销售两端的供应链资源融合，形成了对外开放新格局。

中国是世界上的交通大国，但距离物流或运输强国还有相当长的路要走。中国物流基础设施还有短板，服务水平还不能完全满足需求，整体还不够发达，物流成本还比较高。中国将以内陆物流港向智能化运营发展，利用新一代信息技术加快对外开放，推动物流与相关产业融合发展，积极培育新技术、新模式、新业态，加快形成新的增长点。中国积极发展多式联运，重点就是中欧班列、水铁联运和公铁联运。

纵向联动、横向协同、发展多式联运，为国际贸易与物流联动找准属地化定位和供应链协同发展的"突破口"，共同打造开放、共享、协作、共赢的商业新生态，也为融入"一带一路"提供新的高效通道。可以预见，随着陆桥运输的效率和经济性不断提高，国际物流大通道将进一步畅通高效，物流产业在"一带一路"新的高效国际物流大通道中将获得新势能。内陆物流基础设施，如物流港、物流园区、物流基地、物流中心等，开启了集商、展、贸、销、仓、储、运、配为一体的供应链服务和国际贸易与效率双变革，实现了内陆物流园区与国际贸易物流与供应链的联动发展。

从"降成本、补短板、强服务、优环境、强能动"来看，现代供应链与多式联运越来越受重视，国际物流大通道不断建设，物流与供应链的能力不断提升，国内国际需求更清晰，设施与装备、质量与效益双双增长，驱动原动力在变革，铁路物流市场化，多业联动，多元业态，多网协同，"一带一路"新势能在陆桥运输和多式联运中显现。

3.3 多维赋能融入全球现代供应链体系

世界经济深度调整，国际政治环境复杂多变，市场不确定性因素增加，对经济发展的影响增大。面对复杂的国内外形势，应建设协同和创新的供应链，重塑企业、产业和国家竞争力，建立多维赋能体系，融入全球现代供应链网络，推进全球现代供应链体系建设。全球经济深度调整，在发展的同时面临国际贸易壁垒、国际贸易放缓等问题，必须尽快通过供应链整体管理优化来提升价值、提高服务水平，通过优化创新和商业模式变革实现转型升级，积极发挥创新驱动引领，确定"内外融合、全球生态"的供应链体系建设路径，逐步通过"驱动推进、联动整合、国际突破"推进全球现代供应链体系建设。

3.3.1　全球连接，全球服务

当今世界的特征是全球化，应把握时代格局变化，提升全球服务能力，建设全球现代供应链体系。

1. 世界进入到全球连接时代

全球化深化了国际分工，全球化要求各国之间加强产业领域各方面的连接，促进全球经济增长和贸易扩张。"一带一路"是中国连接各国的物流系统，推动了全球范围的人、财、物，以及知识和技术的流动，将大大增强世界连接的能力，支撑实现"全球买卖、全球网链、全球云递"。

2. 中国加强全球现代供应链能力

中国的制造业、货物贸易、公路货运量、铁路货运量、水路货运量、货运周转量、内河里程、高速公路里程、高速铁路里程、快递包裹数量均居世界前列。2019 年是中国快递行业屡破纪录的一年，随着第 600 亿件快递的诞生，中国快递年业务量迈入 600 亿件时代，造就快递发展史上又一座里程碑，中国快递包裹数量连续 6 年世界第一。

中国物流业规模大而不强，全球连接互联互通性差，而美国、德国是全球连接能力最强的国家，从全球连接能力来看，中国的连接能力只有它们的一半。中国物流成本高、质量效益低，缺乏国际物流标准制定的话语权，中国物流服务与全球现代供应链服务连接不足。中国的产品出口覆盖 220 多个国家和地区，传统模式与运作方式造成当前没有一家物流企业具有全球通达能力，这些问题亟待加紧解决。

3. 全球现代供应链体系建设的保障措施

要构建全球友好环境，全球现代供应链体系建设的保障措施尤为重要。

（1）将全球现代供应链体系建设纳入"一带一路"建设。

供应链体系建设的保障措施影响全球产业结构和供应链体系。在全球物流保障和贸易保障中，中国国际物流体系保障能力略显不足，因而要加强与各国计划对接及政策沟通，加强国际物流发展的充分交流，协商解决合作中的问题，联合制定合作规划和实施方案，推进务实合作。

（2）推进通关便利化。

中国积极参与全球物流通关治理，深度参与全球物流体系相关规则、标准的制定和修订，提高中国话语权，保障国际物流通道与供应链安全。中国为进一步优化口岸营商环境，针对船舶上、下港之间数据录入重合度高的问题，在前期创新试点基础上最大限度地推进数据复用，中国"单一窗口"标准版上线运行国际航行船舶转港数据复用功能，加强了海关合作，降低了清关成本，减轻了企业录入负担，提高了贸易通关效率。

（3）加强创新融资方式。

完善投融资的多渠道、多元化模式，积极创新金融产品和服务，对重大项目给予财税支持；按照风险可控和可持续原则，加大对物流龙头企业和创新型企业的金融支持力度。

（4）支持整合国际资源。

开拓和利用国际资源，不断拓展国际发展空间，提升国际市场的应对能力，支持企业国际联合、国际参股、并购周边的新兴产业及欧美优质物流企业，逐步建立覆盖全球的供应链网络。

3.3.2　全球现代供应链战略成为中国的必然选择

随着全球经济一体化和信息化时代的发展，美国、日本、德国等发达国家已经在全球现代供应链竞争中占据优势。欧美已将全球现代供应链提升到国家战略层面，建立了现代供应链服务体系和供应链公共服务平台。将供应链上升为国家战略，并不断优化全球现代供应链战略，已成为中国的必然选择。

中国是全球物流资源最多的国家，但资源是分散的、分割的。在全球现代供应链中，中国唯有采取主动策略，才能获得可持续的竞争能力。全球商业世界的竞争已经演变为供应链战略之间的竞争，仅在生产和销售方面做到最好是不够的。对于供应链与供应链之间的竞争，中国必须借鉴国际先进的经验，才能快速适应全球化的竞争。

中国明确提出供应链战略。打造全球现代供应链体系已成为共识，是全球及区域经济发展的战略支撑点，也越来越受各国重视，并开始进入国人的视野。

中国如何在新一轮的全球经济发展大潮中，实现追赶和超越，促进产业链、供应链与价值链的融合与创新发展，是摆在中国政府、行业和企业面前的现实问题。

供应链作为一种新战略、新动能、新模式，对经济从粗放经营到集约经营的转变作出不可估量的贡献。供应链创新已经成为优化中国产业组织方式、推动供给侧结构性改革、提升中国企业国际市场竞争力的重要抓手。

2017 年 8 月 16 日，商务部、财政部办公厅发布《关于开展供应链体系建设工作的通知》，确定天津、上海、重庆、深圳、青岛、大连、宁波、沈阳、长春、哈尔滨、济南、郑州、苏州、福州、长沙、成都、西安 17 个重点城市开展供应链体系建设。全国性的规划布局和全国骨干网络初现端倪，推进供应链战略的大幕已徐徐拉开；这对提高流通标准化、信息化、集约化水平，促进商贸流通业、生产制造业和现代服务业的深度融合，进一步发挥流通业的基础性、先导性作用意义重大。

2017 年 10 月 13 日，国务院办公厅发布《关于积极推进供应链创新与应用的指导意见》（国办发〔2017〕84 号），将供应链创新与应用上升为国家战略。这是中国首次发布的关于供应链建设和发展的政策指导意见，也首次将供应链上升到国家战略层面作为促进产业组织的方式，这对整个产业的变革发展提出了很多新的方向。

2018 年 4 月 17 日，商务部等 8 部门联合发布《关于开展供应链创新与应用试点的通知》，巩固供应链在中国经济发展中的战略性地位。通过企业供应链试点工程，发挥龙头企业示范效应，促进产业转型升级，全球现代供应链发展迎来风口期。

2020 年 4 月 10 日，商务部、工业和信息化部等 8 部委颁布《关于进一步做好供应链创新与应用试点工作的通知》。无论是行业还是企业，都应在新常态形势下抓住供应链快速发展的机遇期，依靠全球现代供应链创新与应用，依靠产业链协同发展，推动经济发展方式转变，提升经济效益，优化产业结构，创造新的竞争优势。

3.3.3　全球现代供应链是全球产业的期望

供应链体现在一系列主体之间的相互作用上，从现代经济学角度来说，供应链的作用不言而喻。制造业产业链已经影响到全球现代供应链，不仅是上游或下游一两家企业，而且关联全球整个供应链。经济发达国家将供应链定义为构建核心竞争力的基础性战略，并将其作为促进高质量增长的重要因素。

1. "一处水源供全球"的力度

根据海关总署数据显示，2019 年，位于中国的汽车零部件企业的出口额超过 600 亿美元，其中外资企业在中国的子公司的出口额占 40%。跨国汽车零部件一直扩大对中国生产的需求，形成了"一处水源供全球"的力度。全球 80%以上的汽车零部件和中国制造相关，中国是全球汽车生产基地之一，也是全球汽车零部件企业汇聚之地，全球汽车行业零部件依赖中国汽车供应链。世界汽车工厂广泛采用中国制造的零部件，美国从中国进口汽车零部件和驱动系统零部件。一些外企的手机等电子产品的零件也产自中国。汽车的供应链体系，由材料供应→零件生产→部件生产→零部件组成→整车组装构成。要生产一辆汽车，需要的零部件非常多，其中一环出了漏洞，整个链条都要跟着瘫痪。如果中国汽车零部件企业"病"了，世界的汽车生产都可能陷入停滞。作为全球汽车零部件供应链的核心环节，物流停运或上游原材料供应不足，都可能让汽车零部件供应出现短缺，从而间接影响跨国车企全球工厂的生产。

2. 中国是"世界工厂"

中国虽然不是制造强国，但工业制造业提升空间非常大、可塑性非常强，这将大大有助于我国向制造强国、智能制造转型发展。中国在产品制造的产业链中处在中间最关键的一环。中国的手机制造产业很有名。在苹果排名前 200 位的供应商中，75%的供应商在中国有生产基地。

中国的制造业，绝不仅限于汽车和手机。在轻工业领域，如纺织和服装业，全球各国也高度依赖中国的产出，中国占据了全球纺织和服装出口总量的 40%，占据了家具出口总量的 26%；中国提供了世界上大部分日用品，例如，在 39 件圣诞节礼物中，有 25 件是中国制造的；中国的制鞋业也在全球范围内占据了大片"地盘"。中国生产的小提琴远销欧美 90 多个国家和地区，成为世界上出口西洋乐器最大的基地；中国"假发"业全世界数一数二；中国淡水珍珠产量占全世界淡水珍珠总产量的 73%。从国外企业到个人生活，处处都有"中国制造"的影子，中国就像一个"全球工作台"，如果"中国制造"暂时性"停摆"，全球现代供应链就会跟着断裂。

3. 产业深度合作与生态融合的供应链

现在的制造业完全是一个产业深度合作与生态融合的供应链关系。再小的一件产成品，也不可能独立完成，需要整个供应链上多个合作方的协作，大的生产商找中型工厂代工生产，中型企业拿到订单，先找原材料商再分包给小企业，小企业再分包给微型工厂和家庭作坊，大的生产商收到货再发给销售商和电子商务平台，一环扣一环，环环相扣。劳动力和材料短缺，以及严格控制交通枢纽和关闭边界所带来的物流问题将会产生叠加效应。因此，供应链将不可避免地出现不可预见的波动，甚至一度中断。除了劳动力和物流，企业的采购也可能会出现问题，由于企业的活动范围可能被限制在某些地区，这就限制了寻找、考察和验证新业务或项目及经营业务的能力，并可能出现不可预测的采购价格差异。

4. 全球现代供应链中具有冲击性的事件

中国春运可以说是对全球现代供应链具有冲击性的年度大事件。中国春节长假不仅冲击了中国各类企业的供应链稳定，也使全球现代供应链的节奏暂停。

在全球 500 种主要工业品中，中国有 220 种工业品产量居全球第一，截至 2019 年，中国已连续 13 年对全球经济贡献居世界第一。中国肩负着全球现代供应链的重任与使命，既是工业供应链上游最大的供应方，又是工业供应链下游最大的需求方。要保证全球现代供应链成本最优化，中国供应链就要不断进行质量升级和服务升级，考虑到中国春节假期，制造业已形成惯例，一般会在春节假期前准备一个阶段的生产原料，少则半个月多则一个月。全球产业链中各关键节点力求自保的选择性做法，获得了整个链条的认可，实现了信息透明、动作协同。现代供应链上、中、下游合作，中国是参与全球现代供应链协同的最佳战略伙伴。

5. 全球现代供应链"金三角循环"

全球现代供应链演化为"金三角循环"：欧洲、美国、日本、韩国高新技术和核心零部件为一角；中国和东盟加工组装和基础零部件制造为一角；俄罗斯、澳大利亚、中东及南美洲能源、原材料为一角。全球现代供应链的成长和发展从来不是在温室中进行的，中国成为全球现代供应链不可或缺的重要节点，一方面会强化全球现代供应链体系建设，另一方面会坚定中国特色的供应链体系建设。

近年来，一些经济体把供应链和国家经济安全挂钩，试图进行供应链的调整，但供应链受营商环境、基础设施、运营成本、配套体系、交通运输、制造业文化等因素的影响，其优势一旦确立，在一段时间内很难迁移。麦肯锡 2019 年分析了 186 个国家和地区的情况，发现 65 个国家的第一大进口来源地是中国。麦肯锡选取了 20 个基础产业和制造业，分析在这些行业中世界各国对中国消费、生产和进出口的依存度，其结论是世界对中国经济的依存度相对在上升。例如，在电子、机械和设备领域，中国的角色既是供应方，又是市场。中国在这些领域的出口额占全球出口总额的 17%～28%，中国在这些领域的进口额占全球进口总额的 9%～16%。截至 2019 年 5 月，美国企业在中国年销售额达 7000 亿美元，利润超过 500 亿美元，这是美国企业分享中国发展带来的机遇和成果的体现。

6. 中国与全球现代供应链相互依存

国家统计局数据显示：2019 年，中国的 GDP 总量为 99 万亿元，距离百万亿元仅一步之遥，GDP 同比增长 6.1%，人均 GDP 突破 10000 美元大关。中国的 GDP 占世界 GDP 的 16%左右，对世界经济增长的贡献率已超过 30%。中国经济增速高于全球经济增速，在 10000 亿美元以上的经济体中位居前列。目前，中国经济总量接近 100 万亿元，中国仍然是世界经济发展动力最足的"火车头"。

全球现代供应链之所以难以离开中国，原因之一是中国供应链在不断进行自我调整和提升。一些纯粹成本驱动型的制造业可能会离开中国，但纺织品、服装、箱包、鞋类、玩具、家具、塑料制品七大类传统劳动密集型企业的出口增长仍然强劲。留在中国的这些劳动密集型制造业，已经完成了从价值链低端跃升到价值链中高端的变化。

企业家的格局、眼界决定了企业的发展境界，关系着企业的发展速度。企业要想长久发展，就会转移低端的或低价值的产品，提升中高端的或高价值的产品，增大赢得现代竞争的概率、降低风险。也就是说，这些制造企业创造了更高的价值。如果成本驱动型的供应链都不会放弃中国，那么效率驱动型的供应链、市场驱动型的供应链更不会离开中国。

中国现代供应链与全球制造业相互依存，全球制造业对中国现代供应链的优势有信心。近年来，中国高度重视供应链安全问题，并将其上升到国家战略的高度。中国把现代供应链作为新增长点和新动能，从国家到地方都在出台产业支持政策，鼓励培育有全球竞争力的供应链龙头企业。

近年来，中国供应链企业加速"走出去"，积极拓展全球产业链、供应链。一方面，在全球范围内加大上游资源的储备和开发力度；另一方面，整合供应链服务和金融资源，提升供应链金融服务能力，致力于提供优质、安全的供应链服务。中国从来都是进口大国，发展起来的中国更向世界敞开大门，今天的中国已成为 120 多个国家和地区的最大贸易伙伴。中国正在全球化布局，需要考虑向数字供应链发展，使现代供应链更智能化，从而担当全球现代供应链上的重要角色。

第4章

供应链国家战略

要在全球范围内构建供应链，必须要有一种组织方式，要以全球化的格局和现代化的战略眼光组织全球现代化供应链的完整系统，选取最有竞争力的合作伙伴，将供应链服务延伸到全球范围。这种组织方式就是全球现代供应链。全球现代供应链是根据需要在全球各地建立一个互联互通组织的过程。

4.1 全球现代供应链的国家战略

微观层面的供应链是企业供应链，也指传统的供应链。在全球各地建立一个供应链组织，称其为现代供应链。任何国家都要在全球范围内发展供应链，国家发展壮大走向全球化时，全球现代供应链应运而生。全球现代供应链安全是国家战略，因为一个国家所有的商贸、物流、经济、应急活动都离不开供应链，全球现代供应链因此上升为国家战略。

4.1.1 全球现代供应链上升为国家战略

供应链的变革与不断发展，推动产业链、价值链发展，并加强对全球资源的整合。从产业形象到城市发展战略部署，供应链应用环境得到全面改善和提升，现代供应链快速推进和创新应用，切实提升了供应链的服务能力。现代供应链持续构建全球化供应链架构，形成了一个庞大的全球现代供应链系统工程，并发展上升为国家战略。各国均从经济、外交、文化、金融等方面入手，对其全球现代供应链布局进行大规模调整，而正是在这样的形势下，全球现代供应链国家战略应运而生。

1. 英国推行贸易全球化战略

第一次世界大战以前的英国，其全球化是为了实现贸易全球化。当时，英国利用工业革命的成果成为"世界工厂"，大量的工业品输出到国外。为此，英国强力推行贸易全球化战略。

2. 美国全球化战略及全球现代供应链安全国家战略

美国全球化布局的第一步是纳入势力范围；第二步是市场布局和资本输出；第三步是全球现代供应链战略。

美国全球现代供应链国家战略的基本目标：一是促进商品高效与安全运输；二是培养一个有弹性的供应链；三是建立的全球现代供应链系统稳定、安全、高效、有弹性。

美国把全球现代供应链列为国家战略。进入 21 世纪，世界发生了巨大变化，新机遇、新挑战层出不穷，国际体系和国际秩序深度调整，国际力量对比深刻变化。面对这个世界，各国一切经济活动都离不开物流与供应链，而物流又是供应链的一部分，任何国家都要在全球范围内发展产业链、供应链、价值链，依靠高科技来支撑其发展，以此取得大国间的平衡与优势。美国不断强化全球现代供应链系统风险识别与评估，加强运输基础设施建设与运输透明化技术研究，推进信息共享与智慧供应链发展，强化国内标准与法律规范，推进全球现代供应链治理结构改造，推动贸易便利化与区域经济合作。

3. 中国的全球现代供应链战略

对于中国的全球现代供应链战略工作，一要做好国家供应链战略布局，包括市场、资源、物流在内的整体布局，这是全球现代供应链战略实施的前提；二要做好对市场资源、产能资源、企业资源、物流资源等的整合，提高经济全球化的便利化水平；三要突出供应链的共享性，既要输出中国的产能或产品，又要引进中国需要的产能或产品，这是全球现代供应链实施的基础；四要确保供应链能够创造新的价值，确保合作共赢，这是全球现代供应链实施的着眼点；五要确保供应链安全、可持续，建立相应的全球治理机制，这是全球现代供应链实施的重要保障。

4.1.2 全球现代供应链简介

1. 全球现代供应链的概念

全球网络供应链或全球现代供应链通常包括更大的地理范围和时间跨度、多个国家的市场、多个国家的运作场所、多样化的供货需求条件带来的更多机会。在全球现代供应链体系中，供应链的成员遍及全球，生产资料的获得、产品生产的组织、货物的流动和销售、信息的获取都是在全球范围内进行和实现的。

2. 全球现代供应链的特点和特征

全球现代供应链的特点在于可以动态形成，并进行快速重构和调整。全球现代供应链的根本目标在于供应链中实体之间，以及实体内部各部门之间商务过程的协同运作。全球现代供应链的特点还在于市场灵敏性、过程集成、动态联盟，使全球现代供应链系统延伸至世界范围。依赖快速的信息技术支持和服务建立的动态供应链，实现了快速反应运作，可以满足全球消费者的需求。

3. 企业竞争是一个供应链与另一个供应链的竞争

供应链是20世纪80年代的产物。英国经济学家克里斯多夫提出，"今后，世界上不存在一家企业与另一家企业的竞争，存在的是一个供应链与另一个供应链的竞争。"

4. 供应链经历的阶段

供应链自20世纪80年代中期提出以来，经过近半个世纪的发展与实践，经历了4个阶段。

第一个阶段：1.0阶段，即整合阶段。供应链组织对资源进行整合，对功能进行集成，一体化管理提高经营效率。

第二个阶段：2.0阶段，即价值链阶段。在整合的基础上优化业务流程，供应链涵盖了生产链、价值链，可以更有效地利用资产，实现增值链"链赢"。

第三个阶段：3.0阶段，即协同组织阶段。协同组织战略合作伙伴，增强整个供应链的效率，提升产品服务的质量，追求价值链网络最优化。

第四个阶段：4.0阶段，即网链阶段。此阶段也称扩展供应链阶段或智慧供应链阶段，呈现网络化趋势，供应链与物联网融合，以大数据、人工智能为特征；供应链组织扁平化，云技术与管理有效结合，形成更智能的供应链生态圈。

5. 商流、物流、信息流、资金流四流合一系统

利用信息技术构建的网链结构，将商流、物流、信息流、资金流组织协调在一个完整系统中，形成物流链→信息链→资金链→增值链，通过物料→供应链→加工→包装→运输→配送→增值降低成本，实现高效益。

4.1.3 "一带一路"与全球现代供应链建设

1. 全球现代供应链是人类的一种组织模式

世界各国因全球化而发生变化，中国因"一带一路"与全球现代供应链而发生巨大的变化。有人说，谁把握了供应链，谁就掌握了全球化的进程。

实现全球化，推进人类命运共同体的进程，必须要有全球现代供应链。基于经济的全球化，全球现代供应链涉及的上下游没有区域的界限。如果在全球推进和优化现代供应链，就可以极大地改变各国经济的发展进程，改变企业发展方式，改变产业发展方式，改变城市发展方式，改变国家发展方式，对全球经济从粗放经营到集约经营的转变做出不可估量的贡献。

2. 全球化的本质：全球资源全球共享，全球共享全球利益

中国实施全球化战略的理念和思维是，让全球来共享全球的利益，实现全球资源的全球共享，这是中国全球化道路的目标，中国走的全球化是世界各国、各地区的全球化。"一带一路"与全球现代供应链的建设，不仅是中国自己的全球化，而且是世界各国、各地区的全球化。全球资源的全球共享，全球化的转型与全球经济复苏，提出了一个世界不同国家多方包容的发展新模式，中国推动的全球化是世界各国参与的全球化。

中国倡导的共同分享的全球化，是利益共享的全球化，是互利共赢的全球化。"一带一路"与全球现代供应链建设，是各国共同参与、共同分享的全球化。"一带一路"建设的核心价值就是世界各国的全球化。

4.1.4 供应链国家战略和经济发展、振兴的先导与根本

经济全球化进入互联网时代后，全球经济发展模式与治理结构问题凸现。"一带一路"提供了一个全新的思路，通过建设与完善全球价值链、全球现代

供应链、全球产业链来重构全球经济新秩序。

1. 现代供应链上升到国家战略高度

党的十九大报告提出，"在中高端消费、创新引领、绿色低碳、共享经济、现代供应链、人力资本服务等领域培育新增长点，形成新动能。"这将现代供应链提升到国家战略高度，对中国现代供应链发展具有里程碑意义，为加快推进中国现代供应链创新发展提供了充分的政策依据。

自 2017 年 8 月起，中国发布了多份关于物流与供应链的重大文件。2017 年 8 月 16 日，商务部、财政部联合颁布《关于开展供应链体系建设工作的通知》。2017 年 10 月 13 日，国务院办公厅发布《关于积极推进供应链创新与应用的指导意见》。2018 年 4 月 17 日，商务部等 8 个部门颁布《关于开展供应链创新与应用试点的通知》。2018 年 5 月 28 日，财政部、商务部联合下发《关于开展 2018 年流通领域现代供应链体系建设的通知》，系统提出政策措施并做出全方位部署。2018 年 12 月 21 日，国家发展改革委、交通运输部联合颁布《国家物流枢纽布局和建设规划》。2019 年 2 月 26 日，国家发展改革委等 24 个部门和单位联合颁布的《关于推动物流高质量发展促进形成强大国内市场的意见》提出，选择部分基础条件成熟的承载城市，启动第一批 15 个左右国家物流枢纽布局建设，培育形成一批资源整合能力强、运营模式先进的枢纽运营。2019 年 11 月 19 日，中共中央和国务院颁布的《关于推进贸易高质量发展的指导意见》提出，为加快培育贸易竞争新优势，推进贸易高质量发展。关于物流与供应链的系列文件，对中国供应链创新发展提供了指导，充分反映了"推动经济高质量发展"的指导思想，为现代供应链的发展指明了方向。现代供应链发展对国家具有重要意义，其着眼于推动国家经济社会发展，将全面提升现代供应链的服务能力。

未来，中国将由物流时代全面迈入全球现代供应链体系创新与应用阶段，深度参与全球产业链竞争合作，全面提高中国在全球现代供应链体系中的话语权和地位。

2. 供应链是经济发展、振兴的先导与根本

随着"一带一路"影响力的提升，中欧班列实现中欧之间路与物的畅通，将推动全球现代供应链发展，促成新的机遇。"一带一路"主要是商贸物流之路，这意味着城市在国际贸易上的优势有了进一步发挥的空间。"一带一路"将大大促进城市与沿线国家物流产业的交流和联合，"一带一路"构建全球现

代供应链新格局，尤其是构建为发展国际多式联运服务而形成的城市新格局。基于此，供应链是经济发展、振兴的先导与根本。

（1）供应链的核心就是价值链。

供应链是获得存储、分销、物流、管理服务的一系列活动，其衔接流通、采购、供应、贸易，以满足内外部的需求。供应链围绕效益、物流实现降本增效。价值链的成本管理和潜在需求，形成利润增长点。价值链有两个方向，即感知的物质和由信息构成的虚拟创造价值的活动，包括收集、组织、选择、合成、分配等。价值链的核心使命是合作促进与推动流通和制造业转型升级，帮助其走出困境。供应链的背后是价值链，其以服务为中心，整合上下游产业资源，提供快速、精准的对接服务。

价值链和供应链的活动范围相同，价值链注重价值的创造，供应链注重为价值链提供空间。价值链面向效益，着眼点是价值；供应链上流动的就是价值，通过供应链上资源的整合，可以实现价值在供应链各环节的产生与分配，供应链的核心就是价值链。

中国正从过去较为被动地参与全球价值链分工变为积极主动地参与，并"重塑"全球价值链、供应链，引领世界产业格局变化，成为驱动全球经济转型的重要力量。

（2）"一带一路"建设中国主导的供应链体系。

在科技飞速发展和推动下，世界正在发生根本性的变革，全球化正在全面进入超级全球化阶段。从经济驱动和物流大通道的重要战略位置来看，"一带一路"要通过基础设施建设、现代供应链构建和贸易合作等加强中国与欧亚各国的互联互通。在新形势、新机遇下，中国应以资源优势、区位优势、国际通道优势为依托，打造全球现代供应链。

从地理概念、历史概念、文化概念到经济概念来看，概念在转变，但"一带一路"的核心是商贸物流。基于此，站在经济驱动和物流大通道的重要战略位置来看，需要构建内部高效运转、外部通达主要国家目标市场的全球物流体系。换句话说，"一带一路"的本质就是建设中国参与主导的全球现代供应链体系。

（3）顶层设计的国家战略号角奏响。

现代供应链国家顶层设计的战略号角奏响，将供应链提升到前所未有的战略高度。供应链的创新与应用是降低经济运行成本的重要途径，供应链的创新与应用有利于提高中国在全球经济治理中的话语权，将为全球现代供应链发展带来前所未有的时代最强音。

全球化竞争与合作的主线已日益深化为全球现代供应链之间的竞争与合作。随着国际分工不断深化和全球城市在世界范围内配置资源，现代供应链体系不断扩展和创造价值。我国现代供应链发展要想凸显出地区个性、发挥自身优势，必须找准定位，规划科学的发展目标，只有这样各建设元素才能有效配合，产生联动影响效应。

4.2　国家层面构建全球现代供应链体系

在"一带一路"背景下，构建我国现代供应链体系，在现代供应链战略指引下，系统谋划开展国际物流成本优化和控制力研究，深度参与全球现代供应链体系建设。

4.2.1　全球现代供应链掌控能力

"一带一路"建设为全球贡献新活力，或许在 6 年前，没有人能够想到"一带一路"倡议会获得如此突飞猛进的发展，为世界经济增长注入新活力，得到越来越多国家的认同、参与。

面对新形势、新时代，供应链创新发展，并将展开一场新的变革。从现代供应链的历程来看，中国已经进入现代供应链发展的新阶段。

（1）效率提高。随着信息技术发展，信息传递零时差、零距离、零成本，供应链与互联网、物联网、人工智能、大数据深度融合，赋予现代供应链大数据支撑、网络化共享、智能化协作的智慧化新特点，提高了组织形态协同的效率。

（2）供应链链条延长。打通前端到终端服务的全过程，直接反馈至产品研发过程，需求导向更有效，供需匹配更精准。

（3）供给体系质量大幅提升。现代供应链在保障原材料、降低成本、提高效率方面的重要作用已经从单家企业内部扩展到整个产业链、整个地区，甚至整体经济。供应链的功能也从保障供应、降本增效扩展到产品与服务的创新研发，以及产业转型升级供需的精准匹配，提升整个供给体系的质量。

4.2.2　推动全球现代供应链势在必行

1. 从经济发展看，推动全球现代供应链有坚实基础

（1）从国际看。发达国家非常重视供应链的发展，各国都有自己的供应链发展战略，并形成了由跨国公司支撑的全球现代供应链体系。相比之下，中国

供应链发展起步较晚，在供应链理念、发展基础、治理机制等方面与发达国家存在差距，要进一步提高中国在全球经济治理中的话语权，向全球价值链中高端跃升，占领未来全球竞争的制高点，必须加快中国供应链的发展，服务"一带一路"更深、更广、更融入的体系。

（2）从国内看。当前企业降本增效必须有新途径。供应链协同整合，可有效降低经营和交易成本，提高供需匹配和协同效益，促进优化配置。创新发展供应链是认识和把握中国发展阶段的必然要求，是时代赋予中国的重要使命，是推进供给侧结构性改革的重要系统性抓手。

（3）从独特优势看。应该看到的是，中国具有发展现代供应链的独特优势。中国是经济全球化的中坚力量和引领者，中国经济全球影响力巨大，中国拥有全球规模最大的消费互联网，中国的产业互联网也正在蓬勃发展。中国产业体系完整、中小企业众多，现代供应链协同发展空间巨大、前景广阔。

2. 延伸全球现代供应链服务链条，构建特色的供应链服务体系

（1）培育全球现代供应链领先企业。中国的物流企业应围绕自身的核心业务，深入嵌入客户企业的产供销供应链，基本形成智慧供应链体系，促进降本增效和供需匹配，在新一轮国际化浪潮中脱颖而出，快速形成一批全球现代供应链领先企业。

（2）全球现代供应链竞争力培育。第一、二、三产业的融合发展离不开现代供应链的高效支撑。①在制造业现代供应链方面，推进现代供应链协同制造，发展服务型制造，满足消费者个性化的需求，促进现代供应链可视化、个性化，培育世界级先进全球现代供应链集群。②在流通现代供应链方面，引导传统企业转型，培育现代供应链创新型企业，重构全球现代供应链服务水平。③在农业现代供应链方面，着力推进构建农产品全链条现代供应链体系。④在供应链金融方面，推动现代供应链金融发展，推动建立新的金融模式。⑤在绿色供应链方面，大力倡导全链式绿色供应链体系。⑥在全球现代供应链方面，大力推动中国现代供应链迈向全球价值链中高端。

4.2.3　创新与实践赋予全球现代供应链显著特征

中国是位于全球前列的制造大国、物流大国，但现代供应链成为中国发展的最大瓶颈之一，制约着国民经济的跨越式发展。在中国经济新常态和国际经济新形势下，着手解决这个问题势在必行。

1. 中国拉开全球现代供应链的序幕

2014年11月11日，国家主席习近平在出席2014年亚太经合组织（APEC）领导人非正式会议记者会时提出了实施全球价值链、供应链的领域合作倡议（简称"全链域"倡议）。"一带一路"倡议与"全链域"倡议是相互衔接、相互呼应的，这是促进全球合作和共同发展的中国方案，为全球现代供应链领域合作与发展指明了方向。

"一带一路"倡议和"全链域"倡议的提出，是在经济新常态和国际经济新形势下，中国从顶层设计发出的最强音。

（1）全球现代供应链具有里程碑意义。

党的十九大报告中将现代供应链等领域作为新增长点，标志着现代供应链正式上升为国家战略的大幕已经拉开，为加快推进全球现代供应链发展提供了充分的政策依据，为全球现代供应链体系建设、战略定位和发展格局改变带来了新机遇，这对全球现代供应链具有里程碑意义。

中国物流全面迈入全球现代供应链体系创新与应用阶段，产业结构调整和产业转型升级成为当前改革的关键问题，应推进产业创新、业态创新、模式创新，实现产业要素和资源的优化配置，使产业迈向高端，深度参与全球产业链、价值链竞争、合作与分工，全面提高中国在全球现代供应链体系中的话语权和地位。强大的全球现代供应链整合能力和高协同效率已经成为企业、产业、国家乃至全球经济的核心竞争力。

（2）推进全球现代供应链创新发展。

全球现代供应链是创新型国家的大战略。推进现代供应链创新与应用，要以转型升级为导向，构建现代供应链创新体系。

推进全球现代供应链发展，应以高质量发展创造新的价值，以打造人类命运共同体为出发点，构建人类命运共同体的全球现代供应链体系；以创新为目标，实现跨越式发展；应打造创新型供应链，不断创新供应链理论体系，以牢固的基础体系为保障，保障供应链创新的规范化，保障供应链发展的创新性，使供应链管理水平不断提高。

2. 供应链创新与应用

供应链创新与应用应基于国家政策，促进全球现代供应链产业起航，创新全球现代供应链服务及体系建设；以供应链为切入口，吸引"链主""链群"和供应链创新应用业态，带动产业链发展，实现"特而强"；通过供应链的数字化和现代化，助力产业链和供应链上下游企业有机协同，促进产业降本增效、提质升级和协同创新，并实现无地域、无时间限制地聚合供应链服务业态，链接全球资源，突破功能技术边界，实现"聚而合"；推进生产、生活、生态要素互联互通，实现"小而美"；创新服务、数据、风控、金融、智力、文化体系建设，实现"新而活"，最终构筑供应链基因，实现供应链蜕变升级，成为区域经济发展的重要力量。

（1）创新供应链：制造业、流通业占比大。

供应链统筹内外创新资源，坚持变中求新、变中求进、变中突破，强化供应链体系建设，提升创新效益和价值，推动产业链迈向高端。企业的竞争，归根结底是供应链的竞争。随着全球现代供应链布局成为一项国家战略，以及全球信息化和经济化的加速发展，企业纷纷提出全球现代供应链网络发展格局。在技术迭代和升级背景下，不同行业正涌现出一批创新供应链的"黑马"。商贸流通、制造业、农业等实体企业的供应链创新势头猛，从主营业务来看，商贸流通和农业、制造业等产业仍占主导地位，总比例达到 62.8%。

（2）创新供应链：智慧化、新消费、协同化、降本增效是主旋律。

①在龙头企业带动下整合农业供应链协同发展。农业类企业大致可以分为种植业和养殖业两大类型，其中不乏农业产业化企业。农产品的多样性导致其生产具有分散性，由于生产规模小、经营分散等，农业供应链仍不完善。目前，农业产业化龙头企业带头，结合本地特色农业和农产品，在解决供需信息不对称问题的基础上，发展与终端消费者间连接紧密的农产品供应链。在现代农业领域，通过投资、并购、合作等方式积极向现代农业的上下游拓展，加快业务创新和产业整合；专注于农业领域的产业投资发展，建设集种子培育、农业种植、产品研发、稻谷加工、粮食贸易、品牌营销、电子商务于一体的现代化农业产业，重点建设农产品电子商务交易平台。

②制造业供应链创新企业覆盖多个民生行业。制造业涵盖多个细分领域，并且各细分领域不乏领军企业。供应链创新要以提高产业协同、推动降本增效、去库存去产能为出发点和落脚点，打造供需无缝对接、资源整合的供应链协同平台。对于家电、汽车、食品、日化等与百姓消费密切相关的行业企业，应以提高产品和服务质量为重点，构建与柔性化生产相匹配的智能制造供应链协同平台。在供应链的制造模式前连接引领战略，后连接个性化定制，整合全球一流的研发资源网、供应商资源网、用户资源网，打造精准、高效、满负荷的定制包销体系，满足用户个性化需求，逐步形成高精度、高效率的智慧供应

链生态系统。

③商贸流通业供应链创新与现代物流发展息息相关。作为物流产业的一部分，商贸流通业供应链的整合力与现代物流发展速度息息相关，这些企业对信息流、资金流、物流、消费流等的创新协同，会带动整个物流业从基础设施到物流消费的供应链可视化、智能化地发展。供应链整合能力的提高和模式的发展不仅关乎行业的发展，而且是推动冷链物流水平提高的关键。

④新零售格局下服务平台推动供应链组织形态洗牌。传统物流企业代表有互联网+新物流技术平台，以及专业的供应链服务企业。这类物流与供应链现代化、平台整合属性更加明确的企业，不仅在互联网信息技术的应用上已经炉火纯青，而且利用大数据、智能化等互联网技术，将供应链传统的组织形态进行升级。在新一代零售消费升级的背景下，除了物流和供应链服务企业利用信息的便捷性将供应链节点简化，将传统的制造业主导供应链模式变为消费需求主导生产模式，还开始输出供应链的价值服务。

专业的供应链服务企业，也利用互联网+供应链手段更多地从商业生态角度去聚合全行业企业，如经销商或渠道商、物流商、金融机构、增值服务商等群体。这也是平台化服务者最大的优势。

⑤供应链金融服务市场和成长空间大。国内服务企业的专业供应链金融业务，包括并购重组、业务整合、发放贷款、提供融资性担保、开展金融机构业务代理等，资本运作已经是业务扩展和产业辐射最常见的手段。供应链金融服务手段逐渐完善，为不同企业的不同需求创造更多的金融服务产品，还有很大的成长空间。

⑥科技信息服务平台与新零售等场景服务结合。专业物流信息服务平台，通常是擅长运营大数据的年轻企业，并多与新零售服务挂钩，场景化的运营是智慧供应链升级的关键。基于企业对科技信息的重视和运用，智慧供应链是大势所趋。

⑦金融是促使供应链发展的最重要手段之一。不同于传统意义上的供应链布局，供应链金融着重于金融产品的同产业上下游合作，金融产品还是供应链网络布局最直接、最有效的方式，也是带动全球现代供应链不断流动、整合到最有效格局的大前提。

金融市场的供应链体系更成熟，除了服务物流园区和库房投资运营，还服务物联网系统和智慧物流科技公司。中国最大的"无车承运人"平台就是由智慧物流科技公司打造的。这类智慧物流科技公司入围了金融市场试点企业。金融市场不断运作，形成了庞大的金融市场网络。

在供应链管理方面，金融供应链主要围绕"基本建设"和"中国制造"两类客户，在各地区设立了全资+控股子公司及业务部门，还设立了境外公司，形成内外贸一体化。在物流储运方面，金融供应链在全国多地设立标准化仓库；为了推进业务管理数字信息化，自主打造电子商务交易平台网。

电子商务供应链平台企业，也都在通过金融手段加快企业布局，完善供应链网络升级。总体来说，无论是国有企业还是民营企业，都围绕供应链生态体系，加大创新技术企业尤其是以互联网为基础的大数据、智能化企业的金融产品服务。

4.2.4　供应链创新与应用试点城市

2017 年 10 月 13 日，国务院办公厅发布的《关于积极推进供应链创新与应用的指导意见》指出，供应链是以客户需求为导向，以提高质量和效率为目标，以整合资源为手段，实现产品设计、采购、生产、销售、服务等全过程高效协同的组织形态。供应链是引领全球化、提升竞争力的重要载体，我国积极部署全国供应链创新与应用试点城市工作。

1. 部署全国供应链创新与应用试点城市

目前中国公布了首批试点城市，其中有"一带一路"国际贸易支点城市，有国内贸易重要增长极城市，有国家物流节点城市，有商品流通枢纽城市，全国性的规划布局和骨干网络已初现端倪，中国关于供应链物流链创新的宏大构想已经形成，推进全球现代供应链战略的大幕已经拉开。

2. 整合资源的强大功能

在实现产业价值链增值和全球现代供应链拓展的过程中，要充分利用自身区位、能源、文化、科教等优势，借助"一带一路"建设深度融合等机遇，进一步加大发展现代物流力度，快速打造具有竞争力的全球现代供应链体系。

3. 促进经济转型升级和高质量发展

要建立机制形成政策合力，细化试点方案和举措，强化动态调整机制，推广先进经验模式，形成发展新动能，促进高质量发展。

4. 深度参与全球经济竞争合作

发挥创新作用，提高体系质量，推进全球现代供应链集成化，推动智慧供应链体系建设，规范供应链金融服务，探索供应链新模式突破，不断增强对全球现代供应链资源要素配置，深度参与全球现代供应链竞争合作。

5. 聚焦重点产业和新兴产业

聚焦重点产业和新兴产业，推动行业智慧供应链建设，提升供应链公共服务能力，集成智能供应链共享，创新供应链金融服务，打造全球现代供应链管理平台。

6. 面向全球、面向未来，提升城市供应链综合竞争力

供应链创新与应用试点是国务院部署的重要工作任务之一，也是新时代城市实现更高质量发展的重要机遇。各城市应认真按照国务院的总体部署，在国家各部委的指导下，对标国际先进水平，积极推进好、落实好供应链创新与应用试点城市工作，与现代供应链协同发展，促进产业融合，面向全球、面向未来，提升城市供应链综合竞争力。

7. 提升供应链智能化水平

加快大数据、机器学习等技术在供应链管理中的应用，提升供应链智能化水平，实现高端要素配置的深度优化。重点培育一批跨省市网络化、平台化、打通产业链全链条的供应链主体，推动产业链上下游企业专业化分工和协同，促进地区商品、要素自由流动。充分放大溢出效应，打通国际供应链，加快全球资源配置，构建现代物流与供应链枢纽城市。

8. 保障措施

针对目前我国供应链发展基础等问题，提出保障措施：一是创新与应用试点示范；二是加强供应链行业组织建设；三是推进供应链标准建设；四是加强信用和监管服务体系建设；五是加快供应链人才培养；六是营造供应链创新环境。

4.2.5 "现代供应链"上升到国家战略任重道远

"一带一路"建设已在亚欧大陆初现成效，"一带一路"建设将给 21 世

纪的全球地缘政治经济带来重要影响。在新形势下，国家层面、城市层面、产业层面和企业层面均亟待构建全球现代供应链服务体系。

1. 创新提升竞争力的全球现代供应链

伴随着"互联网+"的实施，"互联网+制造""电子商务+物流"蓬勃发展，其核心竞争力正是利用互联网等现代技术手段，形成创新的现代供应链。创新是推动人类社会向前发展的根本动力，全球现代供应链竞争说到底是创新的竞争，国力竞争说到底也是创新的竞争，应深入实施创新驱动战略，推动加快形成以创新引领和支撑的全球现代供应链体系和发展。

创新使全球现代供应链基础体系更坚实；现代信息技术为现代供应链提供基础支撑，成为全球现代供应链新一轮创新发展的动力源。

2. "现代供应链"上升为国家战略恰逢其时

现代供应链是衡量一个国家经济竞争力的重要体现。"现代供应链"上升为国家战略恰逢其时，能够更好地促进相关政策实施。在现代供应链领域要培育新的增长点，形成新动能。

构建协同共享的物流生态圈，以智能技术倒逼产业链各环节的协同。在"一带一路"建设背景下，提高中国在全球现代供应链体系的话语权，广泛参与全球现代供应链和价值链分工，促进"一带一路"沿线产能的分工与合作。

产业结构调整和产业转型升级，要求产业通过技术与业态创新，促进产业转型升级迈向中高端。通过供应链创新发展，深度参与服务产业链全过程，在全球配置要素资源，促进产业链的延伸，实现现代供应链结构性改革。

4.3 建设现代供应链的重点任务

供应链节点已经沿着"一带一路"遍布亚洲、欧洲和非洲等。建设现代供应链，打造有全球竞争力的企业，为服务"中国制造"奠定基础。

4.3.1 中国进入全球现代供应链发展的新阶段

在新形势、新时代、商业生态不断涌现的创新模式下，中国进入全球现代供应链发展的新阶段，并在不断创新发展中成长。

1. 中国进入全球现代供应链发展新阶段的特点

协同效率大幅提高。供应链与物联网深度融合，赋予供应链智能化协作新特点，其组织形态扁平化，提高了协同效率。

供应链大幅拓宽。大幅拓展供应链协同广度和深度，使得需求导向更加有效，使供需匹配更加精准，从产业供应链发展到跨区域的供应链。供应链的功能也从保障供应变为供需精准匹配，从而提高了供应链体系的质量。

2. 中国具有发展全球现代供应链的独特优势

中国是经济全球化的中坚力量，中国产业体系完整，供应链协同发展空间广阔。当前，中国推动供应链创新发展的需求迫切、基础稳固、时机成熟、前景光明，加之相关政策的出台，相信经过几年努力，中国供应链创新发展将实现弯道超车。

在企业层面培育全球现代供应链领先企业，延伸全球现代供应链服务链条，深入嵌入产供销供应链，在新一轮国际化浪潮中形成一批全球现代供应链领先企业。2017年10月，国务院办公厅发布了《关于积极推进供应链创新与应用的指导意见》，这是中国首次就供应链的创新发展出台指导性文件，成为培育全球现代供应链领先企业的重要支撑。

3. 重点产业的全球现代供应链竞争力

在制造业现代供应链方面：推进现代供应链协同制造，发展服务型制造，满足消费者个性化的需求，促进现代供应链可视化、个性化，培育世界级先进全球现代供应链集群。

在流通现代供应链方面：引导传统流通企业向现代供应链服务企业转型，重构产业形态，提高全球现代供应链服务水平。

在农业现代供应链方面：着力推进农业相关产业融合发展，构建农产品全链条现代供应链体系。

在供应链金融方面：推动现代供应链金融发展，推动发展新的金融模式。

在绿色供应链方面：大力倡导绿色制造、绿色流通，打造全过程、全环节的绿色全球现代供应链体系。

4. 中国成为全球现代供应链创新与应用的重要中心

发展全球现代供应链应立足振兴实体经济，贯彻落实国务院的重要部署，从生产领域内部供应链和供应链服务领域两个方面着力推进。对全球现代供应链深入研究与科学分析，积极融入全球现代供应链网络体系，提高全球现代供应链安全水平与质量品质；参与全球现代供应链体系相关标准的制定和执行，迈向全球价值链中高端。

5. 加快建设全球现代供应链创新中心

围绕"一带一路"倡议实施，合理规划建设现代供应链枢纽城市和现代供应链节点城市，进一步明确功能定位。在"一带一路"沿线国家、中心城市和产业园区周边，加强现代化配套中心建设，形成仓储配送网络；优化航空、货运网络布局，加快国内航空货运枢纽建设。大力发展现代供应链，引导传统供应链转型，提高运输国际货贷能力；支持"走出去"的企业发挥其专业性、精细化服务优势。按照"一带一路"建设的要求，推进现代供应链区域协调发展，增强进口货物集散能力，构建全球贸易营销网络，积极建设全球现代供应链发展平台，加快建设全球现代供应链创新中心。

6. 加快构建形成面向全球的现代供应链

提升现代供应链综合能力，实现铁路与港口码头无缝对接，提高货物转换的便利性和兼容性，加快大型货运枢纽建设。为满足"一带一路"建设需求，进行功能整合和业务创新，积极发展共同配送，提升现代供应链专业化水平。加强现代供应链信息化建设，加强北斗卫星导航的应用，打通现代供应链信息链，积极推进供应链信息资源的开发利用，发展供应链信息平台，鼓励发展各类创新运营服务模式，整合信息资源，促进公共服务信息有效对接，鼓励供应链平台信息共享、互联互通。推进重点物流通道建设，重点打造现代供应链枢纽，建立跨国合作机制，提升国际现代供应链能力，加快资源输送和南北区域合作。推进"丝绸之路经济带"建设，加快构建形成面向全球的现代供应链。加强各类口岸供应链基础设施建设，加强跨境物流体系建设，加快物流基础设施的互联互通，形成一批国际现代供应链枢纽城市，加强跨境电子商务供应链体系建设，支持优势供应链企业加强联合，构建全球现代供应链网络创新服务中心。

4.3.2 "北斗+"在全球现代供应链应用方面前景广阔

"北斗+"产业化、规模化、国际化。中国卫星导航定位协会在线上发布的《2020 中国卫星导航与位置服务产业发展白皮书》显示，随着"北斗+"和

"+北斗"应用的深入推进，我国卫星导航专利居全球第一位；2019 年我国卫星导航与位置服务产业总产值达 3450 亿元，较 2018 年增长 14.4%；截至 2019 年第三季度，在中国市场申请入网的手机有 400 余款具有定位功能，其中支持北斗定位的手机近 300 款；截至 2019 年年底，国产北斗兼容型芯片及模块销量已突破 1 亿片，国内卫星导航定位终端产品总销量突破 4.6 亿台，其中具有卫星导航定位功能的智能手机销量达到 3.72 亿部。目前，含智能手机在内，采用北斗兼容型芯片的终端产品社会保有总量已超过 7 亿台/部，北斗卫星导航应用正在诸多领域迈向"标配化"发展的新阶段，北斗产业加速发展。

支持北斗三号新信号的首个 5G 移动通信国际标准成功立项；首个北斗船载终端检测标准通过了国际电工委员会审议。基于北斗的土地确权、精准农业、智慧施工、智慧港口、智慧码头等应用蓬勃发展，北斗三号在广域增强服务、全球短报文服务、搜索救援服务等方面形成了鲜明的特色，并在系统信号性能、系统传输和测距性能等方面实现了全球导航卫星系统技术的局部领先。从全球范围来看，北斗三号全球短报文可以提供全球服务，能够以快速、低成本的方式完善不发达国家和地区的通信体系，北斗卫星导航系统带来更多国际化市场。随着用户群体的扩大，北斗全球短报文的资费有望显著降低，进一步提高全球现代供应链的吸引力，北斗产业助力全球现代供应链的前景广阔。

目前，国内外主流芯片厂商已推出兼容北斗的通导一体化芯片，智能手机已成为卫星导航系统最主要的应用领域之一。2019 年，我国还发布了北斗高精度可穿戴设备解决方案，大幅提升可穿戴设备的定位精度和可靠性，实现亚米级定位，可广泛应用于高精度追踪器、对讲机、手机等设备。随着 5G 的商用，一些新型可穿戴设备的发展有望形成未来的新兴市场。部分企业还积极结合北斗三号全球短报文通信技术，率先针对物联网、远洋船舶通信、地质灾害监测展开应用。在船舶上应用北斗智能终端，实现了船舶的监管，以及货物的实时跟踪与监管；在物流车辆上配备北斗定位终端，实现整个物流配送过程的全过程监控，并通过分析智能化的物流数据来优化物流过程中存在的问题。

物流企业享受到了基于北斗的电子商务物流体验，即综合利用无线通信技术、现代物流配送规划技术等，研发了基于北斗的电子商务云物流信息系统，实现了对物流过程、交易产品、运载车辆的全面管理；第三方配送大件订单轨迹功能上线，依托北斗与 GIS 技术，手机 App 及 POS 机可实现每 30 秒采集一次位置信息，每 2 分钟将信息上传一次服务器，可以使用户直观、明了地看到实时位置。

随着我国高速铁路、轨道交通等的智能化升级改造，国内外工程施工领域的卫星导航定位技术创新应用发展。北斗与物流业的融合加快了构建智慧物流的步伐，在物流车辆上安装北斗设备，采集车辆自身的物流大数据，可以进行物流智慧管理，包括定制服务线路、提高物流效率、管控成本，以及让信息更透明。

相信在北斗卫星导航系统的助力下，物流能够更加顺畅，非常期待北斗卫星导航系统在物流业解锁更多新技能，进一步发挥在智能网联、自动驾驶货车应用中的"千里眼"作用；期待在智慧铁路、智慧施工、智能供应链等方面形成新市场，"北斗+"在全球现代供应链应用的前景十分广阔。

第 5 章

国家物流枢纽

5.1 发展具有国际影响力的枢纽经济增长极

加强物流基础设施网络建设，是优化社会物流运行体系的需要。系统整合分散的存量物流基础设施资源，加强物流设施间的互联互通，打造"通道+枢纽+网络"模式，形成国家物流枢纽网络，建立符合中国国情的模式，发展具有国际影响力的枢纽经济增长极。

5.1.1 认识与梳理

国家物流与供应链枢纽城市将在"一带一路"、国际物流大通道、中欧班列等方面起到重要的作用，将会在中国现代供应链发展史上留下浓墨重彩的一笔。

1. 国家物流与供应链枢纽建设将会是财富聚集点

2018 年 12 月 21 日，国家发展改革委、交通运输部联合发布《国家物流枢纽布局和建设规划》（以下简称《规划》）。《规划》结合"十纵十横"交通运输通道和国内物流大通道基本格局，选择 127 个城市作为国家物流枢纽承载城市，规划建设 212 个国家物流枢纽，包括 41 个陆港型、30 个港口型、23 个空港型、47 个生产服务型、55 个商贸服务型和 16 个陆上边境口岸型国家物流枢纽。《规划》提出，到 2020 年布局建设 30 个左右国家物流枢纽；到 2025 年布局建设 150 个左右国家物流枢纽，推动全社会物流总费用与 GDP 的比率下降至 12% 左右；到 2035 年基本形成与现代化经济体系相适应的国家物流枢纽网络。

2019 年 9 月 11 日，国家发展改革委、交通运输部联合印发《关于做好 2019 年国家物流枢纽建设工作的通知》（以下简称《通知》），共有 23 个物流枢纽入选 2019 年国家物流枢纽建设名单。

《规划》和《通知》为各城市提供了新一轮发展机遇，各地政府开始忙碌起来，可以判断，2020—2025 年将是物流与供应链枢纽建设大爆发的阶段。

目前，《规划》和《通知》推动构建国家骨干物流基础设施网络，发挥物流基础设施网络对经济高质量发展的支持保障作用，着重解决国家级物流与供应链枢纽内涵与定位、国家参与投资必要性，以及创新基础设施运营模式等问题，为当前中国物流产业转型升级探寻新路径，为产业发展新旧动能转换提供有力支撑。

2. 枢纽经济是近年来城市创新发展的重要举措

发展枢纽经济是深入贯彻落实党的十九大精神的重要举措。枢纽经济借助经济要素资源聚集平台（交通枢纽、物流枢纽、物流服务平台、金融平台等），具有高度的供应链、产业链、产业集群化组织特征。在互联网经济业态不断创新、综合运输和物流枢纽服务组织支撑下，以城市为载体的枢纽经济发展正呈现全新的发展格局，通过聚集具有区域辐射能力的经济要素，城市经济总量扩张、产业层次跃升、发展地位提升的路径正在发生改变。

枢纽经济是以交通、物流、信息等枢纽平台为载体，强化对经济活动和信息流动的集聚与辐射，寻求创新驱动的经济模式。国家物流与供应链枢纽作为沟通全球与各国内外的物流运作节点，是最有效率的物流链式服务体系。枢纽经济是近年来城市创新发展的重要举措。

3. 物流与供应链枢纽城市正呈现全新发展格局

国家物流与供应链枢纽的形成借助经济要素资源聚集平台，如陆港、港口、空港、生产服务、商贸服务和陆上边境口岸等，在综合服务组织支撑下，对商流、物流、资金流、信息流、客流五流合一进行集聚、扩散、疏导等，具有高度的产业链、产业集群化组织特征。

国家物流与供应链枢纽以发达的交通和综合服务支撑为基础，实现资金、人才、技术和信息等资源要素集散，促进经济快速发展，因此具有强大的集聚功能。国家物流与供应链枢纽城市通过吸引、聚集这些资源要素，衍生出陆港型经济产业、港口型经济产业、空港型经济产业、生产服务型经济产业、商贸服务型经济产业和陆上边境口岸型经济产业，再加上物联港经济产业、临港经济产业及跨境电子商务新型经济产业，必将为城市现代产业体系重构和创新注入新内涵。

在互联网经济业态不断创新，物流与供应链枢纽服务组织不断强化的支撑下，国家物流与供应链枢纽城市的极化效应将不断提升，城市能级、辐射效应也将不断提升，对周边地区的辐射带动作用将逐渐增强，进而促进地区协同发展。这有利于在全球视野下谋划发展空间，提升城市对外开放水平，以城市为载体的国家物流与供应链枢纽经济发展正呈现全新的发展格局。

5.1.2 前沿视角的新观点、新理念

枢纽经济种类、模式及其形态正在涌现新意或在创新中更替，国家物流与供应链枢纽城市在这场演变中持续发展，对网络化、运输设施、交通体系、装备提升、服务提质将产生极大的推动作用与深远的影响，成为今后的一种新趋势。国家物流与供应链枢纽城市的概念，可以说是当今物流界出现的前沿视角、新观点、新理念。

1. 国家物流与供应链枢纽城市的概念特征与内涵

（1）国家物流与供应链枢纽城市的概念。

国家物流与供应链枢纽城市是指，通过提升城市综合交通枢纽规划设计、建设水平，将大数据等技术融入智慧物流，依托以现代信息技术为核心的供应链管理技术和关键物流节点，完善枢纽集散中转功能，优化转运设施和集疏运网络，建设立体化的物流服务通道，提升供应链服务功能和服务质量，实现现代物流业与制造业、商贸业、金融业、信息服务业的融合发展，形成集多功能于一体的促进协调区域乃至全球互通互融的供应链枢纽。

（2）国家物流与供应链枢纽城市的内涵。

国家物流与供应链枢纽城市是集中实现货物集散、整理、存储、分拨、运输、配送等多种功能的物流设施群和物流企业聚集场所，具有完备的区域性组织中心功能，是全球现代供应链体系的重要基础设施，是辐射区域更广、集聚效应更强、服务功能更优、运行效率更高的综合性物流枢纽。

（3）物流枢纽城市与物流节点城市的特征区分。

物流节点城市是指在国内物流大通道网络和国内供应链体系中发挥重要功能作用的节点城市，在区域范围内可以起区域枢纽作用，但在更大范围内只能作为一个重要节点。物流枢纽城市是指在国际物流大通道网络和全球现代供应链体系中能够发挥关键作用的中心城市或枢纽城市。

（4）物流枢纽经济的特征。

①完善服务体系。完善集公路运输、铁路运输、水路运输、航空运输、多式联运等于一体的现代供应链服务体系，交通运输方式多样，物流基础设施比较发达，配置地上或地下轨道运输、地下管道运输、长途汽车客运、高速公路休息站等，从长远发展来看有条件纳入或接驳快递、配送、专项运输，提升与完善服务体系。

②优化布局功能。优化物流枢纽与物流节点的布局、空间设计、规划和建设，不断强化和完善基本功能，积极营造"链"环境，在"延链、补链、强链"做文章，有效释放枢纽经济和物流枢纽的新动能。

③放大服务功能。加强物流枢纽整体运作，在更大范围、更宽领域、更高层次上促进资源优化配置，以建设物流枢纽综合服务平台为契机，吸引外向型生产制造、国际商贸和物流产业的集聚，以提升和放大服务功能为根本，推动物流枢纽经济高质量发展。

④构建运行体系。构建国家物流枢纽城市运行体系，打造要素完备、基础设施完备、制度健全、通道顺畅、网络环境优化的物流运行体系，促进城市经济发展，建设"物流强国"。对国家物流与供应链枢纽城市来说，参与区域乃至全球现代供应链体系既要有竞争能力又要有合作意识，并且要敢于担当重要角色。

2. 推动城市参与供应链、产业链分工合作

在城市层面构建物流与供应链枢纽体系，系统性谋划城市物流基础设施布局、企业培育、物流信息化发展和现代物流技术装备应用，通过区域比较优势吸引产业要素、资源在城市聚集，走出一条在比较优势驱动下发展物流与供应链枢纽的新模式，吸引外向型生产制造、国际物流产业的集聚发展。

建设国家物流与供应链枢纽城市，基本形成高效物流运行网络，为提升城市现代物流与供应链枢纽地位贡献重要力量，未来将成为现代供应链体系重塑和驱动全球经济转型的重要力量。

3. 找到与城市未来发展最匹配的战略方向

对城市未来发展的谋划，应从宏观层面上把握城市发展的定性、定位、定向。国家物流与供应链枢纽城市发展战略重点关注土地利用分类、城市空间结构、生态格局、交通系统，简单地说，就是结合城市社会经济现状及其区域地位对城市的未来发展进行谋划。

（1）掌控发展机会，引领城市发展。

对未来趋势做出判断，寻找撬动城市未来发展的杠杆。在此基础上确定公路、铁路、港口、航空基础设施与合作区域范围和资源，进一步完善运输方式，对运输快捷通畅和物流高效运行具有双重作用，可形成城市核心价值观成长路径；充分发挥国家物流与供应链枢纽辐射范围广、成本低、效率高的优势，带动区域农业、制造、商贸等产业集聚发展，打造各种要素大聚集、大流通、大交易的枢纽经济。

（2）理解产业生态，打破各类参与者的角色定位边界。

将价值链的重要参与者转换成为重要力量，构建持久的合作关系。要充分考虑完善枢纽集疏运布局设计，打通连接枢纽的快捷方式，在有条件时应将铁路引入通达港口、公路港物流园区专用线，提高铁路利用水平，长远谋划降本增效。

（3）深刻理解资源与变化的趋势。

规划设计重点城市绕城公路建设，强化一线城市出入道路与高速公路接驳，减少过境货物进入主城区时对城市交通的干扰。推广电子化单证，加强自动化控制、决策支持等管理技术，以及场内无人驾驶智能卡车、自动导引车、智能穿梭车、智能机器人、无人机等装备在国家物流与供应链枢纽内的应用。主动推动转化和流动，以成就城市价值，促进规模服务效益最大化与城市经济发展。

（4）围绕加快城市发展重点加强公共服务体系建设。

城市综合交通体系和现代服务业体系建设，可大力提升和放大城市服务业效能。加快城市经济圈建设，助力服务区域发展。要努力提高城市经济圈的地位，提升发展质量和档次，实施区域内产业分工，增强区域整体实力。围绕规划新特色，鼓励有条件的国家物流与供应链枢纽建设全自动化码头、"无人场站"、智能化仓储等现代物流设施。

（5）以创新驱动引领城市发展。

增创优势、赢得先机、开辟城市发展新局面，是牢牢把握重要战略机遇期的要求，也是着力增强发展新动力，以及提高城市竞争力、知名度和影响力的内在要求。加强国家物流与供应链枢纽同其他物流与供应链枢纽的分工协作和有效衔接，通过国家物流与供应链枢纽的发展带动其他物流与供应链枢纽做大做强，打造以国家物流与供应链枢纽为骨干、以其他物流与供应链枢纽为补充，多层次、立体化、广覆盖的物流与供应链枢纽设施体系。

5.1.3　国家物流与供应链枢纽未来发展

国家发展改革委、交通运输部于 2018 年发布的《国家物流枢纽布局和建设规划》，对优化全国城市空间格局、打造"通道+枢纽+网络"体系、建设"物流强国"产生了重大的影响。

1. 古有驿道驿站，今有新亚欧大陆桥

物流伴随着人类的历史由古至今，我国是世界上最早建立组织传递信息的国家之一。谈及古代的物流不免要提到驿站，通信手段和交通方式决定了驿站的覆盖范围。古代驿站体系为现代邮政和现代物流快递的发展提供了参考样本。

健全的层级管理机构的建立，是古代驿站体系完善的标志之一。物流业作为最直接、最适应物联网理念的行业，现代智慧物流体系是物联网技术支撑的物流体系。古有驿道驿站，今有新亚欧大陆桥。

2. 物流与供应链枢纽是城市经济腾飞的助推器

国家物流与供应链枢纽同改革开放后我国陆续发展的各类开发区、产业园区、物流园区等一样，以"园""区"和"中心"等形态暗示经济的强大或拥有特殊属性的地产资源。通过布局和规划建设的国家物流与供应链枢纽城市基础设施的体量比较大，配套设施齐全，知识密集、技术密集、资金密集，可为区域、国家和国际提供专属服务，其经济与资源重要性不言而喻。

3. 当今"驿站"充满既神秘又神奇的色彩

古驿站在丝绸之路、茶马古道等古代贸易中发挥了极为重要的作用，是世界历史上物流组织的成功典范，驿道、驿站对于中华文明的传承和发扬扮演了极其重要的历史角色。当今，人们对"驿站"也有应用。如今，汽车站、加油站等也挂起"驿站"的招牌，有的物流园区内的经营场所也挂起"驿站"的招牌，如峰峰快递驿站、北京飞马驿站快递服务中心等。

由阿里巴巴与快递公司、相关金融机构共同组成的中国智能物流骨干网项目，愿景是建立创新型互联网科技企业，致力于提供物流企业、电子商务企业无法实现但未来社会化物流体系必定需要的服务，即建立物流基础设施平台，未来在中国范围内可实现 24 小时内送货必达。"菜鸟驿站"是其中的案例之一，消费者在下单时选择"菜鸟驿站"代收，可享受菜鸟驿站 5 天免费保管的特色服务。目前，全国范围内已有近 5 万家"菜鸟驿站"站点为消费者提供该项服务。"菜鸟驿站"合作平台是为符合"菜鸟驿站"合作条件的伙伴提供的专属合作入驻平台。根据业务类型，"菜鸟驿站"已经建立了个体、连锁、物业、校园 4 个专属合作通道。

"妈妈驿站"是圆通速递为解决快递末端"最后一千米"派送难题于 2000 年 4 月成立的，注册资本约 8.2 亿元。"妈妈驿站"的经营范围包括国内快递、国际快递、道路货物运输、国际货物运输代理、仓储服务等。"妈妈驿站"是圆通终端战略的重要组成部分，其与圆通共同打造中国人的快递，通过信息化惠及百姓民生。"妈妈驿站"线下加盟合作数量已经达到 1.6 万多家，便民、惠民服务遍布 31 个省（自治区、直辖市）。

由全国 30 多个省市、100 多个国家级园区及境外机构等近 10000 家企业参加的"一带一路"自贸驿站建设发展工作联席会议，倡议建立"一带一路"自贸驿站，为境内外国家及地区政府和企业合作提供非营利性国际合作平台，使成员能共享境内和境外、政府和企业、资源和市场、法律和法规等信息，并通过政府政策的联通、地区利益的互通、企业合作的畅通等，带给驿站成员高效、便捷和低成本的国际合作及交流服务。

参与"一带一路"自贸驿站的有境内国家自贸试验区、国家级开发区和高新区、海关特殊监管区和边境/跨境经济合作区等政府批准的各类国家级经济区域政府、企事业单位及相关机构等，以及境外国家及地区政府和企业及相关机构等。

目前，"一带一路"自贸驿站有 A～Z 共 26 组，每个组由 500 户组成，即约 13000 户。

"一带一路"自贸驿站的目标是，建成一个功能最全、政策最优、服务最好、市场最大、成本最低、速度最快，以及一路自贸、自贸一路，一路开发、开发一路，一路创新、创新一路，一路保税、保税一路，一路半价、半价一路的"一带一路"自贸驿站，最终建成全国"一带一路"自由贸易港区和全球"一带一路"自由贸易网络，为"一带一路"倡议的最终实现当好志愿者、参与者、探索者、先行者和践行者。

4. 国家物流枢纽建设大爆发阶段

国家物流枢纽城市作为国家骨干物流大通道，是沟通内外的物流运作节点，是最有效率的链式服务体系。基础设施在物流服务过程中起到重要支撑作用，基础设施建设对国家物流枢纽城市的建设具有重要意义。

国家物流枢纽城市是一张国家级名片，也是有条件的城市提升区域影响力和国家战略地位的标志。物流服务功能与布局为物流枢纽的周围环境相互作用，逐步建构承载枢纽功能的城市，并主动探索、不断发展，使物流枢纽服务功能不断建构与提升。

2019 年，中国布局了 23 个国家物流枢纽，2020 年，中国布局建设了 22 个国家物流枢纽。另外，中国着手研究制定《2021—2025 年国家物流枢纽建设实施方案》，这为各地城市提供了新一轮发展机遇，国家物流枢纽建设将迎来大爆发阶段。

5. 国家物流枢纽城市本质上体现了经济价值增值效应

现代物流价值链是由一系列相互联系的创造价值活动构成的，这些活动分布于现代物流的各阶段。国家物流枢纽城市的开发整合政府、社会、利益相关者及其他组织等国内外市场资源，建设物流枢纽基础设施供国际和国内两大市场广泛使用，提供各项专业服务，产业价值链也随着逐步裂变和不断延伸。产业价值链形成的基本动力在于使产业价值最大化，其本质是物流枢纽经济价值增值效应。

国家物流枢纽城市正是通过关注并满足产业链、供应链的需求，开拓了新的需求链，实现了物流向枢纽转移及价值链的延伸。国家物流枢纽城市建设与运营在价值链中的研发能力或投资高于房地产开发商的能力和动力，从长远价值链探索，国家物流枢纽城市价值链长于城市一般房地产价值链。

当前，中央和地方财政资金积极支持国家物流枢纽相关设施建设，研究设立国家物流枢纽中央预算内投资专项，重点支持国家物流枢纽铁路专用线、多式联运转运设施、公共信息平台、军民合用物流设施及内部道路等公益性较强的基础设施建设，适当提高中西部地区国家物流枢纽资金支持比例。中央财政资金支持的国家物流枢纽项目需要签订承诺书，若改变项目土地的物流用途等，须连本带息退还中央财政资金。引导商业金融机构在风险可控、商业可持续的条件下，积极支持国家物流枢纽设施建设。支持符合条件的国家物流枢纽运营主体通过发行公司债券、非金融企业债务融资工具、企业债券和上市等多种方式拓宽融资渠道。按照市场化运作原则，支持大型物流企业或金融机构等设立物流产业发展投资基金，鼓励包括民企、外企在内的各类社会资本共同参与国家物流枢纽规划建设和运营。

在不同定位和功能的物流枢纽参与的价值活动中，并不是每个环节都创造价值，只有某些特定的价值活动才能真正创造价值。这些真正创造价值的经营活动，就是价值链上的战略环节。保持竞争优势，实际上就是在价值链某些特定的战略环节上保持优势。这也就意味着，物流枢纽需要特别关注和培养在价值链的战略环节上获得重要的核心能力，以形成和巩固企业在行业内的竞争优势。具体包括：致力于物流集约化、规模化、信息化及物联网的研究和实践，优化物流服务流程和模式创新，将需求链和供应链完美结合，促进价值链全面提升，拓展并保障物流枢纽最大化发挥经济效益和社会效益。

5.2 全球现代供应链基础设施将改变世界格局

全球现代供应链也称为"全球网络供应链"。供应链的成员遍布全球，生产资料的获得、产品生产的组织、货物的流动和销售、信息的获取都是在全球范围内进行和实现的。基础设施已完成了现实世界的联通，尤其是随着全球互联网基础设施的不断发展和完善，具有现代服务特征的新兴服务产业成为为人类造福谋利的基础工程。全球现代供应链的大网络探索区域基础设施共建、共享、共管模式，"一带一路"倡议建设也正在探索这种国际合作共赢的模式。现代供应链及其基础设施给全球带来变化，未来，供应链枢纽城市和现代供应链对人类将越来越重要。万物互联互通的"链世界"的基础设施，在重新策划发展过程中将面临巨大挑战。

5.2.1 全球现代供应链涉及"基础设施"

全球现代供应链的竞争，取代了各国之间军事和领土竞争的理念，成为当今全球新的聚焦点。"全球安全"被普遍认为是最重要的"公共品"。"全球安全"的主要提供者是美国，但到了21世纪初，情况发生了变化，全世界最重要的"公共品"变成了基础设施。"一带一路"和中欧班列是我国积极向全世界提供的"基础设施"，我国布局的"物流与供应链枢纽"不仅是向全世界提供的"基础设施"，而且是融入全球现代供应链网络与体系的重要节点。

基础设施是指为社会生产和居民生活提供公共服务的物质工程设施，是用于保证国家或地区社会经济活动正常进行的公共服务系统，是社会赖以生存发展的一般物质条件。在现代社会中，经济越发展，对基础设施的要求越高；完善的基础设施对加速社会经济活动，促进其空间分布形态演变起着巨大的推动作用。

1. 建立完善的基础设施需要时间和巨额投资

对新建、扩建项目，特别是远离城市的重大项目和基地建设，更需要优先发展基础设施，以便项目建成后尽快发挥效益。基础设施的发展改变了地理位置的重要性，随着高速公路、铁路、机场、管道、电网和光缆等全球物流大通道和基础设施的发展，世界正在从割裂走向互联。由于这些基础设施连成了链路，现实世界越来越像互联网。但是，在互联网服务业基础设施的建设方面，我们仍有大量的发展空间。

2. 基础设施发展模式

基础设施发展模式是指世界各国和各地区在制定社会经济发展规划和经济增长战略时，安排基础设施建设与直接生产部门发展顺序的过程。从经济全球化来看，基础设施发展模式分以下几类。

（1）超前性基础设施发展模式是指基础设施建设相对于直接生产活动超前一个时期，代表国家如英国。

（2）同步性基础设施发展模式是指基础设施与生产消费引起的需要相适应，直接生产活动与基础设施的形成和扩大同步发展，代表国家如美国、加拿大和瑞典。

（3）滞后性基础设施发展模式是指基础设施发展滞后于直接生产活动，代表国家如东欧国家及大多数发展中国家。

（4）共建共享性基础设施发展模式是指在基础设施一体化规划的引导下，按照适度超前、合理布局、共建共享的原则，引导基础设施建设，为新型发展构筑强有力的现代化基础设施平台，代表国家如中国。

中国提出交通同网、能源同体、信息同享、生态同建、环境同治的"新五同"建设，以建成布局合理、高效利用的现代化交通网络、安全可靠的体系、融合的信息平台、绿色生态体系和完备的应急设施体系，形成支撑全球现代供应链的大网络，探索区域基础设施共建、共享、共管模式，"一带一路"倡议的建设也正是在探索这种国际合作共赢的模式。

3. 现代供应链及其"基础设施"给全球带来变化

在供应链世界中，更重要的是谁把资源整合到全球现代供应链中。

在现代供应链世界中，重要的是互相连接。基础设施是连接的前提和基础，所以基础设施成为重要的世界公共品。中国在建设和提供基础设施方面处在领先地位。

21世纪的城市是人类最具深度的基础设施。随着经济发展，人口、财富和人才都在向城市聚集，例如，粤港澳大湾区等城市群的物流和资金的吞吐量均较大。

在万物互联互通的世界中，传统的国家竞争理念已经发生变化，竞争变为争取处在全球现代供应链中的位置，因此万物互联互通的产业链、价值链等"链世界"的基础设施正在变得越来越重要。

5.2.2　物流与供应链枢纽为城市发展带来重大机遇

国家物流与供应链枢纽城市必须具有两种以上的运输衔接方式，以对国家全局性发展发挥作用。建设国家物流与供应链枢纽城市：一是有利于提升城市发展的增长极，将提升国家物流与供应链枢纽城市的极化效应和辐射效应，促进地区协同发展；二是有利于从全球视野谋划发展空间，通过国家物流与供应链枢纽城市搭建不同城市之间的桥梁与纽带，突破自我发展空间的局限性，谋划更大的发展空间。

1. 如何布局和建设国家物流与供应链枢纽城市

布局和建设国家物流与供应链枢纽城市应遵循如下原则。

（1）毗邻重要交通基础设施和产业聚集区，并位于经济、合理的物流半径内，与城市群分工匹配。

（2）空间集中布局物流设施，集约利用土地资源，分散布局2个互补功能设施。

（3）完善已建成物流设施的枢纽功能，适当整合或新建枢纽设施。

（4）提供公共物流服务，引导分散资源有序聚集，满足区域需求并能发挥骨干作用。

（5）具备干线运输、区域分拨等功能，系统集成多式联运转运设施设备，互联公共信息平台，提供通关、保税等服务。

（6）统筹一家或多家企业，联合主导国家物流枢纽建设和运营管理，统筹调配资源，整合对接作业规范。

（7）加强协同或合并建设，增强综合服务功能，开展合作共建，实现优势互补。

案例 5-1： 由中物策（北京）工程技术研究院策划的中国西部现代物流港项目在筹建时，也曾处于极度困惑中。审视遂宁"左手成都、右手重庆"的独特区位，在两大都市夹缝中转换，作为成渝之间的一个二级城市，如何发展现代物流业？从一开始中物策就给出答案，要建设全国首家"生产型物流基地"。其后，中物策又参加中国西部现代物流港核心项目——威斯腾西部铁路物流园策划，在遂宁建成具有口岸功能的多式联运综合物流园区，突出遂宁在国际多式联运中的地位。中国西部现代物流港主动融入"一带一路"，其核心项目威斯腾西部铁路物流园多式联运班列发车，为遂宁提供了融入"一带一路"的高效通道。以遂宁为中心的多条国际物流大通道正向外延伸，中国西部现代物流港、威斯腾西部铁路物流园将处于更有影响力和竞争力的地位。借力陆港型国家物流枢纽承载城市这一契机，威斯腾西部铁路物流园采用多式联运—单制采购和资源管理方式，对物流过程进行全程监控，将遂宁产业发展提升到一个新的高度。

2. 国家物流与供应链枢纽城市探索外移，成就一线城市相邻城市

国家物流与供应链枢纽城市的地理位置独特，是海、陆、空、铁融会或其中两项突出的交通要道，加上区域协同发展战略的实施，国家物流与供应链枢纽城市完全可以通过物流基础设施的建设，导入物流与商流，成为国家物流与供应链枢纽城市布局与建设的理想之地。中心城市通常在一线城市或核心城市，但一线城市或核心城市发展已趋饱和，并且土地资源匮乏、空间受限，核心城市向外进行产业转移的需求越来越大，商贸市场与物流园区探索外移，成就一线城市相邻城市。

案例 5-2： 根据广州市委、市政府"关于推动中心城区优化升级，有序疏解非中心城区功能"的要求，结合"广清一体化"的战略部署，中物策（北京）工程技术研究院策划了中国南部物流与供应链枢纽，即广清商贸物流园区，也称为广清空港物流现代新城，研究引导专业市场、物流仓储等产业逐步向清远市的园区疏解。

案例 5-3：在成德一体化战略下，由中物策（北京）工程技术研究院策划的中欧班列（德阳）现代物流港，也称为德阳国际铁路物流港，是四川省重点项目。中物策倡导以"四个整合、四个延伸、四个培育"为主导的产业发展方向，以延伸产业链，助力德阳"引进来""走出去"。随着中欧班列的开通，四川省这片内陆变成开放新前沿。德阳市抢抓机遇，融入"一带一路"铁路网，加快基础设施建设，将成德同城化作为动力，一是与成都国际铁路港共建姊妹港，二是争取到"中欧班列（成都—德阳）基地"和"蓉欧+东盟国际班列德阳基地"双基地。

上述两个案例就是创新探索市场或大型产业园区外移的典型案例，广州市和成都市这两个国家物流与供应链枢纽城市的发展空间被极大拓宽，清远市和德阳市作为区域物流与供应链节点城市，其地位被放大，成为未来引领行业发展的重要力量。

3. 布局和建设具备一定基础条件的城市作为国家物流枢纽承载城市

国家物流与供应链枢纽城市建设主要是基础设施更新，内陆城市、沿海城市将在这一起跑线上同步发力。这将协同"一带一路"与国际物流大通道建设，疏解与活跃区域经济圈，加速推进供应链全国性布局战略。

案例 5-4：中物策（北京）工程技术研究院策划了达州市的 3 个项目。第一个项目是分属西铁局管辖的、在成铁局区域内占极特殊地位的重点项目——四川双龙铁路物流园区及应急物流与军事战备功能区。第二个项目是达州市无水港—秦巴地区物流园区，定位为达州市产城融合的供应链物流产业、秦巴地区的供应链物流服务枢纽、西部地区的供应链物流枢纽节点。第三个项目是川东北农资物流配送中心和川东北农产品展销中心。达州市作为商贸服务型城市被纳入国家物流枢纽承载城市，而上述 3 个项目是国家物流枢纽城市的重要载体。达州市推动物流组织方式变革，促进生产制造、商贸物流深度融合发展，提高供应链整体竞争力，加快推动产业向价值链中高端迈进。

4. 区位交通条件优越的内陆城市变为口岸城市

产业转移与资源辐射的前沿城市，区位优势明显。其具备铁路、公路、航空、港口干线，具有贯通、衔接"一带一路"的交通枢纽优势，可以通过铁路融入中欧班列，形成国际通道；通过公路、铁路联系广大腹地，具备发展成为国家物流与供应链枢纽城市的基础条件，是推进"一带一路"、协同发展区域与城市职能的一个重大节点。

案例 5-5：由中物策（北京）工程技术研究院规划的内蒙古自治区乌兰察布市集宁现代物流港，开创了全国园区规划项目启动 7 天就开工建设的奇迹，形成了极具创新特色的优势，是全国物流园区中唯一荣获"国家 4A 级旅游景区"的物流园区，在国家发展改革委、自然资源部、住房和城乡建设部联合颁布的 2018 年示范物流园区排名中居第 3 位。七苏木中欧班列枢纽物流基地累计开行的中欧班列次数占内蒙古自治区的 80%；二连口岸集装箱的集结和二次编组内移到乌兰察布市集宁现代物流港七苏木中欧班列枢纽进行；开通了乌兰察布—乌兰巴托—乌兰乌德"三乌通道"，作为"中蒙俄经济走廊"的重要通道，是蒙古国、俄罗斯货物进入中国的最优路径。乌兰察布市正在由内陆城市变为口岸城市，借助"一带一路"倡议实施、京津冀协同发展和"中蒙俄经济走廊"建设的有利契机，打造内蒙古自治区开发开放发展新高地，中欧班列出行会更顺畅，聚集效应会更强。

---

5. 联系生态涵养与物流产业发展空间大的周边城市

物流与供应链枢纽城市布局、建设紧密联系各大经济圈内、位于物流大通道上生态涵养与物流产业发展空间大的周边城市，具有独特的交通区位优势，具有连接"一带一路"与国际或国内物流节点通道的优势，在发展供应链物流服务方面具有独特的优势。

案例 5-6：由中物策（北京）工程技术研究院规划的承德国际商贸物流园区是在承德市原钢贸市场上重建的，园区获批筹建全国唯一的智慧物流产业知名品牌创建示范区，成为京津冀商圈一颗亮丽的明珠，并作为北京专业市场转移承接地。

案例 5-7：由中物策（北京）工程技术研究院规划的华中（高安）现代物流产业园区和高安（中国）物流储运服务基地，使南昌与高安的"同城化"效应日趋明显，使"中国汽运物流之都"产业发展更具优势。

上述案例说明，国家物流与供应链枢纽城市的基础设施建设加速推进，使之与周边城市相比优势明显，而区域性产业转移和经济融合逐步扩大，为城市迅速崛起提供了条件。

5.3　国家物流与供应链枢纽城市发展战略

5.3.1　布局建设枢纽城市要厘清的关系

1. 从国际大通道来看

枢纽城市引导互联互通，有效促进长江经济带与"一带一路"的联系，促使国际与国内市场同步开发。在国际大通道中强化物流高质量服务保障，设施装备与规模企业高度集聚能量释放，在产业升级转型中跨上价值链的中高端，由内向外扩展，积极参与国际化公平竞争。

2. 从地区发展来看

枢纽城市撬动经济区深度参与全球现代物流与供应链竞争，围绕新生的国家物流与供应链枢纽城市，组织产业高质量发展，并在地区有强大的影响力。其规模较大的指挥与调度中心，可促进产业要素与资源在经济区集聚，以深度融入国际供应链合作。

3. 从城市发展来看

国家物流与供应链枢纽城市是国家物流主枢纽的补强与实体承载地，是高新产业发展的服务大本营，是城市由通道经济向枢纽经济转变的重要基础。城市内物流园区从服务载体转向高端物流服务平台，再升级为产业组织型创新驱动中心。各地有条件的城市将乘势而上，争取加快构建枢纽型经济新体系，跟进"一带一路"建设和发展，同时用创新商业模式加快发展跨境电子商务，用好跨国物流与采购中心平台，大力发展面向"一带一路"沿线国家的贸易，最大限度地发挥开放优势，推动城市枢纽经济提速。

4. 从业态组织来看

对于我国物流业来说，全国性物流节点、区域性物流节点，以及在全国骨干通道网络中发挥重要功能作用的城市，由过去的物流跟随者变为物流参与者，由供应链的跟随者变为供应链的参与者，由通道变为枢纽。在集成与创新驱动下，要营造构建新兴产业链的生态环境，国家物流与供应链枢纽城市自然成为规模企业的重要战略阵地，并由供应链的参与者变为供应链枢纽的主导者。

5. 从类型来看

国家物流与供应链枢纽城市分为陆港型国家物流与供应链枢纽、港口型国家物流与供应链枢纽城市、空港型国家物流与供应链枢纽城市、商贸服务型国家物流与供应链枢纽城市、生产服务型国家物流与供应链枢纽城市、边境口岸型国家物流与供应链枢纽城市。

6. 从企业来看

构建具有特色的供应链服务体系，围绕国家物流与供应链枢纽城市开展特色业务，延伸供应链服务链条，深度嵌入产供销供应链，为国际国内市场提供有力支撑，在全球现代供应链布局中脱颖而出。

5.3.2　国际物流与供应链枢纽城市的发展战略定位——以广州市为例

从不同层面、不同角度、不同场合来看，物流与供应链同城市发展战略有内在的必然联系。

现代供应链被提升到国家战略的高度，对中国现代供应链发展具有里程碑意义，为加快推进中国现代供应链创新发展提供了充分的政策依据。

广州市的商贸、物流、生鲜食品、跨境电子商务已经走在全国前列。广州市具备很强的人力资源优势，遍布全球的各行业市场网络渠道，是国际贸易与跨境电子商务的天然土壤，有"全球跨境电子商务看中国，中国跨境电子商务看广州"之誉传，但广州市的供应链管理与供应链金融发展却滞后于深圳、上海。

全球城市间竞争与合作的主线，已日益深化为全球现代供应链之间的竞争与合作。随着国际分工不断深化和全球城市在世界范围内配置资源，现代物流与供应链体系不断扩展和创造价值。

广州市要想凸显地区个性、发扬城市形象与城市优势，必须找准定位，规划科学的发展目标。只有这样，广州市内各建设元素才能有效配合，产生联动影响效应。广州市作为国家创新型城市和自主创新示范区，创建国家创新中心城市已成为广州市发展的重大战略之一。对标自贸区建设、粤港澳大湾区、泛珠三角区域，国际物流与供应链枢纽城市是广州市未来发展最匹配的战略定位。

供应链是国家和城市经济发展与振兴的先导与根本。"一带一路"倡议实施需要构建内部高效运转、外部通达主要国家目标市场的全球物流体系。换句话说，"一带一路"就是建设由中国主导的供应链体系，形成价格与市场的风向标，将通道优势转变为贸易优势。

随着"一带一路"影响力的提升,中欧班列实现了中欧之间的路物畅通,无疑将为推动全球现代供应链发展提供新的机遇。

《中共广州市委关于制定国民经济和社会发展第十三个五年规划的建议》指出,广州市重点建设三大战略枢纽,即国际航运枢纽、国际航空枢纽、国际科技创新枢纽,为广州市在全球城市体系中扮演重要角色提供有力支撑。目前,粤港澳大湾区内各城市都开始根据城市特色,逐渐规划和明确未来发展的战略定位。广州市的定位是粤港澳大湾区的核心增长极、国家科技产业创新中心、枢纽型网络城市、国际交往中心。广州市将打造国家服务型制造示范城市、全球定制之都、国际综合交通枢纽、国际信息枢纽、世界美食之都、粤港澳大湾区影视制作中心与演艺中心、全产业链"国际生鲜港"、现代化国际化营商环境"广州样本"等。

2018 年 9 月,广州市依托"三规合一、多规合一、两规"试点工作基础,在全国较早开展了国土空间规划编制,探索新时代国土空间规划编制技术方法和成果体例。《广州市国土空间总体规划(2018—2035 年)》是广州市面向2035 年的总体性、纲领性的空间战略谋划,是广州市落实国家和广东省空间发展战略意图,引领城市绿色发展和高质量发展,促进城市治理能力现代化的政策总纲。

广州市是中国改革开放的窗口和排头兵,是主要外贸城市和区域金融中心,是国家创新型城市和自主创新示范区,也是"一带一路"沿线重要的经济中心城市。"一带一路"倡议的实施将大大促进广州与"一带一路"沿线国家物流产业的交流与联合,尤其是发展国际多式联运服务,构建国际供应链枢纽城市的新格局。在推进现代供应链的建设和对接过程中,基础设施是最基本的部分,每个地区都在根据自己的优势对接国外的一些国家。要更好地完成"一带一路"建设,广州市还要扮演好华南区域中心、国际商贸中心和粤港澳开放合作聚集区的角色。广州市还应着力建设现代供应链体系,增强广州市作为泛珠三角区域合作核心城市的辐射带动作用,在全球城市中努力做大做强国际物流与供应链枢纽城市的影响力。

物流与供应链枢纽城市是重要经济体的战略性门户城市,枢纽城市的成熟度对贸易的发展至关重要。自贸区及其他相关区域的建立与实施将改变全球现代供应链格局并催生新的重要枢纽。借力国家发展战略,广州市从国家重要物流节点城市向供应链枢纽城市迈进,并以此为抓手,统领制造业升级、服务业升级、知识经济提升。物流与供应链枢纽城市建设，就是智慧物流跨越版、改革创新版、城市升级版。

以粤港澳大湾区建设、粤港澳合作、泛珠三角区域合作等为重点，将为广州市带来更多发展机遇和动能。广州市作为外向型城市，应充分发挥区位优势和特色优势。

1. 要扮演好省会城市的角色

广州市是广东省的省会城市。广州市贯彻新发展理念，落实高质量发展要求，加快构建现代产业体系，经济结构不断优化，新动能、新活力不断增强，围绕调结构、稳增长、新动能和高质量等方面稳中向好发展。2019 年，广州市的生产总值为 23628.60 亿元，同比增长 6.8%，增速比 2018 年提升 0.6 百分点；商品进出口总值为 9995.81 亿元，同比增长 1.9%；高技术制造业增加值同比增长 21.0%，对全市规模以上工业增长的贡献率为 57.2%；智能消费设备制造业和工业机器人制造业产值分别同比增长 23.7%、9.6%；"互联网+"相关服务快速增长，互联网和相关服务业、软件和信息技术服务业营业收入同比增长 20.3%，成为全市规模以上服务业中拉动力最强的行业；体现引领粤港澳大湾区发展能力的高端专业服务业同比增长 14.5%。

广州港是千年海上丝绸之路始发港，作为全国沿海主要港口和集装箱干线港，广州港是华南地区沿海功能最全、规模最大、辐射范围最广的综合性枢纽港。按照广州市委市政府建设国际航运中心的战略部署，广州港加快推进企业改革，明确以港口运营、海港地产、海港商旅、水产渔业和港口金融支撑功能为主体的"四板块一支撑"产业发展布局，立足于打造国际一流的港口运营商。2019 年，广州港开通集装箱航线 217 条、外贸航线 111 条；港口货物吞吐量突破 6 亿吨，同比增长 12.3%；完成集装箱吞吐量 2322.30 万 TEU，同比增长 6.0%，其中外贸集装箱吞吐量同比增长 10.4%。白云国际机场旅客吞吐量突破 7000 万人次，同比增长 5.2%；开通国际航线 115 条，其中国际航段同比增长 8.0%。

广州市人均可支配收入居广东省第一。2019 年，广州市社会消费品零售总额增长 7.8%，增速同比提高 0.2 百分点。广州市城区常住人口数量居全国第三位，人口增量居全国第一位，吸纳高校毕业生在广东省最多。广州市拥有 82 所高校，各级重点实验室数量均居广东省第一；科技创新获国家、省科技奖励占广东省一半以上，有利于广州市发挥优势，扮演好广东省省会城市的角色。

2. 要扮演好中心城市的角色

珠江三角洲包括广州、深圳、佛山、中山、惠州、东莞、珠海、江门、肇庆9个城市，被称为中国的"南大门"。珠江三角洲是有全球影响力的制造业和服务业基地，是中国参与经济全球化的主体区域，是中国经济发展的重要引擎，是中国人口集聚最多、创新能力最强、综合实力最强的三大区域之一，有"南海明珠"之称。珠三角国家自主创新示范区的建设目标是，成为中国开放创新先行区、国际一流的创新创业中心。

广州市是华南地区最大的自由贸易区，是现代流通渠道体系的中转站和集散地。货物进出口量的增长，为广州市跨境电子商务和国际供应链枢纽城市的张力带来了强劲力量。华南地区有规模最大的科技企业孵化器集群，广州市要扮演好华南地区中心的角色。

3. 要扮演好开放合作聚集区的角色

广州市能够为大湾区建设注入新动力和新活力，为粤港澳大湾区建设、粤港澳合作、泛珠三角区域合作提供更多的服务，开拓供应链发展的新空间。

2019年2月18日，《粤港澳大湾区发展规划纲要》颁布，面向全球现代供应链渠道体系的拓展，提供了广州市国际供应链枢纽更高层次的发展格局。粤港澳大湾区城市群覆盖了包含广州、深圳、珠海在内的9个城市，以及香港、澳门两个特别行政区，占地5.6万平方千米，成为带动中国经济发展的重要增长极。中国政府高度重视调整发展空间布局，加快推进粤港澳深度合作，打造世界级城市群，广州要扮演好粤港澳聚集区的角色。

2018年，粤港澳大湾区的整体经济规模已经接近11万亿元，占全国GDP总量的13%左右；粤港澳大湾区聚集的资金总量（本外币存款总额）高达30万亿元，占全国的1/6强。粤港澳大湾区贯彻"一国两制"方针，拥有"三个关税区、四个核心城市"，坚持新发展理念，集中多方智慧方案，从强中心走向网络型枢纽。世界知名大湾区对创新人才的吸引力，很大程度上得益于灵活、高效的机制体制。粤港澳大湾区将是世界上最大的港湾和供应链枢纽，将有越来越多有国际运输配送需求的物资借助广州自贸区进入全国市场，将更有利于广州向国际供应链枢纽城市发展。

泛珠三角区域包括广东、广西、海南、云南、贵州、四川、湖南、江西、福建9个省份和香港、澳门两个特别行政区，简称"9+2"。内地9个省份的面积占全国的1/5，人口占全国的1/3，经济总量占全国的1/3，加上香港和澳门两个特别行政区，泛珠三角区域在全国的地位十分突出。建立泛珠三角区域共生共赢型经济体系，将成为中国未来的高速增长极。

4. 消费全球化为城市供应链体系建设带来重大机遇

消费与人均 GDP 成正比，随着人均 GDP 的增长，人们对生活物质的需求持续高速增长。消费的全球化是一个必然趋势，2019 年，广州市批发零售业销售额增长 7.7%，住宿餐饮业销售额增长 8.1%；限额以上日用品类、粮油食品类、中西药品类商品零售额分别增长 17.5%、9.9% 和 34.0%；限额以上化妆品类和金银珠宝类商品零售额分别增长 14.8% 和 28.9%。围绕国际市场扩张，构建广州国际物流与供应链枢纽城市和现代供应链体系，既有机遇，也有挑战。

广州市正从小康消费阶段向富裕型消费阶段跨越，消费者越来越注重消费品质和安全。因此，广州市和全国其他少数沿海发达城市一样，正在进入新时代。广州市现代物流业快速发展，2019 年，广州市邮政业务总量增长 30.0%，快递业务量增长 25.3%；保税物流进出口总值达 1120.6 亿元，同比增长 24.8%；交通枢纽功能增强，货运量同比增长 6.6%，其中，公路货运表现较好，公路货运量、货物周转量同比分别增长 7.7%、7.8%。然而，从现状来看，广州市各种渠道的流通，尤其是生产加工及销售集约化经营程度还比较低，仓储、配送、批发、零售等各环节的社会化分工管理粗放，尤其是供应链与配送难度大。针对这些问题，政府和企业需要积极探索完善供应链体系，尤其是借鉴发达国家的经验。显然，这种趋势的出现，对广州作为国际物流与供应链枢纽城市的影响尤其巨大，也为广州供应链体系建设及发展格局重构带来了新机遇。

5. 国际物流与供应链枢纽城市时代来临

随着电子商务的发展及新零售的变革，供应链的重心正从上游供应商向下游消费者延伸，供应链全渠道体系越来越成熟完善。供应链全渠道体系智慧工程就是应用现代通信技术、计算机网络技术、安全管理技术，将生产基地的产品，用全程一站式配送方式送到城市社区终端自提柜里。广州市已经应用国内城市并不多见的"生鲜食品终端自提冷藏柜"，使社区市民根据自己时间安排自由提取生鲜食品，解决了配送最后的流通瓶颈。这类创新型技术的核心价值：一是提升了现代化城市品质生活的服务动能；二是为城市居民提供了可靠的安全保障；三是有利于城市污染、拥堵的综合治理；四是打通了供应与城市居民零距离的直销渠道；五是为打造供应链智慧社区创造了必要条件，为规模化和现代化深化供应链体系提供了新机遇；六是重点规划布局了国家级供应链枢纽网络，通过资源共享、设施共用，促进了供应链网络化、规模化、集约化，以构建高效率、低成本的全国供应链网络体系，促进物流行业降本增效。

6. 广州人工智能与数字经济试验区

2020 年 2 月 21 日，广东省发展和改革委员会发布的《广州人工智能与数字经济试验区建设总体方案》提出，广州人工智能与数字经济试验区以产业融合发展联动周边。广州琶洲为打造国家人工智能与数字经济试验区，深入实施创新驱动发展战略，将发展数字经济与建设粤港澳大湾区紧密衔接，推动数字产业化和产业数字化，培育发展新技术、新产业、新业态、新模式，形成经济发展新动能，打造成粤港澳大湾区数字经济高质量发展示范区，在全国数字经济创新发展中走在前列。到 2022 年，广州人工智能与数字经济试验区将基本构建形成数字经济环境，建成智能应用转化基地，取得具有国际影响的原创性技术成果，培育数字经济规模不断扩大，区域数字经济示范引领作用不断增强。

7. 以国际物流与供应链枢纽成就城市价值

为城市升级发展"把脉"，以国际物流与供应链枢纽成就城市价值，让规模服务最大化，让城市经济快速发展，大力提升和放大城市服务业效能。广州市要厘清与周边城市的关系，国际物流与供应链枢纽城市是广州市实现资源、生产、服务、消费连接的重要途径，是时代命题，也是时代使命。国际物流与供应链枢纽城市的能力就是广州市的竞争力。广州市是"一带一路"主枢纽的补强与实体承载地，是高新产业发展的服务大本营。粤港澳大湾区战略为广州市供应链产业创新发展提供了新的战略机遇，其所带来的聚集效应和发展机遇，以及得天独厚的区位优势、产业基础和营商环境，为将广州市培育为有全球影响力的供应链产业平台提供了支撑。

关注广州市发展战略走向问题，从宏观层面把握广州市发展的定性、定位、定向，关注土地利用的空间结构、生态格局、交通系统。找到与广州市的未来发展战略方向最匹配的方法，统筹广州市在物流大通道网络中的战略地位、布局、功能等因素，依据供应链枢纽城市的商流、物流、资金流、信息流汇聚范围等基础，综合评价城市核心竞争力。简要地说，就是结合广州城市发展的新背景、新机遇、新需求，以及对广州市未来发展所做的顶层规划设计，找到与广州市未来发展最匹配的战略定位。

国际物流与供应链枢纽城市，是当今物流界出现的前沿视角的新观点、新理念，现代供应链既是国家战略，又受到地方政府及有关部门的高度重视。构建国际物流与供应链枢纽城市，在全球现代供应链体系中扮演重要角色将是广州市未来发展的战略定位。

5.3.3 "生产服务型"国家物流枢纽将成为全球现代供应链体系的核心成员

当前，国家物流枢纽是城市交通与产业协同的催化剂，在促进城市发展、产业转移环境进一步成熟的大背景下，以"生产服务型"为载体的物流业与制造业的互动发展模式，是参与、塑造全球现代供应链的必然，是国家物流枢纽城市崛起的可行之路。下面将在更加系统、准确的理论框架下审视"生产型物流基地"，对此做全面、辩证地解读，从全球视野和前沿视角深入解析"生产服务型"，进一步辨析提取和综合整理"生产型物流基地"理论及其特征，为物流枢纽城市发展提供策划指导。

1. "生产服务型"国家物流枢纽的提出

2018 年 12 月 21 日，《国家物流枢纽布局和建设规划》（发改经贸〔2018〕1886 号）由国家发展改革委、交通运输部联合发布：选择 127 个城市作为国家物流枢纽承载城市，规划建设 212 个国家物流枢纽，其中，41 个陆港型，30 个港口型，23 个空港型，47 个生产服务型，55 个商贸服务型，16 个陆上边境口岸型；到 2025 年布局建设 150 个左右国家物流枢纽，推动全社会物流总费用与 GDP 的比率下降至 12%左右；到 2035 年基本形成与现代化经济体系相适应的国家物流枢纽网络。2019 年 9 月 11 日，23 个城市在国家发展改革委、交通运输部联合发布的"2019 年国家物流枢纽建设名单"上榜上有名。同时，国家部委着手研究制定 2021—2025 年国家物流枢纽建设实施方案。当前，在全面深化开放和新基建、新产业、新格局形势下，国家物流枢纽为各地具备条件的城市提供了新一轮发展机遇。

我国产业由东部沿海向中西部地区呈梯度转移，是长期以来内陆开发的重要政策，然而在市场行为下产业转移并非一帆风顺，中西部地区高物流成本是导致我国产业转移停滞的根本原因之一。因此，"物流是产业的附属"这种传统惯性思维已不适用，"物流是产业的载体"的观点得到认同。生产型物流服务基地顺应社会大分工的需求，将生产制造业融入其内部，两者形成相互包含的不可分割体。"生产服务型"的定义与研究也在不断地发展，研究完善的考量标准也在持续的变化和发展。以"生产服务型"为载体的物流业与制造业的融合互动发展模式，不仅是内陆地区城市突破发展瓶颈的重要途径，而且是发达地区城市新一轮崛起的重要途径。生产制造业与物流业互动成为物流枢纽基地持续性发展的动力源。

2. "生产服务型"国家物流枢纽的产业复合特性

国家物流枢纽保障地方经济运行，利用区域中心地位、资源优势、交通优势、产业集聚能力，努力提供便捷、高效的供应链服务，是国家经济运行整体布局规划的组成部分，是对外贸易的重要门户，是全球生产要素的最佳集散地，也是保障全球现代供应链稳定的关键所在。

物流产业是区域经济整体规划的重要组成部分，应将园区由产业附属逐渐转变成产业载体，继而进化为产业集群核心。国家物流枢纽的规划建设不应停留在为社会物流提供配套层面，而应以一种新的视角布局与规划。

多年来，中物策（北京）工程技术研究院始终坚持以市场需求为先导，以产业互动为支撑的理念，始终关注传统制造业和物流业的联动关系，并在具体物流项目实施过程中不断验证和调整，"生产服务型"理念取得的良好反馈也印证了思维方向的正确性。

经济发展融入全球工业化、城镇化、市场化，产业转移在市场运作下的物流与供应链成本较高是现实困境，是导致产业转移停滞的一个重要原因，对此需要理性看待地区差距。现实困境如何反转，是产业转移的重要策略，这种策略核心在于转移后产业链与价值链理想的上升空间。产业转移物流领域与生产领域密切关联，产品原料与成品能够及时采购、供应并及时运达，供应链强力、有效可以支撑产业链与价值链的上升空间。所以，众多以承接产业转移为重要发展动力的产业园区往往需要周边有物流基地，以物流基地拉动区域内物流质量的提升，这就为产业转移策略找到源泉。

城市共融性和市场共生性的发展与强化，凸显区域合作、协调发展，形成强有力的对话能力，减少直接交换的成本，在资源共享和经济共同体形成过程中将产生更加重要的腹地作用。产业转移焦点转向物流服务提升，符合融入市场经济变化的基本轨迹，为物流枢纽赋予了现实意义与巨大活力。

"生产服务型"国家物流枢纽承载城市主要以制造业基地、产业集聚区等为核心，能够为工业生产制造、农业生产及商贸流通业提供原材料、零部件供应，以及半成品、成品、商品的运输、分销、仓储、配送等一系列的供应链全链式服务，以制造企业为核心和以供应链服务企业为核心的优化合力，形成全球现代供应链体系的"双核"叠加，是新模式、新产业、新格局下高效配置和利用资源的必然发展趋势，彰显全球现代供应链体系的底蕴。

3. "生产服务型"国家物流枢纽的概念与内涵

（1）"生产服务型"国家物流枢纽的概念。

"生产服务型"国家物流枢纽是指物流业将生产制造业融入，形成相互包含的不可分割体，将商流、物流、资金流、信息流、客流等多要素密切联系，进行产业集聚、整体协同、向外扩散、疏导畅通、提质高效，能够派生和吸引相关的其他产业集中化，以此构建"产业网络"，形成物流业与制造业集聚效应的互动发展模式。

（2）"生产服务型"国家物流枢纽的内涵。

"生产服务型"国家物流枢纽以由物流业与制造业及其他相关产业共同组成的多产业集群为驱动力，由政府引导和大型龙头企业牵头开发，处于多种交通运输方式的交汇点，同时具有生产、加工、制造、运输、配送、仓储、物流与供应链职能，是具有综合性和公共特性的相对集中的特定区域。

4. "生产服务型"国家物流枢纽的职能

（1）"生产服务型"国家物流枢纽的平台服务职能。

"生产服务型"国家物流枢纽的职能是实现区域性现代物流组织中心的功能，作为全球现代供应链网络中的重要节点，通过供应链系统提供增值服务，加快物流信息化建设，健全供应链模式服务理念，不断完善平台服务职能。一是搭建枢纽服务平台，制定帮扶政策；二是给予进驻企业优惠政策，为企业减负；三是提质增效，通过物流高质量发展推动经济高质量发展；四是在原有的产业基础上增加物流设施，促进提档升级，使生产制造业上台阶；五是开拓多元化的国际市场，加强与合作伙伴的沟通协调，多措并举，维护全球现代供应链稳定；六是助推"中国制造"获得更强的全球市场竞争力。

（2）"生产服务型"国家物流枢纽的综合性服务职能。

"生产服务型"国家物流枢纽的综合性服务职能主要包括：区域性物流枢纽与更大区域范围国际节点双重职能，以及管理职能、转运职能等。

第一，"生产服务型"国家物流枢纽作为物流与供应链大型中心，综合性是其重要的功能，能够同时提供包括生鲜食品冷链在内的包装、流通加工、装卸、仓储、干线运输、配送、物流信息，以及在线物流、供应链管理、供应链金融、企业供应链、产业供应链、城市供应链等对接服务，具有综合性服务职能。

第二，"生产服务型"国家物流枢纽建设在城市周边交通枢纽处，集约了大量的物流基础设施及相关的管理、通信、商贸等设施，引导了物流企业与生产制造企业的高度集聚，为多产业集群的形成与发展提供了条件，具有较强的枢纽职能。

第三，"生产服务型"国家物流枢纽的管理职能主要体现为对物流信息系统、服务系统、加工系统、货运系统、仓储系统、配送系统、在线物流及供应链的管理。

第四，"生产服务型"国家物流枢纽是多种交通方式的交汇点，有效集约了公路、铁路、水运、空运及地下交通等方式，通过高效优化实现了公路运输、甩挂运输、铁路送输、水路运输、海上运输、航空运输、地下轨道及管道运输、多式联运等的一体化网络耦合运输服务。

第五，"生产服务型"国家物流枢纽是全球现代供应链不可缺少的支撑系统，更是城市发展新的国际区域合作、推进区域经济一体化的先导性工程。

（3）"生产服务型"国家物流枢纽创新性的生产职能。

"生产服务型"国家物流枢纽的生产职能既体现在制造业中，又体现在物流业中。制造业是"生产服务型"的多产业集群必不可少的重要组成部分，生产制造是其根本职能。创新是企业获取竞争优势的源泉，所以制造企业的长期稳定发展离不开创新，制造企业的生产创新包括产品、生产工艺、供应链流程、供应链管理、生产设备 5 个方面的创新。供应链是"生产服务型"的核心产业，基本职能是供应链服务。其职能本身就是一种创新，主要包括两个方面：一方面，随着物流业与制造业合作深入稳定，供应链直接参与制造企业的生产过程，为制造企业提供产品生产的原材料采购及产品包装、加工、仓储、分包装、运输、配送等服务；另一方面，为服务对象提供供应链管理、供应链结算、供应链方案评估、供应链定制等服务，这也是制造业经济活动的一部分。

（4）"生产服务型"国家物流枢纽的人才培养职能。

国家物流枢纽占据了城市的一个地理空间，地理空间产业集聚形成了各类从业人员的集聚、供应链人才的集聚，人多了各种资源也就广泛了，从而形成了一个人口与资源集聚枢纽，而人口集聚又是国有物流枢纽发展与创新的基础。"生产服务型"国家物流枢纽在制造业和供应链领域进行技术革新，其发展进步需要科技人才。通过供应链人才培养推动产业创新也是其职能的重要体现。

"生产服务型"国家物流枢纽注重并要做好两方面的事情：一方面，要培养各类科技人才，特别是供应链人才；另一方面，需要大量引进科技人才，特别是供应链人才。2019 年 3 月，教育部印发了《关于公布 2018 年度普通高等学校本科专业备案和审批结果的通知》，首批"供应链管理"本科专业正式在全国 7 所大学开启。为了促进行业发展升级，"生产服务型"国家物流枢纽更需要供应链人才。未来，"生产服务型"国家物流枢纽将会引导产生供应链专业培训学校，这是行业新的机遇和起点，将营造我国浓厚的供应链研究氛围，助推"生产服务型"国家物流枢纽黄金时代的到来。

5. "生产服务型"国家物流枢纽的特征

"生产服务型"国家物流枢纽是多产业、综合性产业集聚区，最鲜明的特征就"流"，具有增长性、需求性、确定性的产业链特点，以及产业集群化的组织特征，可深度聚焦产业链。国家物流枢纽最大的优势就是集聚效应，推动形成超强的产业集群发展格局。

要实现国家物流枢纽的集聚效应，国家物流枢纽承载城市要着力引导产业向集聚、规范、生态、高质量发展，着力向信息化、智慧化、智能化、数字化的供应链枢纽升级，并给予扶持政策、金融资金等的倾斜。聚集更像"中继器"式的聚集，并不一定是物流运作企业主体本身地理区域内的高度集中。国家物流枢纽城市可以理解为一个网络体，是整个区域物流网络的"中心"，集聚资源要素、资本要素、资产要素、管理要素等。因此，其更大的能量不仅在于规模效益下的成本递减，而且在于构建基于"物流网络"的"产业网络"。

"生产服务型"国家物流枢纽作为城市中一个多产业、综合性产业集聚区的地理空间，主要具有以下特征。

（1）物流服务全面、高效。

"生产服务型"国家物流枢纽是一个多功能、多层次的系统，是多种基础设施及其载体的集合，交易中心、展示中心、仓储中心、中转中心、配送中心、信息中心、金融中心、结算中心、细分专业类园区和专业类市场都是其组成部分，在信息化、智能化、数字化平台的串联作用下，各组成部分形成一个功能强大、服务高效的综合体——国家物流枢纽。

（2）产业关联紧密。

在"生产服务型"国家物流枢纽发展过程中，物流业与制造业、商贸业之间都形成了城市多向紧密的供需关联。制造业与配套加工业是国家物流枢纽生产力的主要来源，商贸业拓展了物流需求市场，各产业之间形成了多种形式的横向或纵向关联。同时，作为"生产服务型"国家物流枢纽必备的后勤配套保障资源，商业、旅游业、餐饮业、广告业和汽配汽修等产业与物流业、制造业和商贸业之间也形成了紧密的关联。

（3）辐射范围广、距离远。

"生产服务型"国家物流枢纽不仅具有国内市场，而且具有国际市场，在全球现代供应链方面占有较大优势。利用多产业综合平台的凝聚力，"生产服务型"国家物流枢纽可以吸引国内乃至国外的众多物流企业、供应链服务企业、制造企业、贸易企业及其他相关配套企业的入驻，使经营网络与相关资源可以为"生产服务型"国家物流枢纽所用，将这些业务辐射范围转变为"生产服务型"国家物流枢纽的辐射范围。

（4）资源配置的总体优化。

"生产服务型"国家物流枢纽不仅集聚了大量物流企业、电子商务快递企业、供应链服务企业、生产制造企业，还配套发展了金融、广告、质检、电信、通信、保险、法律、咨询、会计、医疗、卫生、教育培训等专业化服务企业，以及汽修、汽配等产业配套服务企业与餐饮、住宿、休闲文化等生活配套服务企业，同时还具有工商、财税、银行、保险、海关、检验检疫、公安等行政监督与管理服务职能，使各种服务资源真正实现集约高效，集成一个良好、稳定的软环境。

6."生产服务型"国家物流枢纽的发展机制

1)"生产服务型"国家物流枢纽的构成要素

"生产服务型"国家物流枢纽同时具备生产制造与提供供应链服务职能，集生产、贸易、装卸、搬运、仓储、运输、流通加工、信息化、智能化、供应链管理、供应链金融等多项活动于一体，主要由制造物流综合体、商贸物流综合体、综合物流基地、辅助支撑系统4个部分组成（见图5-1）。

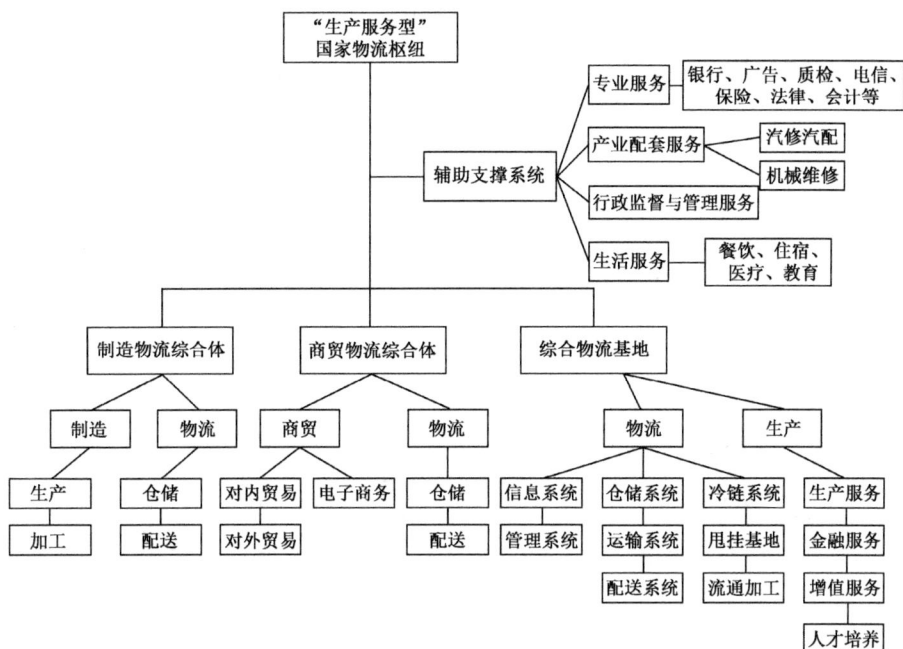

图 5-1　"生产服务型"国家物流枢纽的构成要素

　　制造物流综合体集制造、物流于一体，既包括生产制造活动，又包括物流仓储、配送活动。

　　商贸物流综合体是以现代商贸企业集聚为基础建立起来的，集采购、销售、售前、售后、配送、供应链管理、供应链方案、电子商务、流通等为一体的现代商贸综合体。它既包括传统商贸交易产业的集聚与互动，又包括产业的集聚与互动，主要由实体商贸交易平台、电子商贸交易平台、商贸展示平台、商贸物流仓储与配送基地构成。

　　综合物流基地是指具有物流与供应链方案设计、成本估算、结算、制造原料采购，以及产品包装、流通加工、运输、装卸、仓储、分拨与配送等服务职能，集物流交易平台、物流运作平台、物流信息共享平台于一体的综合性信息化物流系统。

　　辅助支撑系统是指为了推动商流、物流、资金流、人流、信息流在此集聚、互动与融合而构建的，辅助国家物流枢纽良好发展的一系列基础性条件及措施，其包括政府优惠政策、招商引资、投融资、人才引进等。

　　2）"生产服务型"国家物流枢纽的发展动因

　　"生产服务型"国家物流枢纽的发展动因主要分为基础条件、主导因子、驱动因子、引导因子 4 类。基础条件包括发达的交通、可依托的产业经济区；主导因子主要是政府部门、物流企业、制造企业；驱动因子是多产业集群、物流金融体系；引导因子则包括市场需求、物流供给能力和政策制度。

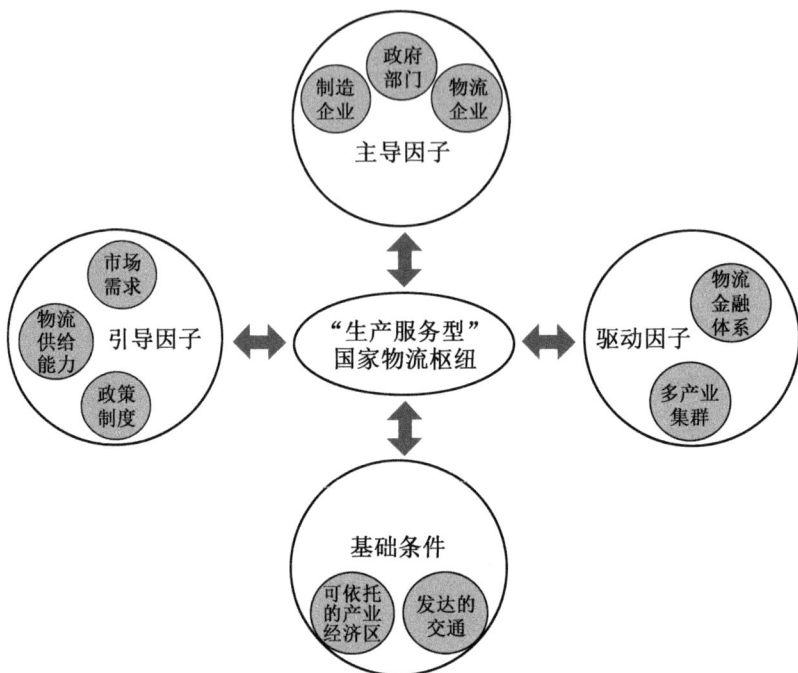

图 5-2　"生产服务型"国家物流枢纽的发展动因

（1）基础条件。

"生产服务型"国家物流枢纽是大量物流企业与相关产业及其基础设施在城市一定地域上的集合，其建设与发展都是在一定地理空间上进行的。加上"生产服务型"国家物流枢纽的规模大、功能强，其建设和发展所需的资金、人才等投入也较大，因此一个具有较好经济实力的、可依托的国家物流枢纽承载城市是建设"生产服务型"国家物流枢纽的基础条件。国家物流枢纽城市内的人力、物力、财力是最直接可利用的资源与保障，区域经济实力越强，"生产服务型"国家物流枢纽对外部经济的吸引力与吸收力也就越强，国家物流枢纽城市发展也就越快、越稳。

供应链的效率不仅与物流信息的传递和对接密切相关，而且与交通系统的完善程度紧密关联。发达的交通路网使物流可以多向输出、输入，减少运输距离，分散运输压力。完善的交通基础设施与管理系统、交通运行与管理系统及交通法律法规体系，可以在保障生活交通的同时，提供一个安全、流畅的交通环境，保证供应链过程的安全、快捷、高效、优质。

（2）主导因子。

政府部门与物流企业、制造企业在"生产服务型"国家物流枢纽的建设过程中共同起着主导作用。各级政府并不直接参与国家物流枢纽的市场活动，而是以制定规划的方式支持与引导国家物流枢纽的建设和发展，以财政投入、土地优惠、投融资政策优惠与税收优惠等形式助推"生产服务型"国家物流枢纽城市的建设和发展，可以为枢纽整体和入驻企业带来实际的便利。

在"生产服务型"国家物流枢纽中，企业是直接参与市场经济活动的主导因子。尤其是龙头企业实力雄厚，占据了产业领域较大的市场份额，对整个产业的发展会产生重要影响。在龙头企业的主导下，国家物流枢纽的吸引力会获得极大提升，进而提升入驻企业的发展信心。龙头企业的经营网络覆盖范围广、距离远，物流需求网络的整体性较强，直接增强了资源凝聚力和业务辐射力。无论是在国家物流枢纽城市的建设阶段还是发展阶段，物流龙头企业、制造龙头企业都是"生产服务型"国家物流枢纽必不可少的主导因子。

（3）驱动因子。

多产业集群是"生产服务型"国家物流枢纽发展的主要驱动力，在产业集群的作用下集聚效应才得以真正释放。现代物流业扩展了制造业的产业链，并直接作用于制造业的生产流程，制造业的采购、储存、包装、方案、金融、售后服务等阶段完全可以由现代供应链高质量完成。大型制造业也可以将供应链服务功能进行区块分拆或对外招标分包，形成供应链的动态核心并作为切入点，吸引和衍生众多专业化的供应链企业，"生产服务型"国家物流枢纽地理空间的集中产生了广泛的集聚经济效应。

现代商贸业既包括一般性贸易产业，也包括电子商务产业。优质、高效的产品储存、包装、运输、配送都是必不可少的重要环节，推动了物流产业的高质量发展。通过需求信息与服务信息的集约化整理，可实现高效对接，进而有效提升各产业链的整体效率与协同效应。

物流金融体系也是"生产服务型"国家物流枢纽重要的驱动因子。作为供应链和金融的创新结合，物流金融体系不仅能提升供应链上、中、下游企业的业务能力，而且能提升企业经营效益，还能提升企业融资能力、降低成本，以及提高资本运用的效率。因此，良好的物流金融服务不仅可以解决中小企的融资问题，推动企业之间稳定、深入合作，而且可以推动"生产服务型"国家物流枢纽规模不断扩张。

（4）引导因子。

市场需求是引导产业发展的关键因子。"生产服务型"国家物流枢纽将制造企业、商贸企业与供应链企业集聚在一起，枢纽内的需求具有多向性、多样性、网络性、阶段性及产业整体性，需求市场和供给市场得以直接、充分接触，供应链企业按照需求建设和安排相应的仓储、分拨、运输与配送的基础设施设备及工作人员，确定相应的服务计划与内容，直接引导"生产服务型"国家物流枢纽的内外互动沟通。

国家物流枢纽的物流供给能力是引导企业长期集聚的重要因子。稳定、高效的供应链能力可以降低制造企业与商贸企业的物流成本，提高产品流通效率，提升竞争优势。稳定、高效的供应链能力是吸引制造企业与商贸企业在"生产服务型"国家物流枢纽中长期集聚发展的重要因素。

经济的发展离不开政府的宏观调控，在不同的时期，政府制定了相应的政策制度以引导产业的发展。"生产服务型"国家物流枢纽作为一个综合性的产业发展区域，也直接受政府政策制度的引导。

7."生产服务型"国家物流枢纽的发展机制分析

"生产服务型"国家物流枢纽的发展机制主要由动力机制、信息共享与合作机制、产业互动机制3个部分构成，如图5-3所示。

"生产服务型"国家物流枢纽的动力机制主要由多产业集群与物流金融体系构成。在以供应链为核心的多产业集群中，物流产业集群的吸引与枢纽建设的主导因子推动制造产业、贸易产业、配套产业实现集聚，并形成各自的产业集群。不同产业集群的企业之间因错综复杂的互动合作关系而紧密关联，进一步形成了多产业集群。同时，企业在空间上的彼此接近，使企业受到竞争与知识外溢的隐形压力，迫使企业不断进行技术创新和组织管理创新。物流金融体系的活动主体包括物流企业、金融机构与其他企业，其中金融机构基于金融平台与供应链平台，以有效组织和调剂物流领域货币资金的运动为目的，应用和开发包括存款、贷款、投资、信托、租赁、抵押、质押、票据、应收账款、存货、预付款项、融资贴现、保险、产业基金、证券、并购贷款、企业债券、上市融资和知识产权质押融资等在内的供应链金融服务，以及金融机构办理的包括融资信贷、支付结算、装备融资租赁、分散风险等在内的各类涉及物流业的中间业务，实现企业现金流的健康与投资回报率的提升。

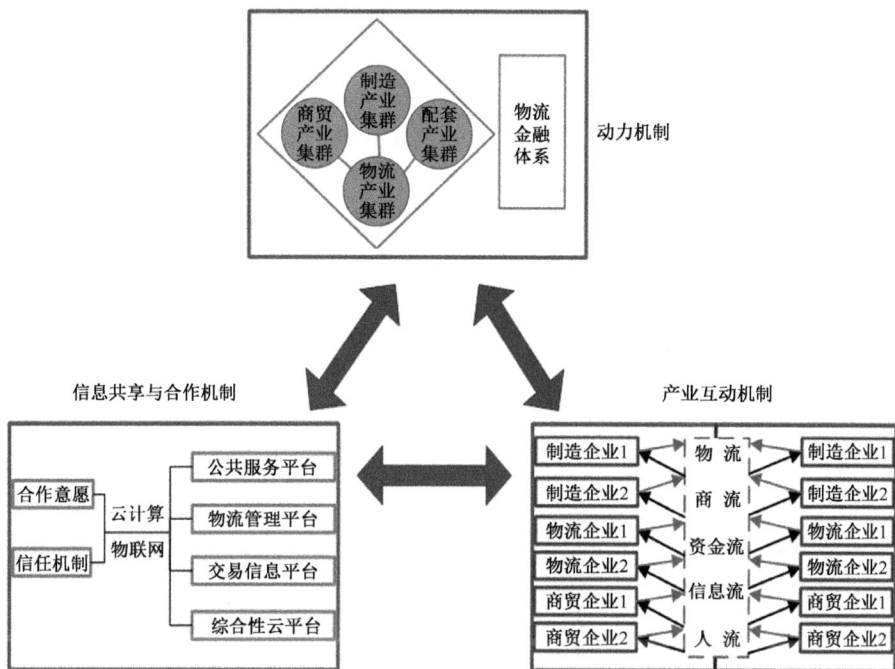

图 5-3　"生产服务型"国家物流枢纽的发展机制

"生产服务型"国家物流枢纽的信息共享与合作机制是以云计算和物联网技术为主要手段，以互联网为主要媒介，由企业间物流信息沟通与共享的综合性云平台、物流管理平台、交易信息平台与公共服务平台共同组成，而企业间的合作意愿与信任机制是该系统顺利运行的必要前提。在这个系统中，各参与企业达成合作联盟，彼此信任。各参与制造企业、商贸企业、物流企业通过互联网将自己的货源、需求及服务信息输入共享的信息平台，利用云计算技术对需求信息和服务供给信息加以整合与集约化处理，使单个的需求信息成为枢纽内物流企业群的共享信息，然后在交易信息平台进行交易与公布，合作双方可以直接通过互联网达成合作或借助电话委托等其他方式完成交易。物流管理平台主要包括物流订单处理、物流仓储管理、物流货运管理、物流配送管理等物流各环节的管理与协调。公共服务平台则主要是企业的一站式办公平台。

"生产服务型"国家物流枢纽的产业互动机制包括产业内互动机制和产业间互动机制，通过企业的内外部互动，借助外部资源推动内部经济发展，利用内部成本优势提升外部经济竞争力，实现内部经济与外部经济协同并进。产业内互动机制包括内部与外部同一企业的产业间的互动、内部与外部同一产业的企业之间的互动。产业间互动机制包括内部与外部不同企业的产业间的互动、内部与外部不同产业的企业之间的互动。通过产业互动，内部与外部企业之前形成了强关联的供需合作。"生产服务型"国家物流枢纽内部企业是对外关联最广、关联强度最高的节点，它不仅与外部经济体直接产生产业关联，而且作为制造企业与贸易企业关联的中间节点，贯通"生产服务型"国家物流枢纽内外，推动物流、商流、资金流、信息流与人流在枢纽内部与外部高效集散和流通，从而实现区域经济一体化与规模化发展。

8."生产服务型"国家物流枢纽的发展模式

"生产服务型"国家物流枢纽的多产业集群主体是由政府和企业主导下移植进来的外部企业构成的，是典型的外生型产业集群。在外生型产业集群的驱动下，"生产服务型"国家物流枢纽形成了国家物流枢纽外生型发展模式。

在建设阶段，"生产服务型"国家物流枢纽通过特定的环境再造和制度安排构建有形的空间载体，吸引并移植外部大量的第三方物流服务企业形成集群，再以物流集群为核心吸引国内外与物流产业关联度高的生产型企业及相关产业在此集聚形成集群。

在发展阶段，促进内外融合是"生产服务型"国家物流枢纽的主要任务。一方面，"生产服务型"国家物流枢纽从制度、平台、人才上与国际接轨，以便进一步吸引跨国企业的进驻，集聚更多的外部产业要素，带动本地企业的国际化等；另一方面，"生产服务型"国家物流枢纽加速建设与完善地方性的流通网络，推动跨国企业的本土化、企业服务对象的本土化等。同时，"生产服务型"国家物流枢纽充分运用云计算、物联网等信息技术，促进物流信息云平台的不断完善，以及政府、企业、中间服务组织之间的协作，进一步完善"生产服务型"国家物流枢纽信息共享与合作机制。

目前，国家物流枢纽城市都还处于规划建设阶段，体系的构建需要实践加以验证与完善，实践活动的组织也需要理论体系的指导，理论与实践需要相互支撑、相辅相成。

1）动力机制

（1）承接产业转移，引导地区内外要素汇集。承接沿海地区与国际企业的产业转移，是内陆城市通过推动商流、物流、信息流、资金流、人流等要素集聚获得产业发展的重要途径。

（2）完善规划，引导产业集聚。国家物流枢纽的规划是其得以顺利发展的方向与前提。在功能分区上，每个集群都立足于产业基础，是引导产业集聚的载体。每个集群通过制定战略上具有前瞻性的、切实可行的产业成长方案，在空间上因势利导，在结构上优化重组，在政策上利益共享，使集群内企业之间既竞争又合作的模式共同发展。集群与集群之间还存在纵向产业链或横向产业链关系，在地缘邻近、优惠政策共享、产业信息互通与物流枢纽管理保障的基础上，集群与集群之间以深入协同的方式实现共同发展。

2）合作机制

（1）以规范管理巩固合作信任程度。

规范管理是巩固企业之间合作信任程度的有效途径。规范管理的对象包括国家物流枢纽城市管理方、入驻内部企业、非企业组织机构等。

对管理方的制度与规范形成"简单事火速即办、复杂事限时办、特殊事一事一办"的政务简明工作流程。实施细则根据项目生态链审批流程，确保项目放下包袱轻装上马、高质量高速度发展。政务事务实行公开制、限期结办制、问责追责制、项目助理制。进一步深化政务公开，简化繁杂程序，强化监管职能，坚持透明督察，为企业服务提供良好的政务软环境。入驻内部企业行为的规范主要表现在投资行为、创新行为、服务行为、交易行为等方面。企业项目是企业行为的载体，根据企业的不同行为，国家物流枢纽城市实行相应的流程标准。

（2）以公共服务平台拓展信息共享与合作。

公共服务平台是所有参与者都能够自由获得信息的场所，可使社会资源得以充分展现，是促进信息共享与合作的有效途径。但是，公共服务平台并不全是完全开放的平台，它还包括一些半开放的平台，对公共信息资源进行管理。公共服务平台有：面向各企业的公共信息平台、电子政务查询服务平台、企业联网直报平台、OA 办公系统平台等全开放公共平台；面向物流企业的信息管理平台、运输管理平台、驾驶员管理平台、仓储管理平台、配送管理平台、车辆定位跟踪系统、车货管理平台、电子商务快递服务平台；物流运作服务平台；同电子商务平台合作的网购返利信息平台；主要用于管理的物流与供应链枢纽管理平台。通过这些平台，制造企业与物流企业之间的物流需求与物流服务实现了高效、智能的无缝对接，国家物流枢纽的运行与管理也更加高效、稳定。此外，公共服务平台对接 211 院校的人才引进平台，进一步推动产业信息与创新的交流、合作与发展。

3) 互动机制

（1）以产业联动促进产业间协同。

不同产业对供应链的需求各有差异，同一产业的不同企业对供应链枢纽的需求也不尽相同，供应链内部要根据服务对象的多样化物流需求，对市场进行细分，准确进行市场定位，选准与其实现产业联动的着力点，使产品流通顺畅，实现物流业、制造业与商贸业的有效联动，推动产业协同并进，如图 5-4 所示。

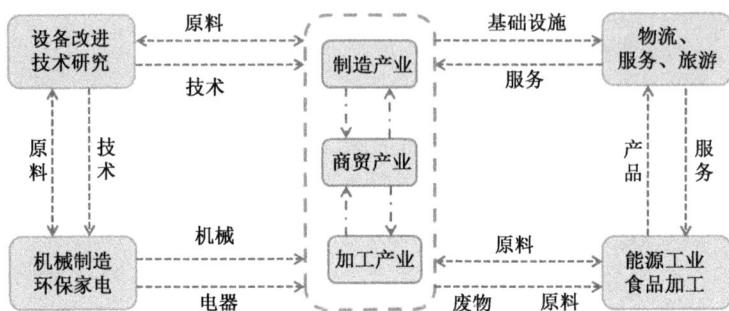

图 5-4 "生产服务型"国家物流枢纽的互动机制

加工制造企业与贸易流通企业都是服务对象。根据这些产业中间产品、原材料的采购、加工与配送的物流需求，以及最终产品仓储、中转与配送的物流需求，制定柔性物流方案，提供专业化、集约化的物流服务。通过物流产业与加工产业的联动合作，推动物流产业与制造产业的协同发展。

国家物流枢纽将大力提升环境建设、项目政策支持、互联互通建设，以"精品示范"为目标，以大产业建设为抓手，努力将国家物流枢纽打造成为现代产业发展的集聚地。

（2）推动产业与区域经济高度融合。

根据不同产业的需求，一方面，国家物流枢纽城市创新功能模型，改善进出口贸易的通关条件，优化进出口贸易的通关流程，实行报关申办手续电子化和"一站式"全程服务，提高进出口货物的通关效率，带动地区进出口贸易产业的发展；另一方面，国家物流枢纽城市建设商贸物流综合体，引导大量商贸企业在此集聚，促进贸易互动的集约化与集聚化发展。

"生产服务型"国家物流枢纽的发展定位，是生产制造业与物流业互动成为国家物流枢纽持续性的活力源泉所在，其前景优异。另外，在产业转移环境进一步成熟的大背景下，"生产服务型"国家物流枢纽的发展思路更适合内陆地区外向型经济发展。

9. "生产服务型"国家物流枢纽将成为全球现代供应链体系的核心成员

1）世界经济正在进入一个全球现代供应链主导的时代

过去 10 年，大宗原材料等中间品的全球交易量占全球贸易总额的比例持续增长，这意味着，大多数全球贸易产品由分布在不同国家和地区的几十家甚至几百家企业共同生产，数以万计的生产节点通过全球现代供应链得以连接和流通。经济全球化让全球产业走向深度融合，全球现代供应链就是连接全球产业、全球经济的血脉和根基，加速推动全球产业密切交往和全球经济协调，形成相互联系、相互依存、相互渗透、扩张、竞争和制约的有机整体。

中国经济快速增长，自 2010 年 GDP 超过日本一跃成为全球第二大经济体后，中国坚持维护全球现代供应链秩序，中国企业成为其中最具体的践行者。中国自 2009 年超过美国成为世界第一制造业大国起，中国制造业规模已连续多年居世界第一位，中国制造业转型升级，并迈向高质量发展的新阶段。全球现代供应链是支撑经济全球化的重要力量，在供应精准度、运营安全性和行业组织信用度等方面存在严重不足，要增强全球现代供应链体系的韧性，保障全球现代供应链体系的安全性，以及夯实中国与世界的连接力，亟须聚焦主要矛盾、补齐突出短板。

2）"生产服务型"国家物流枢纽动力机制的核心

"生产服务型"国家物流枢纽以出制造业与供应链及其他相关产业共同组成的多产业集群为驱动力，依托城市或一定的经济区域，由政府引导和物流龙头企业牵头开发，处于有交通优势条件和多种运输方式的交汇处，同时具有加工、生产、制造、现代物流与供应链职能，具有综合性和公共公益特性相对集中的特定区域环境，是一种创新型经济发展空间。"生产服务型"国家物流枢纽是一个多产业系统空间，是供应链服务更高效全面、产业关联更紧密多向、辐射范围更广泛、整体资源配置更优化的物流与供应链枢纽创新模式。"生产服务型"国家物流枢纽同时具备生产制造与综合物流职能，"生产服务型"国家物流枢纽的形成与发展是多因子综合作用的结果。"生产服务型"国家物流枢纽实施的关键在于通过产业协同构建与推动多产业集群的形成和发展，其核心是平衡区域内外部经济的增长点，以多元化信息平台促进信息共享的深度、广度和精度。

3）"生产服务型"国家物流枢纽发展机制的重要环节

在"生产服务型"国家物流枢纽城市空间体系下，物流与生产加工是其业务活动的主体，起点高、成长快、规模优势明显是其特点，但由于其企业资本带有明显的外来移植性，因而受外部经济环境变化影响，企业依赖性较强。以内陆地区后发型城市为例，在资源禀赋相似的快速发展要求下，其以供应链引领生产制造，以生产制造辅助供应链，两者既可以存在良性互动，又有可能进入难以为继的循环。"生产服务型"国家物流枢纽的产业稳定性是"生产服务型"国家物流枢纽发展机制的重要实践环节，也是国家物流枢纽城市研究的重点。国家职能部门将会同研究机构和相关行业组织，指导、支持国家物流枢纽建设工作，保障国家物流枢纽发挥示范作用。

4）"生产服务型"国家物流枢纽的重要性和战略价值

制造业全球化已成为不可逆转之势，要适应这一形势就必须采取相应措施，而供应链创新至关重要。制造业扩大供应链创新是实现全球化的途径。认识供应链需要掌握供应链思维，即其是专业化与一体化结合，灵活性、弹性与韧性结合，平台化与生态化结合的新技术和新模式。供应链已成为全球社会的共同思维，并形成全球现代供应链体系。

全球现代供应链的波动，大多数企业认为主要受制造业的影响。制造业产业链的全面发展，需要依赖全球现代供应链的共同努力。为了应对全球现代供应链竞争，掌握全球现代供应链的主导权，中国必须参与构建全球现代供应链话语体系、运行体系、战略体系、标准体系、服务体系、应急体系、数字体系、智能体系、保障体系、安全体系、防疫防范体系。

根据海关总署公布的数据，2019 年，我国外贸进出口总值为 31.54 万亿元，同比增长 3.4%，全年出口、进口均创历史新高，民营企业进出口总值为 13.48 万亿元，同比增长 11.4%，占我国外贸进出口总值的 42.7%，民营企业首次超过外商投资企业，成为我国第一大外贸主体。据联合国统计数据，2019 年中国出口额在全球十大贸易国中表现最好，机电产品、高新技术产品和集成电路产值排名前列，这充分说明"生产服务型"制造业和供应链融合的重要性和战略价值。

5）"生产服务型"国家物流枢纽彰显全球现代供应链体系的重中之重

面对日新月异的制造产业，全球现代供应链能力提升成为竞争力的重要方式。制造业强调产业链上的效能协同，树立"共赢"思想，使产业链上的企业都能充分发挥各自的优势，为实现价值链上的共同目标而努力。全球现代供应链整合主要有 4 种模式：①以制造企业为核心的全球现代供应链体系；②以大型零售集团为核心的全球现代供应链体系；③以大型贸易企业、国际采购组织或经纪人为核心的全球现代供应链体系；④以供应链服务企业为核心的全球现代供应链体系。"生产服务型"国家物流枢纽是以制造企业为核心的全球现代供应链体系和以供应链服务企业为核心的全球现代供应链体系的叠加与优化结合，是 21 世纪高效配置和利用资源的必然趋势，彰显全球现代供应链体系的重中之重。

6)"生产服务型"国家物流枢纽将进入推进经济高质量发展的主战场

"生产服务型"国家物流枢纽是跨界的协同整合，通过供应链促进在跨行业、跨企业协同下实现流程优化、供需匹配、资源优化配置，让参与者无缝加入供应链。供应链最核心的内容就是"协同共赢"，只有全面优化供应链方案，才有可能提升整个产业链的竞争力；既要有效减少企业的采购成本、经营成本、物流成本、交易成本，提高从采购到终端全链式环节的协同效益，又要改善集采、集供、集运、集配，大大减少各环节成本，以此提高收益率，在实现快速响应的同时提高效率。实现物流高效率是实现物流高质量发展前提，实现物流高质量发展是经济高质量发展的基础，"生产服务型"国家物流枢纽将进入推进经济高质量发展的主战场。

7)"生产服务型"国家物流枢纽将成为全球现代供应链体系的重要组成

"生产服务型"国家物流枢纽作为国家物流枢纽城市的重要组成，将在提升物流业和制造业核心竞争力方面发挥合力的重要作用。未来，这一新趋势将在更高层次驱动物流业与制造业深度联动，在前端、后端、纵向、横向融合发展。中国特色、中国风格、中国制造、中国创新发展正走向世界前列，中国作为全球第二人经济体，新流通领域的创新发展正走向世界前列，现代供应链由"线"串联成"面"，并逐渐构建成"网"，在线融合的现代供应链服务体系正在形成，为中国经济增长注入新动力，为构建有竞争力的开放型全球现代供应链体系而努力。对于"生产服务型"国家物流枢纽而言，积极培育具有国际竞争力的供应链体系，其关键是加入具有竞争力的产业集群，企业也可以借此提升其竞争力。供应链领域的创新发展能够输出上下游供应链一体化的解决方案，产业集群可以实现制造、物流、流通和消费的无缝对接，作为多业深度联动融合的"生产服务型"国家物流枢纽将成为全球现代供应链体系的核心成员。

5.3.4　"港口型"国家物流枢纽在全球供应链中的特殊地位

港口的发展和繁荣是一个国家国际贸易地位的象征，也是参与国际分工与合作的基础。在《国家物流枢纽布局和建设规划》发布的 212 个国家物流枢纽中，虽然"港口型"国家物流枢纽的数量占比不到 15%，但其作用不可小觑。本节深度解析"港口型"国家物流枢纽的概念、内涵特征，从平台服务、多式联运、供应链组织管理、国际贸易总部基地、物流数据信息中心等方面分析其具有的职能，在剖析枢纽发展机制的基础上，对"港口型"国家物流枢纽所依托城市在产业体系、空间布局、运营主体、人才储备和政策扶持等方面提出建议。"港口型"国家物流枢纽在全球供应链中的枢纽地位，为我国物流枢纽向国际物流枢纽转化提供了推动力，也为国家物流枢纽城市建设提供了支撑。

1. "港口型"国家物流枢纽是 "一带一路"实施的保障

自古以来，"港口型"国家物流枢纽不仅是国际贸易和国内商业往来的重要交通枢纽,也是各个国家进行全球资源配置的战略性枢纽，"向海而生"促进了国家的繁荣、民族的兴盛，在当今世界更是加剧了全球范围内经济、社会要素的聚集。港口连接海洋和陆地，将遥远的生产集群和消费市场紧密结合在一起。在经济全球化和区域一体化背景下，国家之间、城市之间无不在资源、人才、经济产业地位等领域展开竞争，枢纽之争也是争夺的焦点。枢纽不仅是交通的汇集地，其所涉及的交通设施、产业布局、制度环境等将形成新的能量极，能源、信息、人才、物流等各种关键要素在此融会贯通，激发所在城市、区域的产业形成辐射喷薄之势，促进其机能吐故纳新，使其发生彻底变革。

2. "港口型"国家物流枢纽的概念与内涵

1) "港口型"国家物流枢纽的概念

在国家发展改革委和交通运输部联合发布的《国家物流枢纽布局和建设规划》中，"港口型"国家物流枢纽被定义为，依托沿海、内河港口，对接国内外航线和港口集疏运网络，实现水陆联运、水水中转有机衔接，主要为港口腹地及其辐射区域提供货物集散、国际中转、转口贸易、保税监管等物流服务和其他增值服务。

2) "港口型"国家物流枢纽的内涵

（1）以港口资源为核心。不同于其他类型的国家物流枢纽，由于海岸线资源的稀缺性，"港口型"国家物流枢纽往往具有不可替代的功能和地位。"港口型"国家物流枢纽在短时间内不会轻易兴起和衰落，其在国内外航线和运输网络中的作用与地位依托其所在的区位和港口资源优势，往往在漫长的历史长河中已逐步形成。

（2）以外向型经济为典型特征。港口与海运紧密结合，嵌入到庞大、复杂的国内外航线和运输网络中，具有运量大、成本低的特点，是各国企业开展国际分工合作，参与全球制造业产业链、价值链创新，开展外向型经济的重要支撑。在"一带一路"倡议实施过程中，港口是形成国际经济走廊的基础，在国际物流、国际贸易、国际制造等领域发挥着重要作用。

（3）以枢纽之枢纽为典型功能。国家物流枢纽从功能上分为陆港型、空港型、生产服务型、商贸服务型、陆上边境口岸型和港口型 6 种。各种类型的国家物流枢纽不是孤立存在的，彼此之间需要连接贯通，可以通过多式联运将所有枢纽环节融入一个枢纽网络。"港口型"国家物流枢纽与外向型经济紧密衔接，与其他国家物流枢纽之间关联紧密，对所在城市及区域构建现代物流产业体系，促进物流产业及相关产业高质量发展，进而促进产业空间合理布局具有举足轻重的作用。

（4）以承载城市为主要依托。"港口型"国家物流枢纽承载城市借助区位优势和地理优势，依托所拥有的港口资源，发展临港产业，形成产业集聚与辐射效应，实现"港、产、城"深度融合发展，将"经济通道"向"通道经济"转化，做到"港为城用，城为港兴"。

3."港口型"国家物流枢纽的职能

"港口型"国家物流枢纽要成为枢纽城市及所在区域产业高质量发展的主导，向着大网络、大平台、大通道、全链条和新模式方向转换。与其他国家物流枢纽相比，"港口型"国家物流枢纽主要面对外向型经济，发挥多式联运通道功能，在平台服务、多式联运、供应链组织管理中心、国际贸易总部基地、物流数据信息中心等多方面发挥其枢纽职能。

1）平台服务职能

"港口型"国家物流枢纽对接多方资源，汇集航运、铁路、公路等主体，集海关、边检、商检、海事等电子政务服务，以及铁路、公路、空港、物流企业等电子商务服务于一体，港口物流供应链环节示意如图5-5所示。在全球采购供应链模式下，港口的转运角色在供应链中发挥着重要作用，也为港口创造了巨大价值。今后，随着国际贸易及经济形势的变化，平台服务职能应成为"港口型"国家物流枢纽的发展重点，真正实现从物流环节向物流枢纽的转化升级。

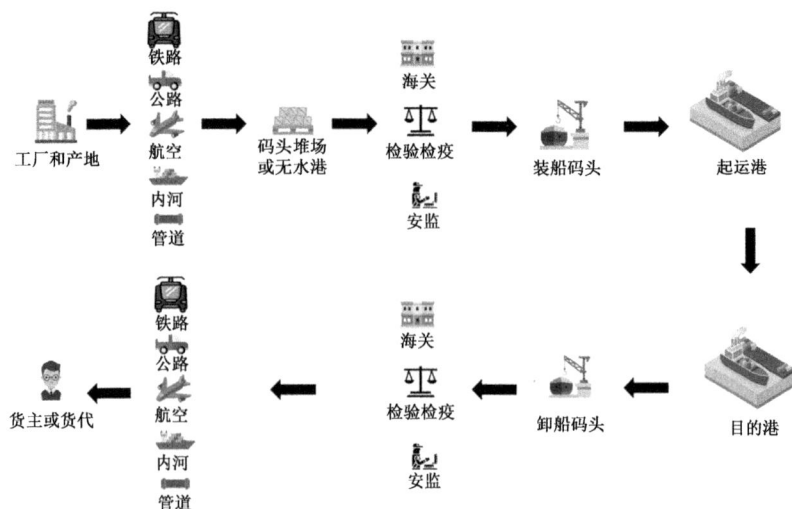

图 5-5　港口物流供应链环节示意

2）多式联运职能

港口具有发展多式联运得天独厚的优势，在所在区位条件、交通基础设施、货主托运人聚集的商业环境等方面，国内外众多港口多式联运职能已经在不断创新发展之中，并形成了贯通全球的物流网络，使客户能够享受到高效、便捷的口岸服务。港口不仅在港区内部构建了功能完备的海铁联运体系，而且不断拓展多层级的内陆港，打造铁海、公铁、空港物流大通道。例如，天津港打造的"公转铁+散改集"双示范港口，在路港协同、绿色运输等领域创新了发展模式。

3）供应链组织管理中心职能

随着新冠肺炎疫情在全世界暴发，各国政治形势也在不断发生变化，跨国供应链受到了前所未有的冲击，供应链稳定性与生产成本效益的衡量成为众多企业思考的问题。跨国企业为规避风险，可能趋向于采用"近岸采购、本土生产、就近销售"等形式，企业的消费市场由全球转向本地，市场响应速度对物流的时效性提出了更高标准的服务要求。未来，全球产业供应链的格局将发生变化，供应链各环节将在地理区位上呈现"腰鼓形"的集中态势，在消费端将聚集大量产成品生产制造企业及相应的物流销售网络，在生产端将聚集原材料生产地的初加工企业，更多的中间产品将通过港口流通传送。港口原来以低成本、大批量物流为特征的优势，也将面临巨大的挑战，运输服务模式要向柔性化、定制化经营模式转变，增强并拓展其供应链组织管理中心服务功能，以满足不同货主个性化、多样化的服务需求，将成为"港口型"国家物流枢纽发展的必然趋势。

4）国际贸易总部基地职能

总部基地所带来的经济、社会、文化效益一直受到各国地方政府的关注，国际贸易往来结算大多以港口为节点进行交割，上海、厦门、天津等众多港口也设立了自由贸易试验区，自由贸易试验区内企业享受税收、产业、就业、资本等方面的优惠和支持，汇集的生产、加工、物流等环节形成了巨大的产业能级，进一步激发了商业贸易活动的需求。税务保险咨询、财务会计结算、物流地产设计开发、企业管理咨询、高端服务业人才培训等诸多行业随之聚集，形成产业集群。国际港口伦敦港就是其中的典型案例，虽然其吞吐量在世界港口中并不占优势，但其发达的总部基地职能使其在港航业发挥着举足轻重的作用。

5）物流信息数据中心职能

港口是供应链各方数据信息汇集的中心，其中的海量数据经过深度挖掘整合后具有极高的应用价值。例如，秦皇岛港煤炭价格指数一直被视为行业内煤炭价格的晴雨表；由于在集装箱运输行业的权威性，上海航运交易所公布的出口集装箱运价指数，被联合国贸易和发展会议发布的《海运报告》引用，成为继波罗的海干散货运价指数之后的世界第二大运价指数。国际知名咨询企业对有代表性的国际贸易货物数据进行波动分析，形成的研究报告对于供应链上的工业企业来说也是重要的经济情报，具有较高的数据价值。同时，随着智慧港口、无人码头等新基建项目建设，运用互联网和大数据对港口积累的海量数据进行分析利用已经成为今后港口智能化发展的趋势。港口通过对货物运输、贸易结算、价格走势等各类数据的汇总、归并、分析，形成大数据仓库，并通过各种可视化智能决策系统进行展现，为客户提供有针对性的服务，提升港口的服务质量；同时，基于大数据分析对供应链进行优化和布局，提升供应链的整体竞争力。

4."港口型"国家物流枢纽的发展机制

物流枢纽经历了从运输关键节点，到交通综合运输枢纽，再到现代物流枢纽的转变过程。"港口型"国家物流枢纽从海陆交通运输中转、港口装卸搬运、堆场存储向全球物流供应链节点转变，我国的上海港、天津港、厦门港等已经开始逐渐拓展金融、保险、海事等高端物流服务；大连港、唐山港、宁波—舟山港等在汽车物流、煤炭物流、冷链物流等专业物流领域逐渐完善功能与服务，以所在港口及城市群为依托，使国内外物流有效衔接，推动所在城市及城市群向区域一体化、全球一体化迈进。

"港口型"国家物流枢纽与其所依托国家物流枢纽城市的有效融合是其发展壮大的基础。在国家物流枢纽城市内部，港口与临港物流园区、工业园区、经济开发区、高新产业园区等各类园区相互协作，"港口型"国家物流枢纽所在城市现代产业体系高质量发展是"港口型"国家物流枢纽发展的有效支撑，如图 5-6 所示。

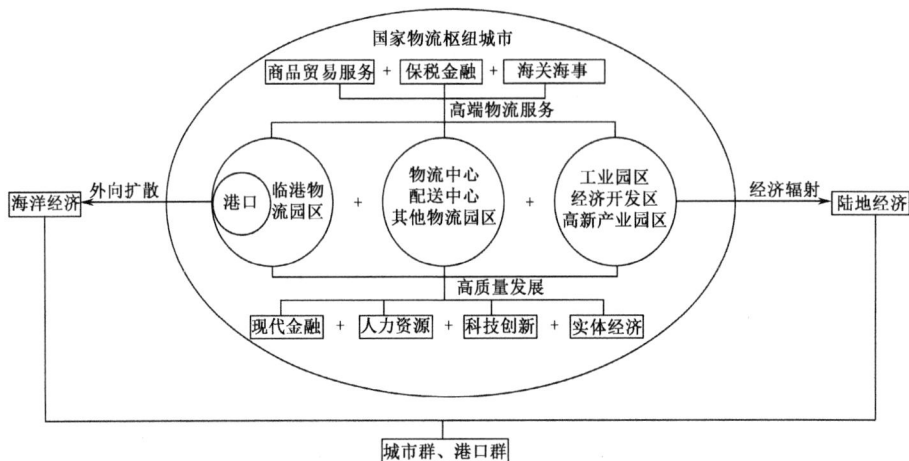

图 5-6　"港口型"国家物流枢纽发展机制示意

1）港口与临港物流园区的融合

很多港口城市都设立了临港物流园区，临港物流园区大部分是由所在城市政府主导的，但有的港口企业从属于省、市国资委，有的港口企业属于国有企业，有的港口企业属于股份制企业，投资者多头，因此，行政归属上的不一致导致临港物流园区与港口企业无法做到有效融合，甚至部分港口企业与临港物流园区在空间上也并不衔接，出入港口的车辆、装卸设施无法利用临港物流园区的通道，集疏港公路与城市居民出行公路交叉，港口运输效率较低，并且给居民生活带来了极大不便。

在"港口型"国家物流枢纽建设中，应将港口与临港物流园区融为一体，共同进行空间功能规划。

2）临港物流园区与工业园区、高新产业园区等有效互动

各类产业园区、经济园区和物流园区在城市体系中要有效地互联互通，

从产业发展类型、物流通道设计等方面进行统一规划，形成协调发展态势。各类产业园区通常由招商引资或本地优势产业聚集发展形成，物流园区则要依托城市拥有的铁路、机场、港口等大型交通设施进行开发建设。工业园区、高新产业园区内制造业企业的生产运作需要大量物流服务，但大多数城市的工业园区、高新产业园区与物流园区空间距离较远，缺少园区间专用物流运输通道的衔接，限制了各园区之间的协同。如何科学、有效地对工业园区、高新产业园区、物流园区进行选址，如何对已经形成规模和固定位置的园区进行通道建设，是"港口型"国家物流枢纽建设的重点。

3）城市现代产业体系高质量发展的有效支撑

港口的发展离不开城市现代产业体系高质量发展的支撑，没有发达的实体产业经济，港口只能作为物流中转的一个环节，而无法发挥其经济枢纽的作用。"港口型"国家物流枢纽城市，要充分挖掘港口优势，做好顶层设计和长远规划，结合现有城市产业特点和优势，发展临港产业集群，对适合城市发展的重点产业进行扶持；要发展现代金融等高端服务业，引进先进技术，推动高新技术企业进行科技创新；要加强城市人力资源储备，为各行业发展储备智慧力量。

4）高端物流服务体系的有效保障

"港口型"国家物流枢纽需要所在国家物流枢纽城市具备发达的金融、保险、海事等高端服务体系。传统的港口及所在城市的物流企业主要提供运输、仓储、货运代理等类型的物流服务，或者运用自身所拥有的物流基础设施提供传统的装卸、存储等物流服务。"港口型"国家物流枢纽需要发展现代物流供应链服务企业，提供一站式的物流托管服务、针对特殊需求的个性化物流服务，以及可提供供应链解决方案的第四方物流服务。完善的海事、保险产业也是港口能否发挥其物流枢纽作用的重要保障。

5）助力向海经济的外向扩散

向海经济是我国提出的一个全新战略性概念，"港口型"国家物流枢纽是促使我国内陆经济通往向海经济的关键环节，港口、港区、航线的完善和发展是我国发展向海经济的重要战略支撑，要完善和发展现代海洋产业体系，充分利用海洋资源，推进海洋领域的装备制造、生物医药、保税物流、邮轮旅游等高端产业发展；要加强港口基础设施建设，与"一带一路"沿线国家和地区的港口和航线互联互通，提高港口装卸效率；要建设多式联运服务中心，构建无缝连接的快捷运输网络，将"港口型"国家物流枢纽打造成国际航运中心；要加大力度推进面向海洋的蓝色经济相关核心技术研发和科技成果转化，培育高新技术及科教人才，促进高新技术的转化。

6) **面向腹地、陆地的经济辐射**

"港口型"国家物流枢纽促进了所在区域临港产业的聚集，促使所辐射的腹地形成了新的经济增长点，为腹地的经济发展提供了动力引擎。同时，临港产业的繁荣发展也带动了腹地产业的优化升级，促使腹地经济从传统农业、劳动密集型产业向资本密集型产业、知识密集型产业转化。"港口型"国家物流枢纽所在城市及辐射区域物流、金融等服务业的需求，促使其现代服务业兴起，产生了大量就业岗位。"港口型"国家物流枢纽当前积极推进的绿色化、智能化建设，促使其所在城市及辐射区域共同开展以 5G、区块链技术应用等为特征的智能化建设，进而促使相关基础设施向智能化方向发展。

5. "港口型"国家物流枢纽的建设模式

"港口型"国家物流枢纽要满足港口企业和所在城市相关产业发展的双重需求。港口企业既需要紧邻上游的制造业、商贸业，又需要拥有足够的港区可拓展空间，"港口型"国家物流枢纽内的企业都有个性化需求，彼此并不能通过简单聚集形成产业集群效应。因此，"港口型"国家物流枢纽的建设，不能被动地由政府推动，而需要由本地物流企业或引入的物流行业巨头牵头推进，港口企业、商贸企业、航运企业和其他类型的物流企业等协商合作，从市场需求角度去优化和配置资源，保证"港口型"国家物流枢纽的经济活力。"港口型"国家物流枢纽的建设和发展不是从无到有地去完善港口建设发展的问题，而是将海铁联运的枢纽发展为综合运输枢纽、大型运输枢纽的过程。"港口型"国家物流枢纽的建设涉及巨大的资金投入，需要构建多业联动、专业化平台服务、供应链一体化、一体化运作、网络化运营的新业态、新模式（见图 5-7）。

1) **多主体合作共建的基础设施投资建设模式**

针对"港口型"国家物流枢纽发展现状，在投资建设"港口型"国家物流枢纽时，首先，要立足于盘活存量，根据市场需求，促进现有仓储、运输物流企业转型升级，拓展服务功能，增强服务能力；其次，要加大前瞻性规划建设力度，对枢纽缺乏的物流设施在保障可持续发展能力的基础上，提高与相应物流节点之间作业衔接的顺畅性。"港口型"国家物流枢纽建设所需的投资金额巨大，涉及的部门行业众多，多主体合作共建是其可实施的一种投资建设模式。要积极培育一批能够整合各方资源、创新运营模式的枢纽运营企业，将港口集团、临港物流园区、代表性物流企业、铁路部门、航运企业、电厂客户等众多有投资合作意向的企业联合起来，采取多主体合作共建的投资建设模式，利用多方资金、业务优势、物流网络等共同投资建设，共同经营，共享收益，共同健康发展。

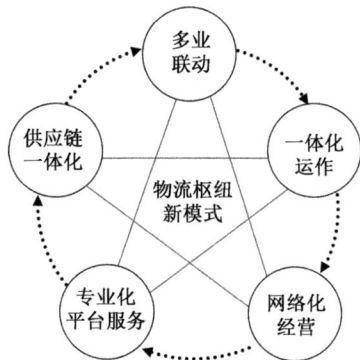

图 5-7　"港口型"国家物流枢纽建设的新业态、新模式

2）政府、行业组织和企业三方参与的网络运营建设模式

"港口型"国家物流枢纽的成功运营，必须依托多方参与、资源共享的网络信息平台。网络信息平台的搭建需要政府、行业组织、企业三方参与，平台的运营需要创新商业模式，以实现企业化运作。在网络信息平台中，政府起监督和服务作用，引导参与企业避免短视投资行为，为枢纽制定长远发展的宏观战略，组织各行业专家、协会制定大数据、区块链等新技术背景下的行业标准，提升枢纽城市信息化服务水平，创造良好的营商环境。行业组织则从各自专业领域出发，完善行业标准，促进信息资源的开放和数据价值挖掘，落实政府在数据平台之间的总体规划智能，促进各行业、各部门系统之间数据共享、有效衔接，避免形成各种数据信息孤岛。企业在对自身信息数据采集、价值分析的基础上，通过商业模式创新、业务产品创新等方式，创造新的利润增长点。

6. "港口型"国家物流枢纽与依托城市深入融合

1）"港口型"国家物流枢纽与城市建设协作沟通

"港口型"国家物流枢纽所依托的大型港口企业大多数隶属于交通运输部等，部分港口企业归属于省级国资委，在行政管理等方面往往与当地城市政府管理脱节，很多港口城市多年来"港城两张皮"现象普通，很难进行深入而有效的港城融合。因此，"港口型"国家物流枢纽城市要建立枢纽建设联席会议制度，联合省级国资委、港口企业等成立由城市政府主管领导牵头，政府及企业相关部门共同参加的工作推动机制，发挥各成员单位职能作用，共同推进规划实施，研究解决制约物流产业发展的突出问题。

2) "港口型"国家物流枢纽与城市空间布局规划融合

《国家物流枢纽网络建设实施方案（2021—2025 年）》及各项产业空间布局规划中，对物流园区、港口及临港产业未来发展空间布局进行了统一顶层设计，使港区与周边物流枢纽配套设施不断完善，避免了城区交通干道与出入港区物流通道的交叉重叠，提高了城市居民出行的便利性，提高了物流运输效率；在空间规划上，为物流产业聚集预留了足够的发展空间，以便真正发挥物流枢纽的规模效应。

3) "港口型"国家物流枢纽与城市海岸景观美观协调

在多年发展过程中，港口机械往大型化发展以提升生产效率，但很多散杂货港口在生产过程中产生的粉尘对城市空气造成了一定污染。因此，近年来各港口纷纷进行绿色港口打造，在防污、防尘等领域取得了一些创新性成果。在一些城市，港口占据了城市美丽的海岸线，城市的景观打造离不开港口的花园式建设，两者携手将使港口的生产海岸线成为城市一道美丽的风景线。

4) "港口型"国家物流枢纽与智慧城市建设信息融合

交通运输部 2017 年启动了智慧港口示范工程项目，10 个省（自治区、直辖市）的 13 个智慧港口示范工程项目进入建设序列，并于 2019 年逐步展开验收。智慧港口不仅是 5G、物联网、云计算等的应用，更重要的意义在于通过实时监测系统、港口自动化装卸、无人码头作业、智能运输系统、商务系统等原本独立分割系统的有机整合，打破数据信息孤岛，使港口信息流、资金流、商流和物流贯通，将港口企业、铁路部门、货主、作业委托人、船代、货代等连接，通过数据标准化处理，为港口企业及其他使用者的智能决策提供支撑，并从海量的作业信息中挖掘数据价值，进而衍生增值服务。智慧城市建设也在积极推进中，随着 5G 技术的应用，以及城市新基建项目的不断实施，城市将实现各产业、各门类资源信息的汇总，港口的发展将与城市的发展真正融合。

5) "港口型"国家物流枢纽与城市产业体系建设融合

加快构建高质量发展的现代产业体系是我国当前的重点任务之一，"港口型"国家物流枢纽的建设将促进城市高质量发展现代产业体系。港口及临港产业的发展为城市建设奠定了雄厚的物质基础，为城市第一、二、三产业规模的壮大提供了物流通道。同时，港口物流企业的发展需要社会资本通过设立产业发展基金等多种方式参与投资建设，因此要推动城市建立完善的现代金融体系，吸引国际知名融资机构在物流枢纽汇集，形成活跃的金融市场，加快培育金融港湾。

6)"港口型"国家物流枢纽与城市人力资源储备融合

"港口型"国家物流枢纽的建设离不开创新人才的聚集。在积极引入国内外高端人才的基础上，港口也要着手进行自身人才的培育和储备。物流等相关行业企业的发展为满足人才需求提供了蓬勃发展的市场，高等院校的人才培养也对枢纽的可持续发展具有重要支撑作用。政府应该积极创造合作平台，企业走进高校，高校走出校园，人才供需双方共同对不同行业企业的实际需求进行调研，形成人才培养课程体系，对高层次管理人才和技术岗位人才的培育体系进行规划，例如，在跨境电子商务、物流金融、港口智能装备等领域优先培育，在人才进入企业后不断跟进，以提供不同时期的职业教育支持，为行业、企业形成良好的人才梯队储备。

7)"港口型"国家物流枢纽与政策支持相结合

部分港区外向拓展空间受限，例如，秦皇岛港位于秦皇岛城市中心，港口占据了城市稀缺的海岸线资源，城区也让港口临港产业的发展受限，"西港东迁"成为港口和政府面临的巨大工程；而曹妃甸港口填海造地，拥有较丰富的港区土地资源。政府应根据自身发展情况研究制定地方物流产业发展用地促进政策。在城市总体土地规划方面，做好区域内物流设施的用地需求、物流园区等的用地规划与城市整体土地规划的有效融合；在交通布局方面，实现各物流园区、产业园区等物流通道畅通；支持物流企业发展，在水、电、气价格方面与工业同价；建立、完善城市鲜活农产品等集装箱冷链物流的"绿色通道"。

8)"港口型"国家物流枢纽与产学研相结合

"港口型"国家物流枢纽城市可以积极汇集国内外及城市周边顶级创新人才进行产学研，通过合作研究、建立研究室和实验室等方式，建设一批国际化的名校集聚区和国际人才集聚区；建立院士项目落地及产业化实现机制，推动临港产业及物流领域前沿科技成果的应用与转化；挖掘地方产业特色，建立物流产业链培育项目库。

7."港口型"国家物流枢纽将成为全球供应链体系枢纽成员

"港口型"国家物流枢纽的成功运作，一定要与周边物流枢纽，特别是与周边港口、生产型、商贸型等物流枢纽建立协同运作体系，贯通其他枢纽形成全球供应链体系，各个物流枢纽明确在区域及在全国物流网络中的定位，发挥比较优势，做好规划，联手共绘美好蓝图。

1）拥有全球供应链体系中物流的核心地位

全球供应链于 20 世纪 50 年代被学者们提出，旨在用全球化的视野，将供应链网络延伸到世界各个国家，用最低的生产成本和物流成本、最优的质量和最优惠的价格为企业提供所需的有竞争力的原材料、半成品，搭建企业的战略性合作伙伴网络。港口在国际物流网络中的特殊地位，使"港口型"国家物流枢纽拥有物流枢纽和国际贸易双重职能，在全球供应链网络中将各个国家的陆地、海洋连接在一起，在全球供应链体系中发挥着不可替代的作用。"港口型"国家物流枢纽可以凭借自身在行业领域中的优势，携手周边枢纽城市、科研院所、港口相关行业和社会团体等，共同成立"国家物流枢纽协同创新联盟"，用这个平台为"港口型"国家物流枢纽的运作发展打开智慧的大门，成为国家物流枢纽城市发展的动力引擎。这个联盟应在相关部委的指导下，由区域内地方政府及港口行业共同组织，组建成覆盖国家物流枢纽辐射范围的协同组织，由专门部门人员负责具体组织落实，以及总部选址和组建后联盟运营、各项活动的组织工作。联盟以共享性、公平性、实用性和效率性为原则，对国家物流枢纽协同创新发展、城市群的国际化发展、港口转型、港城协调发展、港口物流大数据分析、云计算和移动互联网等方面的热点问题进行研究。另外，各联盟单位应进行实质性、全方位的合作和数据共享，推动所在地区港城协同发展与港口转型升级；通过智慧物流大数据技术产业化运作，带动港口相关产业技术升级，引领城市发展。

2）拥有全球供应链网络海量信息数据

"港口型"国家物流枢纽与船舶、铁路、公路、场站、货代、仓储等各个港口物流服务企业、物流需求客户间的业务联系紧密，与海关、海事、商检等口岸单位的信息往来频繁，积累了海量国际贸易、物流数据。"港口型"国家物流枢纽可通过物流资源系统信息的互联互通，实现物流需求者与物流从业者的资源共享，发展基于互联网、大数据、云计算等信息技术的现代物流共享经济，并搭建高度共享、全面感知、智能应用、广泛互联的供应链服务信息平台。高度共享是指物流链上所有数据、信息实现共享，设施、设备实现共享，交通运输工具如铁路、港口、船舶等动态信息实现共享。全面感知是指服务平台必须具备全面感知功能，通过各生产作业环节感知技术的应用，通过创新应用 AIS、GIS、GPS 系统、传感器、RFID 等技术，以及配备摄像头、智能监测设备，如使煤炭物流从矿到各运输环节，最终运输到电厂实现全程感知，从而实现未来的智慧决策应用。智能应用是指服务平台将促进物流各环节企业实现智能化应用，实现智慧管理；在电子政务、电子商务、公共物流和智能化管理方面进行创新，促进智慧物流的实现。广泛互联是指通过互联网、物联网、移动互联网等技术实现平台用户在任何时间、任何地点的信息互联，使物流供应链真正实现无障碍全程畅通。平台的建设将提升物流枢纽通信网络和生产基础设施的智慧化水平，完善各环节生产运作与管理体系，将港口电子口岸升级为"智慧口岸"；将建立统一的物流服务体系，完善散杂货、集装箱等安全运输保障体系，建设信息一体化的技术规范体系，对港口物流服务电子化数据交换体系和标准进行修订，促进港口、铁路等实现物流智慧化功能。

3）"港口型"国家物流枢纽成为全球供应链的核心成员

新加坡、纽约、伦敦等众多国际港口早已是全球重要的金融中心、航运中心，以及各跨国企业巨头总部所在地。随着我国港口吞吐量的飞速增长，我国港口在国际航线上的地位越来越突出，并于 2009 年开始推进以上海港为代表的"港口型"国家物流枢纽建设，在金融市场体系、国际航运集装箱、散杂货集疏运体系等方面提供了一系列的政策性扶持。2013 年，我国批准建立了上海自由贸易试验区，在金融制度、投资环境、服务贸易等方面进行了创新性改革，吸引了许多航运及相关服务业、金融企业巨头聚集上海市。据统计，截至 2018 年年底，上海市虹口区北外滩航运聚集区内（包括无船承运人）企业已达 4642 家，航运及相关服务企业达 284 家；聚集区内企业服务门类越来越丰富，并向航运交易、航运融租赁、航运保险、船舶管理、海事仲裁、航运研究和咨询等高端航运业发展，金融业、保险业也不断创新高，为其他"港口型"国家物流枢纽发展提供了经验借鉴。

4）"港口型"国家物流枢纽智能化应用场景

在大数据、互联网、物联网、人工智能时代，新技术带来产业与经济的飞跃，并驱动"港口型"国家物流枢纽构建全球供应链领先地位，使其具有更为广阔的视野。根据自身的发展水平和客户需求，对"港口型"国家物流枢纽智能物流信息化，是"港口型"国家物流枢纽承载城市的未来发展方向。

随着新技术的发展，港口运营成本压力增大，探索"港口型"国家物流枢纽智能化成为重要方向。"港口型"国家物流枢纽智能化以港口数字化管理为基础，以港口信息大数据分析为手段，以智能物流链为主要成果，有效提升了港口运行效率，增加了港口吞吐量。在全球十大繁忙港口中，中国占了7个，上海港、广州港居前列。

拥抱新技术革命，通过大数据、自动化、智能化等技术，使港口由规范化向精细化、卓越化发展，是港口行业的创新发展方向。智能科技在各个时代发展不同，所以充满了时代特色，以当代主流科技促进港口产业发展，研发面向某一港口作业步骤的操作系统，实现数据自动采集；通过大数据高效算法将生产控制信息实时反馈到管理决策层，助力"港口型"国家物流枢纽产业实现降本增效的核心目标。

广州南沙港未将全自动化码头磁钉导航的 AGV 作为水平运输设备，而是创造性地将基于北斗卫星导航定位系统、激光雷达 SLAM、视觉 SLAM 及多传感器融合定位技术的无人驾驶智能引车（IGV）作为水平运输设备。这种从 AGV 到 IGV 的转换是从自动化到智能化的升级，采用更先进的前沿技术代替陈旧的引导模式，使技术方案更灵活、成本更低廉，为今后新建自动化码头提供了新技术路线。

5）"港口型"国家物流枢纽智能化建设

"港口型"国家物流枢纽建设包括：智能泊位计划；智能堆场计划；智能派位；智能集卡调度；智能船舶自动配载；智能调度派工系统；智能理货；大数据应用等处理港航信息的操作系统。集装箱场站系统等服务港口供应链上下游的智能操作系统是 ICT 基础设施保障体系的"基石"，包括智能闸口系统、智能监控系统、无线通信、无线终端产品等。

（1）智能闸口系统。为集卡通道自动化而专门设计，通过对集卡进行箱号识别、车牌识别、质量采集、箱体验残，实现集卡快速通闸。智能闸口系统使用业内领先的识别技术、大数据算法及通用的 CPU+GPU 方案，后期维护方便。同时，智能闸口系统提供港口从网上预约到无纸化的全套软件解决方案，以及整体的闸口解决方案，完善闸口业务处理流程。

（2）智能监控系统。智能监控系统包括冷藏集装箱数据采集智能监控系统、流动机械智能监控系统、集装箱堆场自动化控制系统等。冷藏集装箱数据采集智能监控系统主要实现冷藏集装箱在堆场期间的数据远程自动化采集、温度异常报警提示、通断电远程控制，取代每 2～4 小时人工进场抄表的工作过程，减少了人工投入，增进了及时、准确地记录并精准分类识别设备运行情况的手段，避免了人为失误造成的损失，提升了冷链运输质量。

（3）无线通信。高容量、大带宽、广覆盖的 TD-LTE & Wi-Fi 是"港口型"国家物流枢纽主要采用的无线专网解决方案、散货业务管控一体化解决方案，实现统一指挥调度，提高质量管理水平与企业效益。

（4）无线终端产品。无线终端产品包括摄像头、手持终端、车载终端等硬件设备。手持终端具有移动性，利用手持终端在"港口型"国家物流枢纽可以实时访问数据信息并进行互动，为港口的高质量发展及港口自动化建设提供了保障。

5.3.5　"空港型"国家物流枢纽在全球供应链中的特殊地位

"空港型"国家物流枢纽是一个全新的概念，是现代化强国建设的一个重要标志，也表征了我国对物流枢纽的认识是逐渐深化的。2014 年，国务院印发的《物流业发展中长期规划（2014—2020 年）》首次正式提出建设"大型航空货运枢纽"的概念，之后航空货运、航空物流开始正式进入国家物流规划、交通运输规划。2018 年，我国又提出了"空港型"国家物流枢纽的概念，并在 2021 年中共中央、国务院印发的《国家综合立体交通网规划纲要》中进行了强调和强化。2020 年，新冠肺炎疫情的全球性防控进一步凸显出了国际航空物流的重要性和现实短板，"空港型"国家物流枢纽也成为"十四五"时期的规划热点和建设重点。

基于国际化新背景和我国新时代现实需求，特别是加快构建以国内大循环为主体、国内国际双循环相互促进的新发展格局，以及加快建设国家综合交通物流网的新要求，本节给出了"空港型"国家物流枢纽的定义，系统性地提出了其两大基本功能、三大特殊功能、五大内涵特性、"五集"静态外在特征、两大动态外在特征，以及发展机理与机制、建设模式与具体路径等新见解、新观点，并从不可替代性、绿色性、高效全球性 3 个方面强调了"空港型"国家物流枢纽在全球供应链中的特殊地位。

1."空港型"国家物流枢纽的概念与内涵

1）"空港型"国家物流枢纽的相关概念

物流枢纽是物流网络中的一类特殊且重要的节点，是集中实现货物集散、分拨、存储、转运等多种功能的物流设施群和物流活动集散组织的中心节点。

国家物流枢纽是从国家层面来统筹规划、布局、投资和建设的物流枢纽，是国家物流体系中最核心的基础设施、关键节点、重要平台、骨干枢纽，对全国物流网络体系的构建具有特殊意义和作用。国家物流枢纽与一般物流枢纽相比，辐射区域更广、集散效应更强、运行效率更高、服务功能更优，具有综合性、立体性、功能性、服务性等特征，也具备了物流规模化组织、区域化集散、专业化服务和网络化运行等特点。"空港型"国家物流枢纽是国家物流枢纽多种类型中的一种。

"空港型"国家物流枢纽承载城市是承担建设"空港型"国家物流枢纽任务、实现"空港型"国家物流枢纽功能的城市。一般来说，"空港型"国家物流枢纽坐落于承载城市的地域之内，并服务于承载城市。除地理关系、服务关系、投资关系之外，承载城市与"空港型"国家物流枢纽之间还存在规划、交通、物流、政策、保障等关系。

2）空港型国家物流枢纽概念的形成

2009 年，国务院发布的《物流业调整和振兴规划》中第一次提出了"民用航空与地面交通等枢纽不衔接"的问题，"空港型"国家物流枢纽的雏形开始显现。

2012 年，在《国务院关于促进民航业发展的若干意见》中提出了"大型国际航空枢纽""区域性枢纽""一体化综合交通枢纽"等概念，前两个概念的侧重点就是航空客运。

2013 年，《全国物流园区发展规划（2013—2020 年）》中提出了货运枢纽型、综合服务型物流园区这两个与"空港型"国家物流枢纽相关、相近的概念。

2014 年，国务院印发了《物流业发展中长期规划（2014—2020 年）》，提出了国际物流大通道、大型（航空）货运枢纽、战略物流枢纽、重要航空港等概念和建设要求。

2017 年，国务院办公厅印发了《关于进一步推进物流降本增效促进实体经济发展的意见》，明确提出了"国家级物流枢纽"的概念，特别强调了两点：一是"具有多式联运功能"，二是"综合物流枢纽"，目的在于"支撑保障区域和产业经济发展"。

2018 年，国家发展改革委、交通运输部联合发布的《国家物流枢纽布局和建设规划》，提出了"国家物流枢纽""国家物流枢纽网络""国家物流枢纽城市"等体系化概念，从物流功能、产业发展模式两个方面提出了包括"空港型"国家物流枢纽在内的 6 种国家物流枢纽类型。其中，"空港型"国家物流枢纽被定义为，"依托航空枢纽机场，主要为空港及其辐射区域提供快捷高效的国内国际航空直运、中转、集散等物流服务和铁空、公空等联运服务。"这是目前为止对"空港型"国家物流枢纽给出的比较完整、清晰、准确的定义。

2019 年，中共中央、国务院印发了《交通强国建设纲要》，提出了"打造具有全球竞争力的航空枢纽""大力发展航空物流枢纽"等具体建设要求，突出强调了航空枢纽、航空物流枢纽的国际特征。

2020 年 6 月 1 日，中共中央、国务院印发了《海南自由贸易港建设总体方案》，从"运输来往自由便利"的角度出发，首次提出了"西部陆海新通道国际航空枢纽"的概念和建设任务，要求"实施高度自由便利开放的运输政策，推动建设西部陆海新通道国际航运枢纽和航空枢纽，加快构建现代综合交通运输体系"。

3）"空港型"国家物流枢纽的概念与分类。

"空港型"国家物流枢纽目前尚属于全新的概念和全新的研究对象。2008 年，Neiberger 以货运量为指标，提出了"国际重要枢纽机场"（International Primary Hubs）的名称。2011 年，Alkaabi 在分析美国机场时提出了"综合物流服务商枢纽机场"的概念。2016 年，Mayer 通过 4 个量化指标将全球 114 个机场分为 8 类，其中，航空货运收入占航空客货运总收入比例≥80%的机场归为洲际货运依赖型机场，航空货运收入占航空客货运总收入比例约为 50%的机场归为客货并举型机场，年货邮吞吐量中国际业务量比例≥80%的机场归为国际货运枢纽。2017 年，葛春景提出了"航空货运功能为主机场"的条件性定义和 3 个判断条件。

参照现有各类型国家物流枢纽的概念，相应地，给出"空港型"国家物流枢纽的概念。"空港型"国家物流枢纽依托航空枢纽机场的物流设施、航空资源和周边相关设施，主要通过航空器（货运飞机机身货舱和客运飞机腹舱）长距离运输货物和物品，为空港服务区及其辐射带动区域提供快捷、高效的国内国际航空直运、转运、集散等物流服务，以及铁空、公空等联运服务。这个概念相对于 2018 年国家发展改革委、交通运输部会同相关部门研究制定的《国家物流枢纽布局和建设规划》中提出的概念有 3 处改变：一是强调了航空器这个特有的运输工具；二是扩大了空间，并细分了空间区域；三是用"转运"替换了"中转"，其中的区别在于，货物在枢纽机场"转运"过程中一般都存在分解与再装运问题，需要专用的转运设施和场地，而"中转"

在保持原物（包括物品、货物、活体动物、人员等）状态和形态情形下进行中间经停、航线（或航班）变更、航空器转换等。

从空间来说，"空港型"国家物流枢纽的空间可分为核心服务区（机场服务地域和所在市域）、服务覆盖区（该空港的航空物流航线网络服务的区域）、辐射带动区（服务覆盖区以外的相关带动发展的区域）。

从服务覆盖区域和辐射区域来说，"空港型"国家物流枢纽是全国或全球产业链、供应链、价值链中的重要枢纽，可细分为国内型、国际型、混合型。

从物流角度来看，"空港型"国家物流枢纽的地理空间可分为空港物流集聚区、物流产业集群区、临空经济区、物流功能拓展区等。其中，物流功能拓展区又包括临空物流园区、综合保税区、物流功能拓展区等不同类型。

从机场管理运营角度来看，"空港型"国家物流枢纽可细分为航空货运专用型国家物流枢纽、航空客货混合型国家物流枢纽。航空客货混合型国家物流枢纽又包括：以航空客运枢纽和客运航班为主、航空货运和货运航班为辅型国家物流枢纽，以航空货运枢纽和货运航班为主、航空客运和客运航班为辅型国家物流枢纽，客货并重型国家物流枢纽。

4）"空港型"国家物流枢纽与其承载城市的关联

"空港型"国家物流枢纽与其承载城市两个概念之间的关系，主要是理论与实践、前体与结果的关系。国家物流枢纽承载城市，理论和政策上是从城市功能完善角度，以及国家物流目标实现、物流网络重要节点建设角度来谈的，实践上是从城市与国家物流枢纽的功能匹配度方面来选择的。"空港型"国家物流枢纽是国家物流枢纽的基本类型，是区分国家物流枢纽承载城市的一种类型和标准。

"空港型"国家物流枢纽承载城市在推进"空港型"国家物流枢纽建设进程中的主要职责是：配合"空港型"国家物流枢纽建设规划做好当地配套规划，配合民航行业主管部门做好"空港型"国家物流枢纽的基础设施和配套设施建设，完善配套服务功能，例如，"空港型"国家物流枢纽需要所在城市具备发达的金融、保险、医疗等高端服务体系等；出台相应政策支持"空港型"国家物流枢纽的安全、高效运行，联合联盟网络化、市场化、协同化运营，支持并培育运营主体；完善集疏运体系，督促提高"空港型"国家物流枢纽运营服务成效。

截至 2021 年 6 月，我国确定的"空港型"国家物流枢纽城市有北京、深圳、郑州、三亚。"空港型"国家物流枢纽城市功能区配置一般包括国际物流功能区、综合物流功能区、国内物流功能区、城市物流功能区和综合保税区等，每个物流功能区各有侧重、相互依托、紧密衔接，共同提供国家物流枢纽功能。

2."空港型"国家物流枢纽的功能与特性特征

1)"空港型"国家物流枢纽的功能

国家物流枢纽的定位和功能不同于一般层级的物流枢纽，主要服务于国家和国际物流的战略和发展需要。作为国家物流枢纽的一种重要类型，"空港型"国家物流枢纽除具备航空物流（含航空货运）、物流枢纽两大基本功能之外，还具有大平台、大网络、大联运三大特殊功能（见图 5-8）。

图 5-8　"空港型"国家物流枢纽的三大特殊功能

（1）大平台。

现代空港除能满足飞机起降功能之外，更是一个大平台——许多企业入驻这个大平台，许多经济活动发生在这个大平台上，许多物流流进、流出这个大平台。"空港型"国家物流枢纽应具备区域性现代物流平台服务功能，通过软硬件设施、供应链系统为多方提供物流服务、经济增值服务。同时，打造"空港型"国家物流枢纽，能够对接多方资源，将航空运输、铁路运输、公路运输等密切联系；能够吸引更多企业入驻空港及其周边区域、覆盖区域；能够促进物流业与航空运输业的高效配合，推动物流业与航空运输业的高质量发展。

（2）大网络。

"空港型"国家物流枢纽的服务有两个方面，一方面是面向本地、腹地、陆地进行经济辐射，另一方面是助力向海经济的外向扩散、国际贸易和跨境电子商务的内外联动。"空港型"国家物流枢纽的最大特点是，能够构建辐射全球的高效率航空物流网络，推动跨境电子商务、信息技术与生物医药等高端制造产业聚集，为航空物流组织、跨境交易结算、高端高新生产制造业的发展提供枢纽经济区。

（3）大联运。

多式联运是当前各类物流枢纽高质量发展的焦点、难点问题。空港作为多式联运的重要组成部分，在国家物流枢纽构建过程中占有重要地位。通过空铁、空海、空公等物流联运形式，能够最大限度地优化集疏运体系，提升空港的航空运输能力，提高物流运转效率，促进多式联运高质量发展，打造特色枢纽经济。

2）"空港型"国家物流枢纽的内涵特性

"空港型"国家物流枢纽除具备国家物流枢纽的一般内涵外，还具有自身特殊的内涵。从物流运输角度来看，表现为国际性、应急性、快捷性；从枢纽角度来看，表现为协同性、经济性、政治性、准军事性、服务性。国际性、经济性、协同性、服务性是国家物流枢纽的一般内涵，但"空港型"国家物流枢纽的具体内容不同于其他类型的国家物流枢纽，它的第一目标是以实现国家物流战略为首要目标，而不是以企业自身盈利为目标。另外，快捷性、政治性、准军事性是"空港型"国家物流枢纽独有的特性。

从内涵和内容来看，"空港型"国家物流枢纽的政治性主要体现在其所承担的国家战略、外交、外贸等属性；协同性主要体现在产业协同、标准协同、地域协同、企业协同等方面；准军事性体现在军事物流正成为航空物流发展的新兴领域；国际性主要体现在跨境物流业务、国际贸易"单一窗口"等专用设施。

3）"空港型"国家物流枢纽的外在特征

从整体来看，"空港型"国家物流枢纽能引导优质国际航空资源和高端服务功能聚集，加速打造临空产业经济集群，尤其是推动物流组织模式和行业管理体制机制的创新。"空港型"国家物流枢纽的静态外在特征可概括为"五集"，即要素集聚、物的集散、集团主体、集中、集群，分别对应要素、物、环、人、效，如图 5-9 所示；"空港型"国家物流枢纽的动态外在特征可概括为两大特征：空地一体化、协同化，多链合一、多态并行（见图 5-10）。

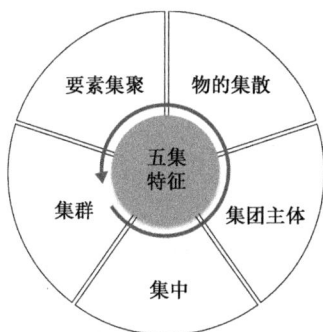

图 5-9　"空港型"国家物流枢纽的
静态外在特征

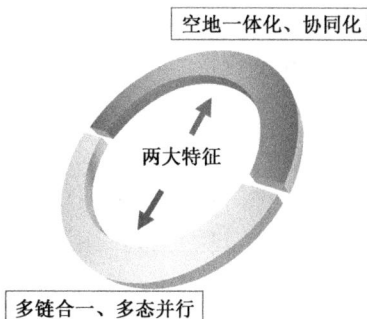

图 5-10　"空港型"国家物流枢纽的
动态外在特征

（1）静态外在特征："五集"特征。

第一，要素集聚。主要包括产业集聚、空间集聚、企业集聚等，也包括人才集聚、资金集聚、信息（数据）集聚、知识（技术）集聚等。

第二，物的集散。主要包括物品、商品、货品等的汇集、分散，以及"散进—集中—散出"等。

第三，集团主体。"空港型"国家物流枢纽的投资商、物流服务商（含代理商等）、承运人（航空公司）等主体都是集团型大型企业。

第四，集中。主要指国家、省（自治区、直辖市）、地市、行业等政策的集中，多种交通运输方式的集中，多类物流园区、物流企业、物流形态等的集中，以及其他有利环境等软性要素的集中。

第五，集群。主要指空港物流服务的覆盖面较广，并且服务区域呈现城市群、产业群、技术群等效果。

（2）动态外在特征：两大特征。

从"空港型"国家物流枢纽的运行、运转和运营来看，其有两大动态外在特征：一是空地一体化、协同化，二是多链合一、多态并行。

"空港型"国家物流枢纽的运行空间既有地面的运输、仓储、中转、配送、装卸、代理、联运等一体化服务，又有包含空中运输环节的空地一体化物流方式。其他类型的国家物流枢纽的运行空间都是基于地面（含海面、水面）和服务于地面的，只有"空港型"国家物流枢纽包括天空，并且是运输速度最快的物流方式。空中运输既是"空港型"国家物流枢纽的特有环节，也是重要的增值环节，重点体现了速度经济的特性。

"空港型"国家物流枢纽的运营，以及物的流动，在物流链的基础上附加价值链、产业链、供应链、服务链、数据链等多链态，并且同时态并行，因而呈现出"多链合一、多态并行"的特征。

3. "空港型"国家物流枢纽的发展机理

"空港型"国家物流枢纽的发展机理可运用多种理论从多方面进行剖析，首先要在宏观上基于国家物流和交通模式及投资等进行研究，其次要在中观上从区域经济、区域规划、区域发展、区域流通等角度进行研究，最后要在微观上从城市、产业、临空、机场、航空物流等角度进行研究。

从物流角度来看，"空港型"国家物流枢纽由物流需求方、支撑方、协同方等构成。其中，需求方可以是大型城市、通道、区域，分别呈现点、线、面等形态；支撑方包括政策、海关、金融、航空物流园区（如空港货站、综合交通联运设施）等（属于硬支撑），以及信息系统、海关等（属于软支撑）；协同方包括现代物流供应链服务企业、多式联运企业、战略投资企业等。

4. "空港型"国家物流枢纽的发展机制

从实践来看，"空港型"国家物流枢纽的发展，需要大设施、大平台、大开放、大口岸、大通道、大流通的发展条件和发展环境，因此需要建立几个发展机制：一是空港所在地区的民航协同发展机制；二是空港与所在地区的口岸协同发展机制；三是空港与所在城市的协同发展机制；四是空港与区域经济的深度融合发展机制。

从理论来看，"空港型"国家物流枢纽的发展机制是复合型发展机制，包括内在发展机制、外在发展机制、合作运营机制、建设投资机制，如图 5-11 所示。

图 5-11　"空港型"国家物流枢纽的发展机制

1）"空港型"国家物流枢纽的内在发展机制。

"空港型"国家物流枢纽的内在发展机制主要是指在空港的空间和管理范畴之内的发展机制。

在规划方面，空港管理实体要做好硬件设施建设规划、运营发展规划等，努力实现两大目标：集成化——集国际化、通道化、网络化、门户化等于一体；高效化——集便捷化、一体化、数据化、平台化等于一体，如图 5-12 所示。例如，实现物流平台与贸易平台、运营平台、电子商务平台、服务平台、交易平台等多平台对接和数据共享等；改进货站管理和仓储管理水平，以提高服务效率和服务质量等。

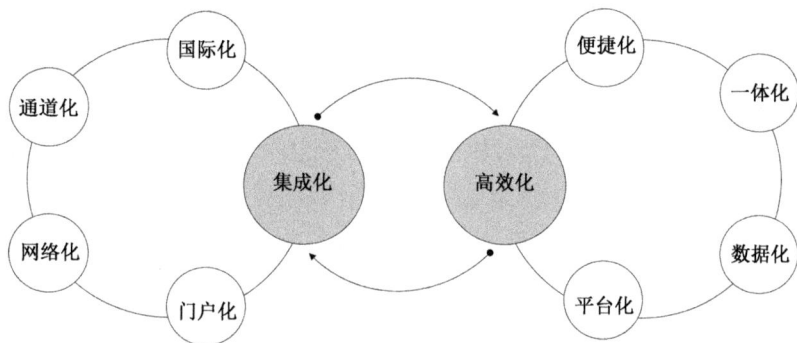

图 5-12　"空港型"国家物流枢纽的内在发展机制的两大目标

在战略协作方面，航空公司主要负责增加运力投放和运能、提高航班正点率和载运率等，以及实行战略集中，退出传统航空货站货运经营，聚焦航空货物空中运输业务；机场作为空港管理方和统筹方，要保持立场与政策的中立，努力成为国家物流网络中的重要节点（连接点，能开花结果的点）；大型的专业化物流公司及相关的服务机构要围绕物流枢纽定位，专门提供高效率、高质量的专业化专项服务，包括：专业化、自动化的装卸服务、仓储服务、装箱打板服务，报关结算服务，金融服务，一站式物流托管服务，个性化物流服务，可提供供应链解决方案的第四方物流服务，等等。

2）"空港型"国家物流枢纽的外在发展机制

"空港型"国家物流枢纽的外在发展机制主要是指在空港的空间和管理范畴之外的协作发展机制，重点是民航行业与其他产业间的紧密结合与深度融合，特别是与工业、商贸、网络、信息、金融等行业、产业、企业之间的结合与融合。例如，部分城市、企业依托"空港型"国家物流枢纽，构建了国际快速寄递物流供应链体系等。

3）"空港型"国家物流枢纽的合作运营机制

"空港型"国家物流枢纽的合作运营机制主要是指，在不同区域、不同实体间搭建起的合作运营机制。其中的突破点是，要打破空港传统历史上形成的封闭、垄断、自主的原有机制，打造合作共商共建共营共享机制、专业机制、自动化机制等新机制。例如，成立"上海虹桥空港社区货运枢纽专业委员会"等非政府性社会组织，充分发挥非正式组织的自律、协调、协商等市场机制的作用；海、公、空、铁等不同交通方式的衔接与联运、一体化管理体制机制；由不同的实体投资、管理、经营等，将干货与湿货、冷链物流、快件等分立、分类、分区、分包，进行专业的保障和服务，以及用全自动流水线来替代原有的人工分拣、人工混流、人工驾驶、人工装卸等生产保障模式等。

在运营实践中，合作运营机制具体表现为"四联机制"——联合、联盟、联运、联动。其中，联合是指多方面围绕目标、流程、供应链、技术链、信息链、服务链等进行联合；联盟是指多主体围绕航空物流价值链、物流网络扩展、资源互换与共享增值等采用联盟形式；联运是指多种交通方式兼容、连接、融合，进行多式联运、空地联运、人货联运等；联动是指不同产业之间（如金融与物流、工业与物流）、不同区域之间（如空港物流枢纽与航空物流园、保税区、自贸区等）的互动、共建、带动等。

4）"空港型"国家物流枢纽的建设投资机制

国家部委（国家发展改革委、交通运输部、国家民航局等）、省市级政府应该对"空港型"国家物流枢纽未来发展空间布局、功能完善、运能提高、数字化协同、一体化建设、区域联动等进行统一顶层设计。在空间规划上，为物流产业聚集预留足够的发展空间，真正发挥物流枢纽的规模效应，提高"空港型"国家物流枢纽的综合实力。

对于国内发展来说，"空港型"国家物流枢纽要与区域经济发展进行深度融合。对于各投资方来说，要准确把握"空港型"国家物流枢纽在全国、区域发展大局中的特殊地位、重要作用、特别要求，按照明确定位、统一规划、功能协调、逐步扩大、稳步升级等步调来推进建设。

5."空港型"国家物流枢纽的建设模式与具体路径

1）建设主体

"空港型"国家物流枢纽的建设，要在国家战略规划定位的统筹下，充分发挥国家、承载城市、机场、航空物流服务商（如选定的航空公司主承运人，以及枢纽建设的主力货运航空公司、代理人等）四方主体的共同责任，使各方优势互补，共同推进基础设施建设。

2）影响因素

"空港型"国家物流枢纽建设的影响因素除地理位置、设施投资之外，还有经济波动、碳排放等因素，航空器和航路是全球碳排放的重点关注对象。

从供应（或供给）端来看，与其他国家物流枢纽类型相比，"空港型"国家物流枢纽还有两个十分特殊、万分重要的影响因素：空域因素、民航资源因素。如果这两个因素供给不足，则将变成制约因素，超大型、全球性的"空港型"国家物流枢纽就难以建成。

3）建设模式

从实践探索来看，如图 5-13 所示，目前我国现有的"空港型"国家物流枢纽建设模式大致包括：以航空经济、临空经济为主型，如北京首都机场、郑州新郑机场；以自由贸易港为主型，如成都双流机场；以航空客运带动航空货运（航空物流）为主型；大型货运航空公司专业基地、枢纽基地、中转基地型；等等。

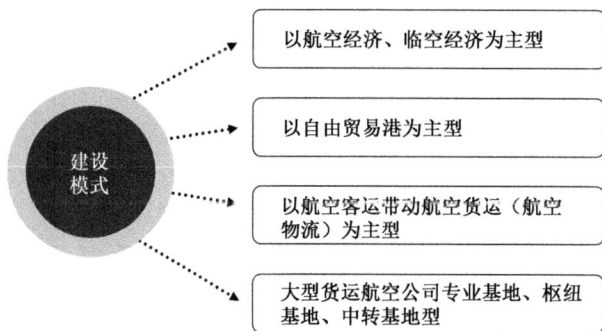

建设模式
- 以航空经济、临空经济为主型
- 以自由贸易港为主型
- 以航空客运带动航空货运（航空物流）为主型
- 大型货运航空公司专业基地、枢纽基地、中转基地型

图 5-13　"空港型"国家物流枢纽建设模式

以北京首都机场为例，北京首都机场采取了"政府支持+管委会管理+投资公司建设"的建设运营模式，具体空间和功能包括口岸区、保税区、国内区、多式联运区、综合配套区域及设施等。

从国际典型货运机场来看，"空港型"国家物流枢纽的建设和运营突出了 3 点：一是以大型企业（主要指货运航空公司、快递速运企业）为主体来主导建设和发展；二是航空货品以快件运输为主要业务；三是形成了以市场为主导、以企业为主体、政府支持、多方协助的发展模式。

从技术支撑来看，"空港型"国家物流枢纽的选址布局突出了 3 点：一是地理区域的优势，二是地面综合交通条件，三是机场空域的全天候运行。

4）具体路径

"空港型"国家物流枢纽可选、可实践的具体建设路径包括：

（1）打造临空产业经济集群，以区域发展和临空产业发展带动"空港型"国家物流枢纽的建设，以及两者的融合发展；

（2）构建超大空间尺度下的航空物流通道；

（3）地面交通的多式联运，建设以机场为中心的综合交通枢纽；

（4）扩大空域资源、航空资源、航空物流资源、其他交通方式资源的供给；

（5）配合国际快递业务和"一带一路"建设，重点建设现代快递航空枢纽；

（6）打造国际化航空集散中心；

（7）从国家级空港物流枢纽向世界级空港物流枢纽转型升级；

（8）以共建、共享、共生的模式打造航空物流运营新生态；

（9）继续配合国家民航局，推动航空货运供给侧结构性改革；

（10）努力提高在国际供应链中的总量排名和连通地位，持续扩大国际综合知名度和影响力；

（11）加强"空港型"国家物流枢纽的标准化、共享化、智能化建设，运用新科技统一规范信息数据标准，提高"空港型"国家物流枢纽信息化、数据化支撑能力。

6."空港型"国家物流枢纽的特殊地位

"空港型"国家物流枢纽的特殊地位体现在 3 个方面：具有不可替代性，具有绿色性，具有高效全球性，如图 5-14 所示。

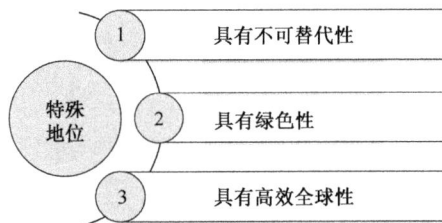

图 5-14　"空港型"国家物流枢纽的特殊地位

1）具有不可替代性

在全球现代供应链中，"空港型"国家物流枢纽具有十分重要的地位和特殊的作用，是其他类型的国家物流枢纽无可比拟和替代的。一方面，它参与全球化贸易，服务于产业链，特别是在提高产业链供给能力和效率方面具有不可或缺的作用；另一方面，它参与全球产业链的重构，特别是洲际、国际产业链间的连接、跳接、串接，以及链条延伸、多链组网等。

2）具有绿色性

"空港型"国家物流枢纽是国家、全球现代供应链绿色转型、有效降碳的重要抓手、着力点、突破口。围绕降低碳排放，全球现代供应链也在进行绿色优化和绿色转型。

国家主席习近平 2021 年 4 月 30 日在中央政治局第二十九次集体学习时的讲话中强调："要把实现减污降碳协同增效作为促进经济社会发展全面绿色转型的总抓手，加快推进产业结构、能源结构、交通运输结构、用地结构调整。"这对现有的航空货运直航模式等提出转型要求，对航空物流运作提出了高效率与高质量并重并行的升级要求。

"空港型"国家物流枢纽在全国、全球航空运输网络和物流网络中具有特殊功能，能有效改进交通运输网络结构、提高交通运输效能，从整体上大幅度降低航空碳排放，因而在全球现代供应链转型中具有突出重要性。

3）具有高效全球性

在促进区域内外协调发展及提高物流效率与品质方面，"空港型"国家物流枢纽具有特别的担当角色，以及集聚、激发、倍增等效能。因此，"空港型"国家物流枢纽需要通过有效整合物流资源来衔接主要的国际大物流通道和主干线，同时有机融入我国的物流运行体系，提供便捷、高效的国内国际航空货运、跨境物流、多式联运、保税物流、城市配送等服务，引导优质的国际航空资源和高端服务功能聚集，全面增强我国航空枢纽的功能和效能。

依托"空港型"国家物流枢纽，有望形成实体产业、科技创新、现代金融、人力资源协同发展的全球互融互通的供应链体系。通过提升"空港型"国家物流枢纽所在区域的交通物流规划设计能力和建设水平，使其对接国内国际航线和空港集疏运网络；将物联网、大数据等技术融入智慧空港建设，使航空运输业与物流业形成相互融合、相辅相成的整体，搭建物资流通和供应链稳定的"空中通道"，促进多式联运发展，以及物流行业转型升级、降本增效，以此完善航线布局、优化口岸、加快信息化和基础设施建设，构建

"货畅其流、货优其流"的航空物流产业生态，形成物流业与航空运输业集聚效应的互动发展模式。

综上所述，"空港型"国家物流枢纽在新时代构建国内国际双循环、现代化强国建设和国际供应链体系中具有十分重要的战略地位和特殊效用，因而，在"十四五"时期和现代化国家建设过程中，要加快推进"空港型"国家物流枢纽的建设。

5.3.6 国家物流枢纽城市交通联系与公铁海空合作

打通互联互通交通网络，改善与提升交通联系。国家物流与供应链枢纽城市规划建设的交通路网，极大地拓宽了城市的发展空间，有利于打造全球利益共同体与命运共同体，是国内基础设施聚集地和国际物流重要载体。国家物流与供应链枢纽城市的建设有助于提高公路、铁路站场的等级，有助于将其升级建设为高级别、大吞吐量的物流基地，对于提高其在国家铁路网结构中的角色定位意义重大。国家物流与供应链枢纽城市的建设能够使公路、铁路、海港、空港更有力地发挥优势，有利于公铁海空经济圈结合，共建公铁海空产业新城，共同打造成国家级的经济示范区。

1. 国家物流与供应链枢纽城市建设利于将边缘变为前沿阵地

国家物流与供应链枢纽城市建设在大区域中的作用将会大幅提升，利于融入大城市群，可使内陆成为广袤地区交流融通的前沿阵地，由边缘变为前沿阵地。将国家物流枢纽城市按照国家重点项目的目标来打造，有利于后续获得国家部委各方面的政策支持。

2. 国家物流与供应链枢纽城市建设利于城市核心竞争力的构建

国家物流与供应链枢纽城市建设有助于改善城市基础设施，将构成城市的核心竞争力，带动引进新的产业。物流产业作为战略性先导性产业，贯穿一、二、三产业，连接生产和消费，是现代化经济体系的重要组成部分。现代化经济体系建设也对物流业提出了更高的要求，促使物流业不断创新发展；要推动形成全面开放新格局，充分利用好国际国内两个市场、两种资源。国家全面开放的格局，将形成国内外市场的联动。国际国内物流市场的双重开发将促进以物流园区、区域分拨中心、物流配送中心、多式联运枢纽等为主体的基础设施布局的更新换代，物流产业布局也由此进入新的阶段。国家物流与供应链枢纽城市建设依靠各优势要素在更高水平上的聚集，积极发展组织型产业，为融入全国或全球国家物流与供应链枢纽城市体系增加了话语权和控制力。

3. 国家物流与供应链枢纽城市将成为经济发展的新引擎

国家物流与供应链枢纽城市的建成有效地降低了企业的物流成本，使城市通过成本优势吸引高端产业入驻，实现经济的新跨越，创建新的资源增长方式，提高国家物流与供应链枢纽城市的服务能力，创新驱动发展道路，为新一轮创新发展与跨越发展提供可能的动力源。

现有产业物流存在缺乏配套的问题，可以借助经济圈产业转移与资源辐射，通过一体化高质量推进，有力促进基础设施建设，实现互联互通，发展现代物流产业。物资交互的前沿阵地门户城市，是地区互联互通的重要节点，随着土地资源日益紧缺，周边城市将成为物流产业转移的首选之地。物流产业向周边城市转移可以助推门户城市高端制造业集聚发展，进而促进形成产业带，助力打造新兴产业基地。

4. 国家物流与供应链枢纽建成后为城市带来巨变的案例

1）规模化产业发展模式

枢纽经济借助经济要素实现资源聚集，创建规模化产业发展模式，具有高度产业集群化组织特征。不断创新和强化物流枢纽服务组织，可以使枢纽经济呈现全新的发展格局。从跨国快递企业的经营模式来看，航空枢纽有利于驱动高效的物流网络，可以作为网络中枢形成网络辐射，降低运营管理成本，使货物快速集散，同时具备多式联运能力，可提供增值服务。

飞机快递这种创新模式最早是由联邦快递（FedEx）确立的。联邦快递成立于 1971 年，比美国快递公司 UPS 晚了半个多世纪，它之所以能够在短时间内迅速追赶上"老大哥"，关键在于创始人弗雷德·史密斯专注于用飞机送快递，实现"次日送达"。最开始的时候，联邦快递因为业务量小（第一次只空运了 186 件快递），损失了上千万美元，但弗雷德·史密斯没有放弃。后来，随着美国政府解除对航空货运的限制，联邦快递迎来转机，总部搬迁至孟菲斯，公司迎来高速发展期。1976 年，联邦快递开始盈利，获利 360 万美元；1977 年，联邦快递营业收入突破 1 亿美元，获利超过 800 万美元；1978 年，联邦快递上市。现如今，联邦快递每年要为全世界运送超过 12 亿件包裹。2019 年，联邦快递的营业利润超过 Express，营业利润达 44.7 亿美元。目前，国外各大快递公司纷纷效仿联邦快递，大量购入飞机，有的公司还建立货运机场，提高运输效率，快递公司之间的竞争逐渐从"地面"转移至"天空"，飞机成为快递公司的标配，也成为衡量快递公司国际竞争力的重要指标之一。

> **案例 5-8**：孟菲斯（Memphis）是美国田纳西州的城市，位于密西西比河岸边，在契卡索陆岸上、狼河的河口。孟菲斯国际机场是世界上第一大货运机场。孟菲斯原本是美国田纳西州经济不起眼的、只有 68 万人的小城，现在却堪称"美国枢纽"，是联邦快递使孟菲斯国际机场一跃成为世界物流中心，赢得全球"航空都市"的美誉。实际上，孟菲斯的路网系统并不好，芝加哥、堪萨斯城、圣路易斯城等城市的路网系统有更明显的优势。孟菲斯的成功主要是由于孟菲斯市政府的大力支持。物流与供应链枢纽为孟菲斯带来数百亿美元的财政收入，以及超过 22 万个就业岗位。目前，物流与供应链枢纽助推孟菲斯建成美国最大的医疗器械制造中心、计算机零配件与维修中心、中南部的医疗中心、高新科技的产业基地，以及信息通信、生物医药等产业聚集地。
>
> 从孟菲斯物流与供应链枢纽发展历程来看，空港枢纽成就了物流与供应链枢纽城市的成长。孟菲斯"空港经济产业"的发展，使得建设"临空经济区"的热情被点燃。许多城市以航空物流为龙头，导入临空高端产业集群，为产业升级和城市转型注入新动能。

2）为城市带来巨变的案例对中国的启发

身在快递业，速度是永恒的追求。没有最快，只有更快。如果不能自己跑起来，就有被同行超越的风险。在速度方面，无论是同城快递还是城际快递，顺丰比其他民营快递公司快约 20%。与此同时，顺丰在 2010 年创建了属于自己的航空公司，有自己的专运货机，无论从配货的机动性上还是从输送快件的时效性上来看，都富有相当的主动性。显而易见，速度是顺丰成功的重要因素。

任何一家快递企业，要想快速、稳定、长久地发展，就必须保持较快的速度。"速度"是制胜的关键。而要在"速度"上有所作为，就必须及时把握住机会。回过头来看顺丰的发展史，我们会发现顺丰的快，不仅体现在送货速度上，也在于其一次次先于对手做出改变。顺丰最初创立时，业务范围仅限于顺德市；但经过短短 3 年的发展，顺丰就出了广东省，将触角延伸到了广东省周边的省市；到 2006 年，顺丰的服务网络已经覆盖国内 20 多个省份。然而，顺丰依然没有停下加速的步伐，为了适应互联网时代，顺丰又开始跨界发展，涉足电子商务、金融等行业。速度越快，问题自然也就越多，顺丰也无法独善其身。不管是从加盟到直营的阵痛，还是试水电子商务的挫折，对顺丰来说，都是一次次的挑战。面对这些挑战，顺丰没有任何的犹豫与迟疑，而是迅速做出调整，或者大刀阔斧继续改革，或者持续投入坚持电子商务之路。与此同时，顺丰不断提升企业的信息化、科技化水平，不断提高员工素质，在保持高速的同时，解决高速投递中出现的种种问题。

中国快递与包裹服务品牌集中度指数呈现明显上升趋势，行业集中度不断提升，快递市场的竞争将从价格战过渡到服务体验。截至 2018 年年底，中国整个快递行业在营全货飞机共 158 架，全货运航空公司共 8 家。

截至 2019 年 12 月 31 日，顺丰航空引进 8 架 B-20CX 全货飞机，顺丰航空机队达到 58 架，安全飞行超 33 万小时，运输货物逾 250 万吨。十年一瞬，顺丰实现安全运行十周年，全球通航城市与地区达 65 个，机队规模国内最大，迈入全球中型航司行列。成立于 1971 年的联邦快递截至 2018 年 7 月拥有 682 架货机，是中国快递行业货机的 4.1 倍。与此同时，联邦快递和 UPS 借助航空枢纽已对几十种快递产品实现了覆盖全球的精准派送。因此，我国空港型物流与供应链枢纽发展具有很大的空间。

5. 国家物流与供应链枢纽城市建设的展望

在"一带一路"背景下，供应链日益成为产业组织的一种主流模式。从全球现代供应链视角探讨建设国家物流与供应链枢纽城市，加快融入全球现代供应链体系，强化枢纽中高端环节把控地位，更好地融入全球现代供应链具有重要意义。

国家物流与供应链枢纽城市建设可以激活一个城市。其依托综合交通运输设施，形成相互间紧密协作分工，是拥有物流设施群与企业群的高端综合体。

国家物流与供应链枢纽城市的建设以价值链、智慧和共生为目标，通过短链，实现高效、精准、敏捷的服务；通过人工智能、大数据和机器人等技术的创新与应用，实现整个物流体系操作的无人化、运营的智能化和决策的智慧化；通过供应链和价值链全局重新规划行业间、物流企业间的分工和协同化发展，实现降本增效。

6. 国家物流与供应链枢纽城市是智慧物流的跨越版

国家物流与供应链枢纽城市是城市经济发展与振兴的先导，是智慧物流的跨越版。以国家物流与供应链枢纽城市为主抓手，探索城市发展的路径；依托大数据、云计算等科技支撑，跨越版的智慧物流体系建设日益成型，并已将自动化、智能化的创新技术应用到生鲜产品的仓储、运输、配送等各环节之中。

7. 国家物流与供应链枢纽城市的功能

从全球现代供应链视角探讨建设国家物流与供应链枢纽城市，对更好地融入全球现代供应链具有重要意义。

传统物流园区的功能相对单一，单纯为产品出厂后提供包装、运输、装卸、仓储等服务。国家物流与供应链枢纽更多提供增值服务，其以物流大数据为抓手，利用信息和通信技术让物流与供应链更加智能，通过高效利用资源、节约能源，实现降本增效，提升服务质量，减少对环境的污染，推动低碳经济的发展。智慧物流使人们对信息技术引领的创新形态演变、变革有了更真切的体会，对科技创新"以人为本"有了更深入的理解，对现代人工智能与高科技发展下的国家物流与供应链枢纽形态演化也有了新的认识。

8. 国家物流与供应链枢纽建成后会是什么样

供应链对增强企业全球竞争力的作用日益凸显，为了促进国家级中心城市的产业发展，应积极打造"一带一路"具有影响力的物流与供应链枢纽城市。创新驱动发展，创新也是加快经济发展的主要动力；国家物流与供应链枢纽建设，是促进城市发展的动力源。

国家物流与供应链枢纽建成后会是什么样？不少人认为，得物流者得天下。未来的国家物流与供应链枢纽，将具有商流、物流、资金流、信息流、人流"五流合一"的规模化产业发展模式。

深圳、香港、孟菲斯等的发展告诉我们，应打造国际型国家物流与供应链枢纽，以服务现代化经济体系建设过程中产业组织、要素聚集、价值提升所带来的高质量规模经济的发展。国家物流与供应链枢纽的物联网、智能化、自动化、信息化程度较高，将会带动物流产业升级，进而助推城市成为新兴产业的集聚地。

9. 物流市场释放潜力，加速新型基础设施建设

随着中国经济转向高质量发展阶段，中国对新型物流基础设施投资规模逐渐扩大，物流基础设施对外依赖性逐渐降低，亟须建设互联互通的物流物联网。中国存量巨大的物流基础设施还达不到智能化的要求，区域协调发展不断为国内物流市场拓展新空间。

物流业发展可以促进国内市场的供需匹配，自动化技术的发展对物流基础设施智能化的要求越来越高，推动物流基础设施的智能化改造将成为未来的发展重点。5G、人工智能等新技术定义了新型基础设施建设，在物流市场规模保持中低速增长的趋势下，中国应加大城际交通基础设施等的投资力度，物联网络、冷链物流等新型物流基础设施的投资规模将不断加大。

10. 建设国家物流与供应链枢纽城市是时代的必然趋势

把交通、区位当成城市的优势，城市密集的人口有利于创造更多的财富、更多的机会。让中心城市和城市群真正成为承载国家物流与供应链枢纽发展要素的主要空间形式，加快构建高质量发展的物流枢纽经济，增强城市优势和区域发展的承载能力，通过分工、协作、规模、资源和环境的优化，全面贯彻落实生态文明、绿色发展的国家物流与供应链枢纽城市高质量发展。

全国性物流节点城市、区域性物流节点城市、全国骨干通道网络中发挥重要作用或功能作用或发挥关键作用的城市，在新一轮发展中将会激发出现 5 类转变：第一类是激发城市向物流节点城市转变；第二类是激发城市向区域性国家物流与供应链枢纽城市转变；第三类是激发城市向国家物流与供应链枢纽城市转变；第四类是激发城市向国际型国家物流与供应链枢纽城市转变；第五类是根据城市在物流大通道网络中的基础条件及在国内国际物流与供应链中体系中发挥的功能作用等，激发城市向单一类型城市和兼容类型城市转变。

建设国家物流与供应链枢纽城市是对整个区域物流体系的补充和完善，是融入现代供应链发展战略的契机，要依托物流大通道，打通城际、省内、国际通道，要以建设国家物流与供应链枢纽城市为突破口，进入大通道的物资交换节点和战略上的重要承载点，营造便捷高效、安全有序的现代供应链体系。

应从国际大通道、市场机会、集群支撑、创新模式、定位思考、平台布局、枢纽经济等方面创新发展模式，进行全盘周密思考，扩大物流产业，对接大经济区，打造经济增长新引擎。

未来，在"一带一路"倡议实施过程中积极实施全球价值链、供应链领域的合作，推动国家物流与供应链枢纽城市的战略布局，将进一步突破行政区域限制，实现资源共享、融合发展、协同创新，实现跨区域要素整合。

未来，国家物流与供应链枢纽城市将构建一个内部高效运转、外部通达主要目标市场的现代供应链体系，中国有条件的城市将融入全球现代供应链体系中。

第6章

多维赋能融入全球

当前，世界经济深度调整，国际政治环境复杂多变，市场不确定性因素增加，对中国经济发展的影响增大。面对复杂的国内外形势，应建设协同和创新的供应链，提高企业、产业和国家竞争力，建立多维赋能体系，融入全球现代供应链网络，推进全球现代供应链体系建设。

6.1 推进全球现代供应链体系建设

全球经济在深度调整、发展增长的同时，也面临着国际贸易壁垒，必须尽快通过供应链整体管理优化来提升价值、提高服务水平，通过供应链结构优化创新和商业模式变革实现转型升级；必须积极发挥创新驱动引领作用，确定"内外融合、全球生态"的供应链体系建设路径，逐步通过"驱动推进、联动整合、国际突破"推进全球现代供应链体系建设。

6.1.1 从数字、金融、服务三个维度赋能

1. 全球现代供应链数字化协同创新模式

（1）数字经济的发展，一个重要的"入口"是采购数字化。

传统供应链将销售视为重心，因为销售可以直接创造效益，但随着经济全球化的持续深入，全球现代供应链陷入了"高成本、低增长"的陷阱，倒逼发展"采购驱动"模式，全球发达国家陆续进入"采购驱动"模式。跨越"增长陷阱"就必须从采购入手，建立供应商"资源圈"，从采购数字化切入，重塑全球现代

供应链体系。

（2）从数字、金融、服务维度实现赋能，快速融入全球现代供应链。

借鉴全球现代供应链数字化协同最佳实践，依托全球一流数字化供应链、工具和资源，构建"N（核心采购商）+N（平台生态）+N（优质供应商）"的"采购驱动"模式。其一，通过供应链数字技术应用创新来"数字赋能"企业，从数字化采购入手提高企业供应链数字化水平，降低供应链成本，实现供应链效率倍增。其二，通过大数据金融创新来"金融赋能"企业，通过"授信+订单+金融+大数据风控"创新金融模式，破解企业融资难题。其三，基于全球数字化供应链创新与应用最佳实践，以及全球领先的供应链 4.0 先导研究与实践，通过供应链综合服务创新来"服务赋能"企业，融入全球现代供应链。

（3）创新的供应链金融服务模式。

全球现代供应链综合服务标志着供应链金融创新业务模式开启，在交易、履约担保等环节形成风险闭环，通过全球现代供应链交易协同工具进行相应的数字化风控，确保真实性和风险有效管控。这种创新的供应链金融服务模式，一方面可以深入产业纵深端，通过先进的信息技术，建立应用于供应链的大数据风控模型，实现风控前置；另一方面通过连接金融机构，使品牌、资金、信用和服务等资源发挥作用，有效解决企业与金融机构之间的互信问题，为产业生态注入更多的金融活力，实现降本增效。

（4）"共享、共治、共生、共促"的现代供应链生态圈。

搭建城乡高效配送体系，提高区域商品流通效率。深入总结推广物流标准化试点建设经验，推动骨干中心在仓储、分拣、包装、配送中的作用，提高单元化水平。构建城乡高效供应链配送体系，推动电子商务、快递等各类企业向综合共配中心集聚。逐步实现现代供应链共享服务，推动现代供应链共享末端配送资源，有效组织和统筹利用末端配送资源，打造现代供应链生态圈。

（5）推进全球现代供应链体系建设，促进增效降本。

加快物流与现代供应链基础设施建设，提升骨干中心的公共属性及综合服务功能，推动物流企业向供应链服务商转型。依据全球现代供应链的"以客户为中心、大规模协同、全球化资源配置"的特征，以及"数字化、平台化、服务化和安全性"四大趋势进行谋划，围绕以全球现代供应链为中心的产业建设方向，让特色充分显示出来。

2. "商流"的畅通

随着经济全球化，"商流"的内涵不断丰富与变化，而"商流"的畅通更集中地体现在全球化资源整合能力上。在经济全球化的进程中，人们越来越感觉到全球化资源整合如逆水行舟，不进则退。经济发展方式的转变必须与时俱进，认真分析经济增长表现出的基本特征，应从方式转变着手，更应从思维层次的提高及思维的转变切入，致力于提升经济全球化"商流"的核心竞争力，科学整合"商流"的畅通资源。

（1）资源整合能力是经济全球化"商流"畅通的必然要求。

当今经济社会，"商流"的畅通竞争力主要看整合"商流"的畅通资源的能力，即"商流"的畅通能力不在于拥有多少资源，而在于整合了多少资源。所谓资源是指一切可被"商流"畅通开发和利用的物资、能量和信息的总称，其是一种可以用来创造物质财富和精神财富的、具有一定积累的客观存在形态。

经济全球化是社会资源整合的基础条件之一，如果不尽力抢占资源，占领全球化产业链的高端，忽视全球化产业链的延伸和高附加值的创造，不重视对物流、商流、信息流、网络和知识的有机整合，那么所拥有的资源将迟早成为未来全球网络经济的附庸。"商流"的畅通竞争力不在于技术研发能力有多强，而在于全球化视野下依托研发能力所整合的商业模式和形成的"商流"畅通的网控能力。

（2）整合能力要求由"点"转向"网链"思维。

创新模式的实质是对资源整合系统的优化与升级，任何一项新技术、新产品都离不开对认知的整合。与此同时，面对高度开放的经济全球化大势，需要将资源有机地聚合起来，保障经济全球化"商流"的畅通。

无论是以占有自然资源为底牌的经济全球化竞争者，以及以掌握核心研发技术为经济全球化法宝的佼佼者，还是在经济全球化竞争中走低成本战略或产品差异化战略的制胜者，都必须直面经济全球化"商流"的畅通特征，将经济全球化"商流"的畅通发展前景、发展方式及发展资源纳入"网链"环境去思考和策划。在转变经济增长方式进程中，传统供应链条条块块的"点"的思维方式，应该转向现代供应链的"网链"的系统思维，以全球现代供应链"网链"的覆盖与整合，创造巨大的价值。

在经济全球化的背景下，"商流"畅通的竞争已不再是"点"对"点"的竞争，而是一个供应链与另一个供应链的竞争，是"网"与"网链"的竞争。所以，经济全球化"商流"畅通的核心竞争力，体现在对供应链和"网链经济"的有效整合。

整合是指由一盘散的"点"资源转变为高效有序的"网"与"网链"资源，实现"商流"资源的有效配置。当今经济社会具有"五化"特征，即全球化、信息化、网络化、专一化、知识化。知识化是根基，拥有知识可代表存量；专一化是"点"的状态，随着社会化分工的细化，生产中专一化程度越高，产品方可精益求精，质量品质也越高；互联网将全世界装进了一台计算机，"网"与"网链"聚合了极具经济价值的资源信息，由此拉开了经济全球化的帷幕。

资源整合的本质应该是物流、人流、信息流、资金流及商流的整合。掌握了物流和人流就可以控制"商流"畅通的命脉，信息流、资金流的畅通与否决定着"商流"命运，只有将"五流"有效地整合起来，依托互联网以虚拟经济模式运营，才能实现真正意义上的经济全球化"商流"的畅通，才可以借助互联网快速、高效地使所有整合资源运作起来，并推动经济全球化"商流"畅通的高效运营。

3. 资源整合需要运用"五大原理"

资源整合不是资源的简单堆砌与累加，而是将原则和操作性技术方法相结合，运用兼具思想性和实用性的一整套具有内在科学规律的方法，除在思维上由"点"转向"网"和"网链"之外，在具体操作上要运用好科学的"五大原理"。"五大原理"涉及五大方面，其不是单纯的经验总结，而是集中在技术层面及思想层面内容的有机组合上。

（1）降低市场需求不确定性原理。

要解决的问题就是使刚性的产能与柔性的市场需求相匹配，处理好产、供、销三者之间的平衡。产能是刚性不变的，只有通过价格来改变个性化需求，利用电子商务将社会上的各种闲置资源有效地整合起来，才能实现产能与需求的匹配。

（2）资源共享原理。

随着网络和经济社会的发展，资源共享成为经济社会发展不可或缺的一部分。世界上有太多的资源可以共享，建立高效、节约、集约型社会是历史必然。

（3）规模经济原理。

规模经济原理是经济学的基本理论之一，也是现代企业理论研究的重要范畴。规模的大小决定自身拥有和使用资源的多少，对外也决定了资源整合过程中的话语权。应用规模经济原理可以使一群相互关联的公司、供应商、产业协会形成产业集群，共享外来经济的好处。

（4）全链式解决方案。

在资源整合中最有效的利器是成熟完善的供应链全链式解决方案，其可有效适应需求资源。这必须运用系统的链式思维方式，在供应链上每个细小环节或全球经济网络下每个小节点上耐心矫正偏失，以优化配置、整合手段、互利双赢、社会效益最大化的思维，实现资源整合目标。

（5）风险汇减原理。

就是把经营运作中的风险汇集在一起来减少各风险。资源整合能力具有巨大的应用价值，在加快发展方式转变的条件下，应以科学发展观来统领资源整合，以战略眼光和全球化视野加快由"点"思维向"网"和"网链"思维的转变，以求真务实的态度解决经济全球化"商流"不畅的瓶颈问题，以期通过增强资源整合能力、提升核心竞争力来实现经济全球化"商流"畅通的最大化。

4. 构建多维现代供应链服务体系

在城市层面构建物流服务体系，以及协同化的全球现代供应链服务体系，谋划城市物流基础设施布局的系统性，有效尝试营造物流供应链环境，培育物流信息化发展和技术装备应用，吸引外向型制造、国际商贸业的集聚发展，在城市营造具有区域比较优势的物流供应链服务体系，对城市参与区域乃至全球现代供应链分工合作效果显著；吸引产业要素资源集聚，促进城市枢纽经济发展，走出在比较优势驱动下发展枢纽经济的新模式。

（1）工业发展方面。

实现传统工业的转型升级，鼓励物流企业嵌入制造企业产销供应链，提高产业的综合竞争力，延伸零部件组装和工位配送等供应链服务，深度嵌入制造业的生产链条，降低生产制造成本，提高供应链竞争力。

（2）农业发展方面。

通过农产品加工企业延伸构建农业供应链体系，依托现代供应链创新提高农业产业化水平，实现农产品供应链增值和效率最大化。

（3）服务业发展方面。

流通、商贸、金融企业参与现代供应链体系构建，转型或成为现代供应链体系中的重要一环，以实现服务业升级。

6.1.2　全球连接服务

1. 全球连接的时代

"一带一路"供应链体系，是中国连接各国、各地区的供应链系统。加强"一带一路"供应链体系建设，将大大增强中国连接世界的能力，支撑中国实现"全球买、全球卖、全球造、全球运、全球递"。全球化要求各国、各地区之间加强交通运输、物流、信息通信、互联网、金融、文化、制度等方面的连接。"一带一路"供应链系统建设，对保障全球物流体系的建设至关重要。中国缺乏国际物流服务标准制定的话语权。中国连接能力弱、物流成本高、质量效益低，中高端、体系化、集约式物流服务与供应链服务严重不足，传统发展模式与运作方式难以为继。构建国际物流与供应链枢纽，可以提高货物运输集装箱化率。应着力构建设施高效衔接、枢纽快速转运、信息互联共享、装备标准专业的供应链系统。

2. 把握全球化和国际格局变化

中国是有全球影响力的物流大国，是最大的物流市场。目前，中国公路、铁路、水路等货运量、货运周转量排名世界第一，传统发展模式与运作方式难以匹配。中国物流业规模虽大，但绩效并不理想。中国物流大而不强、粗放式发展、互联互通性差，这些问题值得重视，亟待解决。中国应建设集报关报检、国际运输、多式联运、仓储加工、信息处理、跨境电子商务等功能于一体的，具有跨区域集聚辐射作用的国际物流与供应链枢纽。构建全球现代供应链服务体系，依托中国的全球物流能力，推动国际运输、贸易、金融、互联网及相关企业加强合作，通过现代信息技术、数字技术、智能技术，加强信息对接、协同发展、共享商业机会，形成全球现代供应链服务的能力，构建共享共赢的全球现代供应链生态体系。构建全球物流信息综合服务平台，加快提升中国物流企业信息化、数字化水平，按照"统一标准、对等开放、互联互通、共享服务"的理念，优化国际物流资源配置和运行控制。完善全球物流体系建设的保障措施，构建全球友好共赢的国际环境，对保障全球物流体系的建设至关重要。将全球物流体系建设纳入"一带一路"建设，加强与各国政策对接与沟通，就国际物流发展政策、规划与各国进行充分交流，联合制定合作规划和实施方案，协商解决合作中的问题，为共同推进务实合作提供政策支持。积极参与全球运输、物流、通关制度制定，深度参与国际铁路、航空、海运、公路、邮政、快递等相关规则、标准的制定和修订，提高中国在全球运输、邮政、快递中的话语权，保障国际物流通道与供应链安全。加强各国海关合作，降低清关成本，缩短中转时间，推进通关便利化。加强资金保障，创新融资方式，进一步完善国家投资、地方筹资、社会融资、国际资本相结合的多渠道、多层次、多元化投融资模式。对重大建设项目给予财税支持。按照风险可控、商业可持续原则，积极创新金融产品和服务。加大对领军物流企业、创新型物流企业的金融支持。支持物流企业整合国际资源，支持物流企业开拓和利用国际市场、国际资源，提升其适应国际市场的能力，不断拓展国际发展空间。支持优势物流企业联合或参股、收购、兼并周边新兴市场、欧美各国物流企业，延伸服务网络，逐步建立覆盖全球的物流网络。

6.2 万物互联、物联全球

物联网发展在全球呈现爆炸性增长趋势，物联网最大的不同在于机器占据主导。面对万物互联的数据交互，终端设备可以自行感知、处理、响应从外界收集来的数据，实现物联全球。

6.2.1 物联网全球化视角下的现代供应链

物联网系统各层级之间的联系构成了一个完整的生态圈，软件、硬件、应用、服务统统囊括在内。物联网系统聚集组件制造、设备与系统整合、终端设备、网络服务与应用等领域的技术和知识，共同形成一种新的应用概念，并将价值体现在数据的分析与应用中，进而影响各产业的思维与应用。各产业要利用物联网服务抢占先机，需要先厘清整个物联网供应链的全貌与动向。

物联网关键组件涵盖传感器、RFID、通信芯片等，可用来监测、测量、记录物理与生物反应信号，如温度、压力等。监测装置可直接与系统联机，以进行远程监控，进而改变环境间的关系。

通信与网络企业积极推出各种物联网服务，以及许多针对各领域的应用服务，建立网络、云端服务平台。针对云端运算与存储部分，通过高阶服务器产品线推动业务发展。此外，推出的系统可用于收集大量监测装置的信息，并且提供从装置端、网关端到云端的服务方案。

1. 全球化视角下供应链金融的成长趋势

物联网是新一代信息技术的组成部分，在全球化视角下呈现爆炸性发展趋势。物联网包含两层含义：一层是相互关联的网络，将价值体现在数据的分析与应用中；另一层是与各个物体进行互联，影响现代供应链的思维与应用。物联网可以对相关物体进行实时跟踪，从而使企业更快、更好地适应外部环境，通过良性竞争获得更大的竞争优势。

（1）全球化视角与特点。

从发展的角度去分析全球化发展过程，经济全球化的基础是生产全球化，在全球范围内形成了互相融合的趋势。社会发展依赖生产力来推动，全球经济相互影响和制约，能够使世界经济市场朝着更繁荣的方向发展。

全球化的特点是实现了国际化，在全球范围内制定经济活动的相关制度。各国在发展经济时不再是独立的，而是在全球范围内运用统一的经济运行机制，实现全球化的经济合作与发展，实现生产要素的流动并优化资源配置，在经济全球化背景下各国经济规模越来越大。

（2）金融网络的全球化与供应链金融。

供应链金融是经济全球化的产物。随着网络技术的发展，其催生了网络化管理，国际贸易的发展也越来越成熟，使供应链的概念得以深入人心。世界范围内的贸易结构越来越完善，使采购、分销、供货环节得到优化。金融网络的全球化，使企业全球化扩展逐渐兴起，金融运营提供跨国贷款和发行证券，预付保证金和开信用证解决资金占压问题，企业实现了在不同国家的合并，降低了劳动力成本和原材料成本。通过采用全球性企业外包，世界范围内的金融市场在时间上实现了统一，从供应链构成关系来看在价格上也是相互联系的。国际采购大规模跨区域物流，在短时间内就能够实现交易，扩大了交易规模和采购量。外汇市场的流动性越来越强，供应链金融在这种背景下应运而生。

（3）供应链金融提供的支持和服务。

供应链金融这个概念虽然诞生时间不长，但引起了很大共鸣，各金融机构不约而同地将其作为业务发展的重点。在不断推陈出新和差异化竞争的推动下，各金融机构在积极寻找向供应链上下游的延伸，从而扩大供应链链条上的客户基础，增加金融服务内容，以此扩大业务量。

在供应链金融设计过程中，应突出核心企业的参与作用，核心企业对供应链上的信息流、物流、资金流的稳定和发展起决定性作用。供应链金融的出现将供应链上的核心企业和它的上下游配套中小企业当成一个整体，并为其链条中的某个环节或全链条提供定制化的资金支持和物流服务，以把握单家企业的不可控风险及供应链企业整体的可控风险；通过立体渠道获取各类信息，为供应链上的协同公司设计更为科学的融资解决方案。

2. 供应链金融的发展优势

供应链金融作为一个新生产物，在市场竞争中的作用日益凸显。如果整条产业链上的参与主体都加入物联网数据平台，则可使其获得更大量的真实数据及更快捷的经营操作行为。在物联网的驱动下，供应链金融将会有进一步的发展。

（1）从供应链金融的服务范围来看。

在物联网的支撑下，企业呈现网络交叉式发展，更加有利于资源配置与信息共享。新型的供应链金融模式也将会开发更多的潜在市场空间，从而扩大其服务范围。

（2）从成本控制方面来看。

物联网技术的引入，不仅可以代替人工对企业进行实时监管，降低信息获取成本，而且可以降低处理某些业务时外派人员的必要人工成本。相较于传统供应链业务，这种管理模式不仅节约成本、提高效率，而且降低重复抵押等风险。

（3）从贷款审批速度方面来看。

物联网能够辅助银行或其他融资平台进行信用调查。新型的供应链金融模式能够使银行掌握大量企业资金流、产品流及物流的相关信息，提升贷款放款及贷后跟踪管理的效率。

（4）从提升金融风险防范水平来看。

物联网的优势体现在完善信用体系建设及增强信用管理能力等方面。在信用体系建设方面，新型的供应链金融模式可利用物联网技术对企业的各项经营、交易等行为进行实时追踪，并进行详细记录，从而建立一个覆盖面更广的信息数据库。金融机构及个人均可以通过此数据库全面掌握企业信息与市场概况，从而进行客观评价和合理决策。

（5）从信用风险方面来看。

物联网的应用能够实现对企业的动态跟踪，使金融机构在第一时间掌握企业最新动态，从而更加准确地计算企业授信额度，防范信用风险。

6.2.2　物联网为全球化注入新的动力

现代供应链金融与物联网全球化视角紧密地结合，物联网技术的应用把人和物的信息通过数字化形式量化显示，大量的信息被采集并进入数据库。金融的核心支撑是信用体系，物联网变革了过去的信用体系，建立了客观的信用体系，实现了资金流、信息流、实体流的"三流合一"，不仅在一定程度上减少了供应链上下游企业的信用风险问题，而且解决了部分企业贷款难的问题。物联网为全球化注入新的动力，使现代供应链体现出更高的应用价值。物联网无处不在，物联网的安全体系不可或缺。物联网是信息化时代的重要发展阶段，人与人、人与物、物与物互联的智能社会正在扑面而来。

1. 创新现代供应链金融的服务模式

供应链金融的普及与推广是实业与金融业的生产力水平共同提高的产物。现代供应链的思想可以有效提升金融企业与生产企业的服务效率和质量，包括中国在内的许多国家的供应链金融仍处在初步发展阶段，存在发展速度缓慢、发展不平衡甚至畸形发展的问题。为了解决供应链金融发展存在的具体问题，应立足实践，进行体制机制创新和产品创新，创新现代供应链金融的服务模式。物联网是在互联网基础上延伸和扩展的网络，其通过智能感知等设备收集信息，核心仍然是互联，广泛应用于网络的融合中，并延伸和扩展到物体之间进行信息交换和通信，也被称为互联网信息产业。

2. 物联网成为新兴产业的重要组成部分

物联网是互联网的应用和拓展，应用创新是物联网发展的核心。《国家创新驱动发展战略纲要》《"十三五"国家科技创新规划》《国务院关于积极推进"互联网+"行动的指导意见》等政策文件均强调，将物联网作为中国科技发展的重要方向，大力提升国家整体创新能力。

在完整的智慧物流信息链条中，感知与传输是基础，设备是决定物联网感知的核心要素。在物流领域，感知技术与设备具有广阔的发展空间。

3. 万物互联的时代呼之欲出

随着新一轮科技与产业变革，以及物联网的应用，跨界融合成为产业发展的一大趋势。信息化的代际跃迁往往带来系统性能的提升，在技术与需求的双轮驱动下，系统性能的提升催生新业务，引爆垂直行业的快速发展。以智慧城市、智能家居为代表的物联网，与移动通信融合，预期千亿台设备将接入 5G 网络。

随着社会信息化高速增长的推动，一个万物互联的时代呼之欲出。中国信息通信研究院公开发布的《5G 经济社会影响白皮书》测算了 5G 对中国经济的影响：在总产出上，按照 2020 年 5G 正式商用算起，2020 年 5G 带动了约 4840 亿元的直接产出，2025 年和 2030 年这一数字将分别增至 3.3 万亿元、6.3 万亿元；2020 年，网络设备和终端设备收入合计约 4500 亿元，其中，电信运营商在 5G 设备上的投资超过 2200 亿元，各行业在 5G 设备方面的支出超过 540 亿元；未来，5G 基站数量将是 4G 基站数量的 1.25 倍，单基站的平均成本将达到 15.67 万元，中国 5G 网络建设的总投资将达到 7050 亿元。

5G 时代，手机仅是入网设备的一种，随着 5G 向垂直行业应用的渗透融合，5G 支持的其他设备将会大量涌现。预计到 2030 年，各行业在 5G 设备上的支出将超过 5200 亿元。在 5G 商用中后期，8K 视频、虚拟现实教育系统等数字内容服务将走进千家万户，互联网企业与 5G 相关的信息服务收入有望出现显著增长。预计到 2030 年，5G 催生的互联网信息服务收入将达到 2.6 万亿元，其中，信息运营商流量收入所产生的 GDP 约 9000 亿元，各类信息化服务商提供信息服务产生的 GDP 约 1.7 万亿元。

5G 深刻地改变整个社会，5G 本身就是一个很长的产业链，5G 将成为一个"赋能者"，凭借新的性能引爆垂直行业，从而深刻地改变整个社会。

6.3　全球产业链突破

全球产业链是全球化大潮下各国交流合作的产物，是国际社会共同的新成果。未来，全球产业链、供应链、价值链将高度融合，努力实现共同发展、互利共赢，为促进全人类福祉做出积极贡献。

6.3.1　全球产业链

1. 全球产业链的概念、体系、特征及影响

全球产业链是指在全球范围内为实现某种商品或服务的价值而连接生产、销售、回收至处理过程的跨企业网络组织，它包括所有参与者和销售活动的组织及其价值、利润的分配。

1）全球产业链的概念

全球产业链是全球范围内垂直或水平产业链的各构成部分总和的统称，是全球垂直产业链上下游之间、水平产业链各环节之间相互关联、相互影响、相互制约的动态体系，也是全球范围内产品供给与需求链、商品流通链、价值形成与分配链、经济活动空间分布链的多维动态组合。

2）全球产业链的体系

全球产业链的体系是指全球范围内垂直或水平产业链中的产品供给与需求链、商品流通链、价值形成与分配链、经济活动空间分布链的各组成部分或各链构件按照一定秩序组成的内部系统。

在自由贸易条件下，全球范围内的商品自由流通，能形成全球统一的商品交易与流通市场，能形成全球性市场一体化与产业分工体系，能形成高效、有序的国际市场竞争体系。

3）全球产业链的特征

全球产业链的特征是指全球范围内垂直或水平产业链中的产品供给与需求链、商品流通链、价值形成与分配链、经济活动空间分布链的各构成部分或各链构件之间的相互关联方式的重新配置与组合的动态过程特性。全球产业链体系的分化与重组是一个持续不断的过程，同时受到自然环境与社会环境的影响和制约。

4）全球产业链中各链的含义

经济活动空间分布链是指人类从事经济活动所在地理位置与所有关联空间区位的集合。产品供给与需求之间的相互关联的所有环节和结构构成了产品供给与需求链；进入市场与非市场交易环节的产品便是流通中的商品，商品流通中相互关联的所有环节与结构构成商品流通链；价值形成与分配链则是指产品生产与供求及商品流通过程中价值形成与分配的所有环节及结构的总和。

2　世界融入全球链

全球链是规划未来发展，实现由行业链、产业链、价值链、联盟链、公有链演变到全球资源配置链，从任何一个或 N 个点状的链切换到全球深度战略合作的链环境。

在经济全球化背景下，为深度融入全球链，世界各国企业之间开展贸易往来，各国制造产业走向世界；进行产业投资，参与国际投资；引进和学习国际先进经验与技术，实现产业转型升级；为投资者提供丰富、便捷的可投资资产，为资产方提供高效、可靠的资金来源；实现全球链合作共赢，推动企业、产业、城市和国家高质量发展。

顺应世界融入全球链的时代趋势，对高端创新全球资源链形成了强大的吸引力。在融入全球链、推动高质量发展的过程中，要把价值链的基点牢牢地放在保持战略定力、深入实施创新驱动发展战略、全面发挥全球链的效应上。

一是要把融入全球链加快转变为创新要素集聚优势，有效解决价值链中的充分平衡问题。

二是要根据实践探索全球链态势，适时优化升级价值链的举措，力争在不太长的时间内构建较为完整的实施路径和系统化的保障措施，打造具有国际竞争力的全球资源链高地，形成以创新为主要引领和支撑的现代化经济体系。

三是要全力进行创新，使创新成为新时代鲜明的品牌。高度重视移动互联网时代全球资源链生态及其影响力，增强互联网数字化传播能力，运用大数据进行形象评估，积极打造创新品牌。依托重大国际性交流平台，全方位向全球营销推广企业、产业、城市和国家。

产业升级已成为越来越多企业的自主要求。在政策层面，政府应更多关注经济发展的共性问题，通过鼓励科技创新、保护知识产权、支持人才培养等，使政策红利不分中外、不分行业地让所有企业公平分享。中国的产业政策正在逐步成熟，会更开放、更包容，将有力促进经济全球化。

提高空间配置效率是推动企业、产业、城市和国家高质量发展的重要途径。在推动高质量发展的过程中，要积极探索空间发展模式的转型路径，紧密对接国家重大战略，积极推动均衡发展和优化功能布局，助力国家经济建设。

在世界融入全球链的新起点上，竞争已经从规模之争转型到发展环境之争，从"资源链""资金链"加速向"价值链""环境链"转变，将把传统的本地、线下交易模式通过智能合约数字化升级为全球、线上交易。目前，在全球范围内融入产业链、价值链，综合应用以区块链、云计算、物联网、大数据、空间地理信息等为代表的新一代信息技术，推动跨部门、跨区域、跨行业的大数据资源共享和重点智慧应用系统的深度整合，已成为企业、产业、城市和国家治理创新的新潮流。

6.3.2　全球现代供应链时代聚焦跨境电子商务创新发展

跨境电子商务——一种新型的国际贸易商业活动，是中国以自身特色参与国际竞争，以及重构全球现代供应链、产业链的重大机遇。跨境电子商务覆盖了所有跨境商务活动，成为全球经济体多方探讨的热点。商业思维的转换加速了流通贸易行业的变革，跨境电子商务进入加速、升级与扩张时代。2019 年，跨境电子商务零售进出口额为 1862.1 亿元。

1. 跨境电子商务的新特点、新要求、新趋势

（1）新特点。

跨境电子商务的新特点：①跨境电子商务增长稳定，但增速在减缓；②跨

境电子商务地区发展不均衡；③跨境电子商务平台业务焦点从专注信息转向提供服务；④跨境电子商务政策以鼓励出口、规范进口为导向。

（2）新要求与新趋势。

跨境电子商务政策将以规范线上外贸、协调线上线下外贸为主；建立跨境电子商务侵权假冒商品追溯制、在线纠纷解决机制、税制；积极布局海外仓储，随着全球对跨境电子商务购物体验的品质要求逐渐提高，海外仓储模式逐渐成为企业成长的核心；跨境电子商务企业将重点创建自有品牌。

（3）增长动力。

技术在进步，消费在升级，产业在支撑，监管在得力，信用在保障。根据中国海关数据显示，2019 年中国货物贸易进出口总额达 31.54 万亿元，同比增长3.4%。其中，出口额达 17.23 万亿元，同比增长 5%；进口额达 14.31 万亿元，同比增长 1.6%，贸易盈余同比扩大了 25.4%。2019 年中国进出口额、出口额、进口额三大指标均创下历史新高。跨境电子商务模式领跑，敲开了中国"买全球、卖全球"之门。

2. 跨境电子商务是中国重构全球现代供应链、产业链的机会与应对方向

1）电子商务思维开启的全球现代供应链时代

电子商务使原本与消费者距离最远的"制造"变得与消费者距离最近。跨境电子商务通过搭建普惠的全球贸易平台，实现全球连接。狭义上来说，跨境电子商务是指跨境零售电子商务，分属于不同关境的交易主体，借助互联网达成交易、支付结算，并通过跨境物流将商品送达消费者手中的交易过程，包括 9610海外直购模式和 1210 保税备货模式。广义上来说，跨境电子商务是指电子商务在进出口贸易及零售中的应用，包括进出口跨境电子商务、跨境电子商务（B2B、B2C、C2C）和相关服务商。中国的电子商务正在步入一个全新的时代，这个时代赋予电子商务平台更多的机会与挑战，同时为电子商务发展提供了新的理念、指明了发展方向。

2）加强树立品牌意识

品牌是中国企业在国际市场上立足的根本，在跨境电子商务高速发展的时代，国际认可的中国品牌太缺乏。全球消费者的眼光越来越高，国际品牌意识日益提高，对品牌的社会效果越来越重视，中国企业必须做好自身建设，以优质的产品、优秀的品牌、完美的服务、良好的形象在竞争中突围，获得国内和国际市场的认可与信赖。

3) 更好的能力服务高速发展的跨境电子商务

近些年，物流业飞速发展。物流作为跨境电子商务供应链中的重要组成部分，是利用互联网技术把世界范围内的物流需求和提供的物流服务联系在一起，从而促进高效交易的新模式。基于精准的信息化、高度的自动化、强大的智能化及柔性化等特点，物流与供应链可以更好地服务高速发展的跨境电子商务。

4) 团队建设是保障跨境电子商务服务质量的关键

跨境电子商务创新，可以提升用户体验。面对品控、物流等环节的挑战，有些跨境电子商务平台除商品溯源、建立海外仓储等常规动作以外，已经率先引入了人工智能。跨境电子商务平台技术研发和客户服务发展很快，团队建设是保障跨境电子商务服务质量的关键。众所周知，跨境电子商务依托互联网，其最大的优势就是通过网络的便利实现全球购物。想要实现全球购物，订单、仓储、物流中的任何一个环节都不能少。在这些环节中，先进的互联网技术服务支持和便捷高效的信息处理与物流服务能力是必不可少的，同时必须保证团队的专业性、高效性、全能性。

3. 聚焦跨境电子商务供应链能力的提高

跨境电子商务供应链的兴起是全球贸易模式发生改变的体现，跨境电子商务是一种革新性的商务活动形式，供应链是电子商务的高级形态，跨境电子商务供应链是未来的发展趋势。

目前跨境电子商务主要兵分两路：一路是新型外贸，是传统对外贸易体系在互联网理念下的重构；另一路是双向海外购物，尤其是随着电子商务巨头平台的崛起，实现一站买遍全球。

提高跨境电子商务供应链能力必须把握 3 个要点：①要整合供给端，建立一个数字化驱动的全球现代供应链平台；②物流与供应链是跨境贸易和跨境电子商务基础设施的重中之重，必须进行长期规划和前瞻性布局，才有可能实现货通全球；③提高全球货物流通的效率，海外仓储的布局变得尤为关键。

4. 聚焦跨境电子商务政策及未来趋势

跨境电子商务助力中国制造向中国创造转型升级，以跨境贸易电子商务生态圈为核心带来新的增长点。

（1）扶持政策的实施及跨境电子商务试点的不断扩大。

逐步优化支付、物流、结汇等服务支撑体系。进一步降低成本，提高盈利能力。跨境电子商务市场单纯的价格竞争已经缺乏吸引力，利用人工智能切入改善用户体验，也是一种大胆的创新尝试。

（2）国家对跨境电子商务海外仓储政策支持方式将逐渐升级。

完善海关跨境电子商务监管理念和方案，建立完善、合理的跨境电子商务信用记录体系，创新跨境电子商务监督举措，加大管理力度。促进相关企业加快海外仓储建设，积极布局全球业务，加快助推与"一带一路"沿线国家电子商务合作，提升中国跨境电子商务供应链整合与衔接能力。

（3）跨境电子商务标准与规则创新促进联盟产生。

郑州市已经发起制定跨境电子商务标准与规则，推动跨境电子商务便利化、规范化发展。跨境电子商务作为一种新型贸易方式，需要标准，需要国际间合作，因此迫切需要共同研究制定适合网上网下融通、世界各地互联、大规模和小批量并存的国际贸易监管方式、税务规范、商事规则和法律规范等，在完善顶层设计、培育生态链、创新治理体系、实践新贸易规则等方面闯出中华崛起的新路。

（4）城市发展新背景、新机遇、新需求。

有条件的城市可打造成全国枢纽城市，以及本省的枢纽中心城市；通过跨境电子商务与国际供应链平台的智慧化管理和互联互通，找到跨境电子商务与城市的未来发展最匹配的战略方向。

5. 供应链创新发展相关义件

2018年4月10日，商务部等8部委颁布《关于开展供应链创新与应用试点的通知》；2020年4月10日，商务部、工业和信息化部等8部委颁布《关于进一步做好供应链创新与应用试点工作的通知》，为现代供应链的发展指明了方向。各地进行供应链创新与应用试点城市工作，有利于对跨境电子商务及进入全球现代供应链体系创新与应用的深入研究，以及发展规划的编制与实践。

"一带一路"和全球现代供应链的有机结合，区块链、物联网、大数据等新技术的应用，使跨境电子商务实现境内与境外之间的数据采集自动化、全流程数字化、信息传输网络化。世界贸易创新发展进入百花齐放、百家争鸣的格局。

跨境电子商务已成为国际贸易竞争新的制高点，"丝路电子商务"将建立电子商务合作机制，落实"数字丝绸之路"构想，推动数据信息服务领域的互联互通，积极拓展数字产业集群。

6.3.3　高端物流探索与研究

高端物流刚刚开始受到社会各界的关注和重视，其整合与提升成为中国现代物流的主旋律，高端物流成为物流业和流通业探索与研究的新重点。高端物流的优势在于综合技能、集成技能、战略策划、区域及全球拓展能力等方面。发展高端物流，应构建高端物流研究组织或高端物流联盟协作机构，形成并推进高端物流发展优势，从多个方面加强供应链及物流系统的策划整合、实施能力的培养和投入；从专业化、系统化、开放性、连续性出发，使高端物流能够承上启下，投入实践应用中去，从而推动物流业不断向高端迈进。目前，我国高端物流提供商很少，规模和影响都不大，其提升并转化为高端物流提供商的关键在于供应链及物流系统的策划整合、实施能力。

1. 高端物流的概念、特征及特点

（1）高端物流的概念。

高端物流的狭义概念为：物品价值相对比较贵重，物品运输要求比较严格，物流的特殊性需要特殊器材或有特殊限制或特殊服务要求，以及特种技术服务或采用高科技手段等因素的物流活动。

高端物流的广义概念为：物流过程中资源整合、优势互补、物流一体化、分工协作的产业链条，是一个以供应链为核心的物流集成系统。其包含：物流策划与供应链的管理咨询服务；物流与供应链解决方案的设计；物流与供应链的实施与控制；物流与供应链的运作与管理；全球化的网络服务；物流信息化及信息网络服务；供应链上多个环节的资源整合服务；物流的特殊服务。

（2）高端物流的特征。

第一，现代物流业的发展，具有高附加值、高效益、高时效、高科技含量、高人力资本、高开放度产业带动力、低资源消耗和低环境污染"六高两低"的特征，体现了物流系统的核心，使物流业在各方面实现了质的飞跃。

第二，高端物流以供应链一体化作为竞争手段，突出"高端品质"的服务流程，规模运营，技术性操作性强。在高端物流的系统运营和流程优化过程中，应不断提高满足高端客户需求的能力和高端物流运作能力。信息系统是一个高端物流业务模式最集中的体现，先进的信息技术成为服务高端物流的重要支持手段。

（3）高端物流的特点。

第一，高端物流服务不是目的而是手段，对于企业来说，希望达到的目标

是节约物流费用，从物流中挖掘最后的利润。

第二，物流服务的目标是高端领域，高端产业附加值高，对物流服务质量也有更高的要求，服务功能和服务能力显得特别重要，具体如下。

快：引进了一体化概念，保证了敏捷的应变反应，提供了最快的速度，并采用了所有最新技术和科技手段。

专：为现代高端产业着想，为现代高端产业服务。

高时效：保证了时效性和服务效率。在高质量的服务中获得竞争优势，以最快速度、最佳时间、最优组合完成商品从生产领域向消费领域、流通领域的转移过程，同时为高端物流服务商带来丰厚的利润。

高效益：保证了经济效益和社会效益的双丰收。

第三，高端物流以物流信息化支撑整个活动，要做到这一步，需要整个环境都采用现代信息技术。

（4）高端物流九链环原则。

一是需求链原则。需求链是高端物流的前提和基础。

二是资源链原则。资源链是支撑高端物流发展的条件。

三是资金链原则。资金链是高端物流运作与发展的根本。

四是人流链原则。针对高级人才流向的特点，更应该抓好高级人才资源的工作，营造具有强大吸引力的人才环境。

五是商流链原则。商流链是指高端物流环境的活跃程度。

六是信息链原则。高端物流必须做好信息资源这个"链"，利用信息化增强高端物流的竞争力。

七是经营链原则。经营的重要目的是经济效益，因此高端物流在服务增值方面求效益。

八是持续链原则。高端物流持续发展依靠不断创新来支撑，应注重技术含量向高层次、高附加值的方向发展。

九是价值链原则。价值是衡量价值链的标准，最终以经济价值和社会价值来评价高端物流。

高端物流实质就是通过实现上述九链环原则来实现需求链与价值链的最完美结合。

2. 高端产品的特点及特征

发展高端制造业与发展高端物流业，不是割裂的，而是相辅相成的。高端物流自然涉及高端产品，因此有必要对其基本概念、特征进行探讨。

（1）高端产品的概念。

高端产品通常是指技术性很强的、高科技的、性能优异的、功能较好的、安全性和附加值相对较高的商品，通常还有质量保障和售后服务保障体系。

（2）高端产品的特点。

高端产品通常是附加价值高的商品，附加价值高的商品都具有独特的优势，具备一种或多种特点。

一是产品的科技含量高，在新产品设计和旧产品改造中，采用了高新科技成果，或者采用了新技术、新材料、新工艺、新设备等。

二是产品性能优异，款式新颖，功能强大，信誉度、商誉度、品牌知名度高。

三是具有较高的文化品味和人文艺术元素，在设计、造型、色彩和表面处理上令人赏心悦目，或者具有特殊意义或功能价值，或者具有鲜明的历史、文化特点。

四是绿色环保安全，对环境无害或危害甚微。

（3）高端产品的特征。

一是高端产品是一种与市场需求状况有强烈反应和互动作用的、投入少、产出多、功能比较好、价值偏高的产品。

二是高端产品会随着需求变成某种珍贵性或稀缺性的产品。

三是高端产品的利润从制造环节转向销售环节进而转向消费环节。

四是高端产品不一定完全等同于高科技、高消费、高档次的产品。

五是高端产品通过某加工环节后，产品大幅增值，产品的绝对价值高，产品的利润较高。

六是高端产品可承受的物流服务费用空间通常较大。

3. 高端物流成为物流探索新的重点

高端物流的运作模式分为自营提升模式、协作经营模式、行业创新模式、产业革新模式。

高端物流机制构成包括物流策划、基础设施、服务内容、行业经验、营销能力、技术能力、网络服务、人力资源管理、资源应用、管理与整合、行业定位、创新能力、物流咨询和培训、企业机制等。

高端物流服务体系主要包括高端物流服务和高端物流服务提供商。

（1）高端物流服务。

物流服务的提供从运作层面来看可以分为初级、中级和高级；从演变层次来看可以分为粗放型、精细型和智能型；从技术层面来看，可以分为低端物流服务、中端物流服务和高端物流服务。从物流服务的能力来看，物流服务有弱、强之分；从物流服务的发展空间来看，物流服务有大、小之分。

（2）高端物流服务提供商。

高端物流服务提供商是指有一定经济实力，建有强大物流服务网络，具备信息技术、物流策划和增值服务能力，以及提供物流咨询和培训、物流整合经验、物流实施运作实战、多方关系协调管理、信息技术的组织。

4. 高端物流存在的不足及建议

（1）高端物流存在的不足。

①供应链和物流系统策划整合能力不足，不能为客户提供一整套综合的、高效的供应链解决方案，难以获得高端客户的信赖。

②供应链管理和运作能力不足，难以为高端客户提供供应链和物流解决方案，无法形成竞争能力。

③服务网络的地域覆盖能力和信息技术支持能力不足。

④明显缺乏在市场竞争中保持持续竞争优势的能力，直接导致高端物流提供商在规模、市场和业务拓展等方面发展缓慢，严重阻碍了我国高端物流的发展。

（2）建议与措施。

①企业组织结构的改善甚至重组是改革企业核心和运作流程的根本所在。

②改善企业的运作及业务流程，提高供应链及物流系统的策划整合、实施能力，使系统顺畅、高效运作。

③供应链及物流系统策划整合、实施能力的获得最终体现在人。

④高端物流大致有 4 种运作模式，所要求的高端物流服务提供商的规模、能力特点各有不同，必须审慎选择合适的高端物流运作模式。

⑤我国已经初步形成的高端物流服务提供商必须根据自身的实力与特点，以及所处市场特点和客户特征来适应市场竞争，从而形成在供应链及物流系统策划整合、实施能力上的优势。

⑥中国目前高端物流服务提供商很少，而且规模影响都不大，因此，中国物流服务提供商尚需要努力提升转型为高端物流服务提供商，并积极参与国际竞争。

⑦高端物流是个新兴概念，高端物流建设是科学系统的过程，发展高端物

流，应从专业化、系统化、开放性、连续性出发，使高端物流能够承上启下，并且投入实践应用中去，从而推动现代物流不断向高端迈进。

5. 探索前行与展望

高层次的服务功能是高端物流的重要基础和重要支持力量，应从有利于市场因素出发，创建有利条件，发展高端物流，争取赢得各级政府更大力度的支持。

发展高端物流，培育高端物流，创新促进流通服务体系，创新服务模式，营造一流的高端物流发展和运营环境，促进内外贸进出口额增长。

高端物流通过产业聚集，提高高端物流服务的质量，使高端企业能方便地找到不同特色的高端物流服务提供商，这些物流服务提供商之间因有较多的合作关系而形成了默契的一体化物流服务，这在产业链中体现为高端物流的作用和优势。

高端物流对于我国物流产业的发展和成熟能够起到巨大的推动作用，有利于我国本土物流企业获得与国际物流巨头竞争的公平环境和良好的发展氛围，对于本土物流企业快速发展起到催化剂的作用。

增强物流企业的竞争能力，实现优势互补，形成集合优势和竞争优势，从而将社会上的优良物流资源有效地吸引到一起，使高端物流进一步有序地运作和竞争，有效地配置社会物流资源。

6.4　智慧物流开启物流行业的一个崭新时代

2013 年 11 月 10 日，中国物流学术年会在福建省福州市西湖宾馆召开，中国首届智慧物流和智慧物流产业园区发展论坛由中物策（北京）工程技术研究院和 IBM 承办，论坛上提出了智慧物流和智慧物流产业园区的概念与特征。

1. 智慧物流

智慧与物流融合发展形成智慧物流，随着信息、金融、电子商务、物联网、人工智能等要素的注入，物流发展向高级形态演进，智慧物流不再是晦涩的概念，而是物流发展思维与趋势。

近年来，智慧物流的概念随着智慧城市、大数据、云计算和电子商务等热点词汇，以一个全新的面貌呈现在人们的视野中。智慧物流是技术成熟和配套积累完善的结果，也是资本逐利的结果。由于物流行业对成本具有天然敏感性，因此以物流技术驱动智慧物流发展的道路并不完全畅通，市场才是真正的推手，力量来自资本追捧。那么，资本又看中了什么呢？资本看中的是智慧物流带来的行业革命性爆发。

（1）智慧物流的概念。

智慧物流是指将互联网与新一代信息技术应用于物流业中，实现物流的自动化、可视化、可控化、智能化、信息化、网络化，从而提高资源利用率的服务模式，以及提高生产力水平的创新形态。

（2）智慧物流的含义。

智慧物流的含义是：优化的高效运作模式促进资源配置，实现管理订单化，合理优化库存，降低经营风险，降低物流成本。借助智慧物流连接数据模式和体验，可以推动供应链升级，影响社会生产与流通。

（3）智慧物流的特征。

智慧物流的特征是：从企业层面看，智慧物流是一种创新模式；从技术层面看，智慧物流是新技术改变行业的驱动；从行业层面看，未来的智慧物流是一种社会化的、颠覆性的高效物流系统；从时间层面看，未来的智慧物流是一种可持续发展的物流状态。开辟物流行业的新时代，推动协同物流模式创新管理，引入先进管理经验和体系，将智慧融入科学管理之中。

（4）物流效率的提高。

通过对数据采集、跟踪分析并建模，运用新技术对业务流程进行优化升级。结合北斗卫星导航定位系统实现物流智能管理和可视化管控。在库存管理中充分发挥数据的力量，完善各类预案，实现智慧物流管理。智慧物流是信息化、智能化、集约化和小批量定制的发展趋势，互联网及时反馈需求信息，提升了物流作业效率，降低了运营成本。通过创新引领，充分发挥技术优势，建立智慧物流生态体系，促进中国物流业的飞跃。

2．智慧物流与智能物流

1）智慧物流

实现互联网向外延伸，并与物流实体融合创新，使物流系统具有感知与精准执行能力，构建可自主提升的智慧物流体系。

2）智能物流

利用先进的物联网技术，对收集的大数据进行处理，对物流各流程实现精准监控，提高物流效率，降低物流成本。

3）智慧物流与智能物流的区别

（1）智慧物流能够实现感知与决策。

（2）智能物流不等于智慧物流，关键在于不能代替人做决策。

（3）智能物流的能力聚焦于"知晓"，聚焦于系统执行形成的闭环。系统只知其然，不知其所以然，还不具备智慧能力。

（4）智慧物流的优势在于执行与感知能力。

3. 物流园区是衔接智慧物流的重要载体

物流园区强调资源整合，以及智慧物流要素的构建，其发展对经济发展具有极强的推动作用。物流园区未来发展的必然趋势是，提高资源开发利用水平，加快信息化体系建设。

智慧物流产业园区是智慧物流由理论落到实处的最佳着手点。物联网技术、智慧科技融合于物流园区，不只停留在 RFID 和 GPS 阶段，物流园区成为物品、信息、物质、资金交流的"大舞台"。近年来，智慧物流相关领域研究不断深入，为相关项目运营提供了智力支撑。

（1）智慧物流产业园区的概念。

智慧物流产业园区是指以"智慧化"的创意状态和"智能化"的科学技术策划、规划、开发、建设、提升、管理和运营的物流企业集结聚合服务基地。

（2）智慧物流产业园区建设的目的。

智慧物流产业园区建设是为了让物流园区更加充分地发挥价值，以智慧化的方法来解决投资者、行业和政府关心的核心问题、疑难问题，最终让人和物，以及企业和市场、园区更加和谐，以促进社会的和谐发展。

在新时期要有新思路，更要有新作为，应发挥智能化优势，实现订单的便捷管理，以及全流程的可视化和智能化；应关注客户需求的新变化，开发体验式服务。

（3）物流园区的发展。

技术、物流仓储、产销等制约电子商务快速发展。智慧物流产业园区为电子商务物流难题解决提供了重要思路；升级转型的物流园区成为国家物流与供应链枢纽城市的载体。

智慧物流产业园区是利用产业及其土地的物业和服务功能与增值服务等资源，通过策划实现价值最大化的资源整合体。智慧物流产业园区开启电子商务和产业园区发展新时代。智慧物流产业园区将是未来发展的必然趋势。"电子商务"和"资本"两大推动力，在一定程度上正在倒逼传统物流产业园区加速转型升级。基于传统物流产业园区转型升级的需求，运用智慧化的思维，不断探索智慧物流产业园区的技术方案。智慧物流产业园区强调的是以智慧化思维贯彻服务产业，推动新一轮产业发展。

4. 积极推动智慧物流项目

智慧物流产业园区建设应发挥示范引领作用；应鼓励智慧物流设施设备与信息系统建设，推动企业与社会智慧物流系统融合，积极推进智慧物流产业发展；制定科学的人才培养方案，推动智慧物流专业建设，运用联合模式加强智慧物流人才培育。

智慧物流仓储系统以立体仓库和配送满足物流需求。随着机器人等新技术的应用，智慧物流仓储系统成为解决智慧物流存在问题的最佳方案。

在新零售时代，"线上线下一盘货，服务产品一体化"。在智慧物流体系中，物流资源参与物流环节，大数据促进供应链优化，以提高物流配送效率；智能仓储实施就近出库，根据订单装车，自动将货物运输到指定位置。未来，经过大数据分析形成结果后，品牌商发货模式将更改为直发，使运输路线最优。依托"互联网"云仓，电子商务发展了智能化仓储模式，基于智能自动化装备和信息化软件集成应用，智能云仓成为智慧物流的中坚力量。

5. 智慧供应链的特点及发展

全球经济已进入供应链时代，在数字化智能背景下，打造智慧供应链是在竞争中获得优势的关键。

（1）智慧供应链的概念。

智慧供应链是指整合人工智能技术，集服务各类产品、智能化于一体的供应链服务体系。

（2）智慧供应链的模式。

智慧供应链的模式为，通过数字化与智能化的整合，利用动态的管理方式，发挥智慧供应链的智能化优势，推动供应链创新协同和程控化模式发展。

（3）智慧供应链的特征。

智慧供应链的特征包括：在整条供应链中，深入洞察新势能和新格局，主动谋求创新发展、优化产业结构，为供应链发展创造新机遇。

（4）智慧供应链的特点。

市场要素、技术要素和服务要素是智慧供应链具有的特点。具体包括：

①侧重全局系统优化，注重供应链的绩效；②强调信息分享和协同，通过感知形成计划，聚焦流程端到端整合，形成智慧供应链；③提升服务精准性和有效性，促进服务迭代升级；④强调切入平台功能，涉及供应链全流程要素；⑤基于全价值链流程再造，拉动物流、采购、配送精益化。

（5）智慧供应链对制造企业的影响。

随着智能制造技术的发展，智慧供应链与生产系统连接，物联网融合智慧供应链，通过智慧供应链提供智能服务，这将从根本上改变制造业的运作流程。

（6）智慧供应链未来发展。

智慧供应链未来发展方向：①努力在极其有限的空间传达最大量的信息；②用最小的空间有效存放更多的货物；③用最短的时间以最快的方式传递更多的物品；④用最快、最有效的方式推动市场兴旺和繁荣；⑤供应链将以"智慧化"状态和"智能化"技术为主；⑥以"电子商务→快递→物流→仓储→信息→金融"的融合联动发展；⑦有利于全球现代供应链带动生产和消费的发展。

6.4.1　5G 智慧物流

随着 5G、数据中心、工业互联网等新基建进度不断加快，数据量爆炸式增长，源源不断地为推动数字经济及智慧物流发展注入新动能。

2019 年，工业和信息化部向中国电信、中国移动、中国联通、中国广电发放 5G 商用牌照，中国正式步入 5G 商用元年。万物互联不再遥不可及，5G 无人驾驶技术亮相，5G 智慧物流着手建设，打造先进的物流与供应链基地不再是空中楼阁。作为 5G 技术研发应用的先行者，以及智慧物流与供应链的践行者，5G 智慧物流与供应链基地已经踏上征程，将带来产业颠覆。目前，虽然 5G 成本高、运营投入高、覆盖范围广，要实现人、车、货智慧互联还需要循序渐进，但 5G 智慧物流绝对值得期待。

工业和信息化部将不断完善 5G 相关政策法规，推动相关企业加强协作，助力 5G 成功商用，支撑数字经济社会的发展。一是加强 5G 建设的政策保障，支持相关运营企业开展网络建设，鼓励各地出台站址规划等，着力打造高品质的 5G 精品网络。二是营造 5G 应用发展的良好环境，支持产业界举办应用征集大赛，推动相关企业加强与各行各业、各领域的沟通协作，深入挖掘 5G 的典型应用。三是继续推动 5G 增强技术的成熟，在加快 5G 产业链发展的基础之上，支持开展 5G 增强技术的研发试验，为 5G 后续的发展打好基础。

我国的 5G 技术、标准、产业已初步建立竞争优势。在技术标准方面，我国倡导的 5G 概念、应用场景和技术指标已纳入国际电信联盟（ITU）对 5G 的定义，我国企业提出的灵活系统设计、极化码、大规模天线和新型网络架构等关键技术已成为国际标准的重点内容。截至 2019 年 5 月，在全球 20 多家企业的 5G 标准必要专利中，我国企业占比超过 30%，居首位。在产业发展方面，我国率先启动 5G 技术研发试验，加快了 5G 设备研发和产业化进程。目前，我国 5G 中频段系统设备、终端芯片、智能手机处于全球产业第一梯队。我国一直秉持开放、包容、合作、共赢的理念，与全球产业界携手推进 5G 发展。全球移动通信产业发展已形成"你中有我、我中有你"的格局，各国企业通力合作、互利共赢。4G 时代，多家国外企业已经参与我国移动通信市场的建设；5G 时代，它们也不会缺位，将参与我国 5G 网络建设和应用推广工作，共同分享我国 5G 发展成果。

1. 智慧物流与供应链基地突破传统物流基地

传统物流基地经历了井喷式的增长，逐渐开始衰退，过山车般的发展模式导致传统物流陷入同质化无序竞争中。在运营管理过程中，客户资源少、服务管理不到位、安全漏洞大，导致一些传统物流基地利用率超低。智慧物流上线之后将会对传统物流基地在监督、管理、运用、降本、增效、安全、保障方面产生积极的效果。

智慧物流在技术上是传统物流不能比拟的，5G 智慧物流依托 5G 技术打造智慧物流与供应链基地，将自动化、无人驾驶、实时监控技术发挥得淋漓尽致，实现人、车、货高效匹配、便捷调动，而且使管理更方便、全程更可控。

在安全方面，人、车、货的状态完全数字化，司机的工作时长、疲劳状态实时监控，货物的存储安全异常提前预警，卡车的轮胎状况、油量使用情况都一目了然。5G 智慧物流对技术依赖大，建设门槛高，规划应超前完善。

2. 智慧供应链建设面临的挑战及未来的发展路径

智能制造政策陆续出台，智慧供应链升级成为必然趋势，应从"制造"向"智造"转型，构建智慧供应链生态圈。

目前，智慧供应链建设缺少战略策划，其构建可推动智能制造发展。

（1）强化供应链战略。

中国供应链系统基础薄弱，对供应链的本质认识不深。没有智慧供应链战略，就没有价值引导，在面向智能制造时就会存在困难。未来，应加深对智慧供应链的理解，制定发展战略，明确发展方向，引领智慧供应链向智能化迭代升级，保证发展目标的实现。

（2）协同合作打造智慧供应链平台。

供应链上下游企业协同互动，通过物联网技术融合，构建智慧供应链平台，实现与上下游资源的联动、集成共享，形成智慧供应链生态圈。

（3）供应链人才的引进和培养。

人才是智慧供应链系统构建的关键。注重供应链人才的培养，着重从人才建设角度出发：一是培训，为智慧供应链系统的构建提供保障；二是与院校合作，形成产学研用人才培养模式，为智慧供应链系统注入新鲜血液。

（4）上下游深度协同合作，加快智慧供应链建设步伐。

在智慧化大趋势下，上下游深度协同合作，加快智慧供应链建设，加快转型升级，推动物联网技术应用。

3. 5G 智慧物流虽在起步阶段，但前景可期

5G 智慧物流虽处于起步阶段，但 5G 智慧物流与供应链基地发展前景可观。目前，国内物流与供应链标杆企业和技术龙头企业已经涉足这片空白区域。例如，京东已经宣布开始筹建旗下首个智慧物流与供应链基地；华为打造了省级示范样板智慧物流与供应链基地。

建设 5G 智慧物流与供应链基地将是一项对软/硬件要求超高的长线工程，只有技术和资本强势合作、全力驱动，并且借助政策强大的后援保障，才能打造5G 智慧物流与供应链基地。5G 智慧物流与供应链肯定会颠覆传统物流行业，打破传统物流困境，带动传统物流与供应链走上降本增效的转型之路。

6.4.2　智能制造下的供应链变革

在全球现代供应链时代，各国竞争转化为供应链之间的竞争。打造智慧、高效的供应链，是在竞争中获得优势的关键。智慧供应链的创新，将根本改变运作方式，推动产业重构与迭代。

当前，创新升级的突破趋于智能化，制造业供应链逐渐向智慧化迈进，成为智能制造的重要引擎与核心竞争力。智能物流的综合作用，将为物流行业带来全新变革。

1. 智能物流的涵盖领域

智能物流是指利用物联网技术，在物流各环节实现自动化与智能化，提高

物流服务水平。21 世纪是一个物流全球化的时代，制造业和服务业逐步一体化，物流规模日趋庞大并逐步拓展，传统的物流活动正向集约化、协同化的方向发展。

智能新技术的创新应用成为共享知识的生态场景，成为未来发展智能物流的基础。越来越多的智能制造探索，不但推动了电子商务领域的发展，而且极大地推动了物流领域的发展。智能物流的理念开阔了物流行业的视野，面对智能化带来的市场机遇，将信息技术引入物流行业，推动了中国物流行业的变革。

智能物流融合了大数据、物联网和云计算等新兴计算机技术，站在行业的前沿，以敏锐的嗅觉实现资源化配置、物流信息化，以及物流系统效率的提高。

智能物流的出现，使物流系统能模仿人的智能，在网络管控新阶段达到动态的、实时控制的管理水平。物流系统具备仿真解决问题的能力，根据实际水平和需求来确定信息化的涵盖领域，提升现代化物流管理效率。这肯定是未来的发展方向，智能物流市场将快速发展，预计到 2025 年，其规模将超万亿元。

2. 智能物流的综合作用

（1）智能物流被赋予更重要的使命。

在大数据与智能制造大环境下，智能物流正在成为制造业物流新的发展方向。智能物流指在流转过程中获取信息，然后剖析信息做出决议计划，通过互联网和物联网，采用信息技术等让货品管理主动化、信息化和网络化，整合物流资源，实现从源头端追踪产品。智能物流利用先进的物联网技术，通过移动通信技能等手段形成大数据，并经过大数据计算处理，满足了现代经济运作特性的需要，对物流各环节达到精准监控，强调信息流与物质流通畅运转，降低了社会物流成本，提高了生产效率。

（2）物联网是智能物流的应用基础。

利用先进的信息技术，提升物流系统分析决策能力和智能化管理水平，优化物流活动的全过程。通过大数据技术平台，整合社会资源，强调信息流与物质流快速、高效、通畅地运转，提高物流服务水平，减少社会资源消耗。

智能物流大量应用机器人、激光扫描器、RFID、数字化制造系统、视觉检测定位，实现物流各环节的自动化、智能化，个性化服务特征明显，可以为客户量身定做，实现智能制造与智能物流的有效融合，同时为企业提供配套服务。

通常，物流过程是商流、物流、信息流、资金流、人流的统一。智能物流包含智能立体库房、库房机器人、移动机器人、码/拆垛机器人、高速堆垛机、高速分拣体系、智能运送体系等，并采用铁路、公路、海运、空运的多式联运体系等，厂商可直接与终端用户打交道，在很大程度上降低了物流成本。

传统物流是人工控制的。智能物流由自动化物流发展而来，智能物流采用程控化的自动执行系统，为物流行业带来全新的管理方法。

与传统物流相比，智能物流信息化程度更高。在物流系统中，当知道了感知信息，知道了如何分析，并根据分析结果知道了如何执行，智能物流作业过程就可以做到无人化，人也可以成为智能物流执行系统的一部分，其本质上就是通过数据处理创造更具有综合内涵的社会价值，通过电子数据交换技术成为整个供应链一体化的主干。

3. 智能物流的特点

智能物流通过云计算和大数据处理等手段分析市场偏好，为企业的战略布局提供依据。其特点在于智能感知、智能整理、智能分析、智能优化、智能链接、智能修正、智能反馈等。

（1）智能感知是指物联网感知能力。智能物流的智能化重点主要是执行能力与感知能力的智能化，可实现感知智慧。

（2）智能整理。主要从物流系统是否具备了"智"的能力这个角度去认识智能物流，其在继智能感知之后实现了整理智慧。

（3）智能分析。智能物流系统从状态感知、信息交互到实时分析，做到理论与实践相结合。智能物流系统自行调用经验数据，发现薄弱环节，实现调用智慧。

（4）智能优化。智能从"知"的能力角度去判断，提出方案使决策更准确，实现创新智慧。

（5）智能链接。智能物流每个环节相互联系、互通有无、共享数据，为各环节提供支持，实现协同智慧。

（6）智能修正。智能物流具备可感知、可计算、可交互、可延展、可决策的功能，遵循快捷、有效的路线运行，在发现问题后自动修正，备用在案方便查询，实现修正智慧。

（7）智能反馈。智能物流是否具备了"智"的能力，还要知道这种能力是如何产生的。反馈是智能物流系统不可少的环节，贯穿智能物流系统并提供强大的保障，实现反馈智慧。

4. 功能上要实现六个"正确"

智能物流在功能上要实现六个"正确"，即货物、数量、地点、质量、时间、价格"正确"。降低物流成本和提高物流效率，需要准确、及时的数据采集和分析决策能力作为支撑。

随着信息社会的高速发展，由于交通运输、仓储设施、信息通信、货物包装和搬运等对信息的交互和共享要求较高，而随着大数据技术的不断革新，智能物流越来越多样化，可满足个性化的服务需求。

5. 从服务上支持智能物流

服务促进新的商业模式，促进改变物流作业的现有模式，形成在线租用、自动配送和返还、优化保养和设备自动预警、自动维修等智能服务新模式。

通过整合物联网相关技术，集成分布式仓储管理及流通渠道建设，实现高效地向客户提供满意的物流服务，以获得规模效益。智能物流要实现物流中运输、存储、包装、装卸等环节全流程供应链管理模式，实现由"自动化"向"智能化"的转变，需要现代信息技术的支撑。

智能产品+状态感知控制+大数据处理，使供应链智慧地融入并串联起生态圈，打造了流程无界限的智慧企业。运营的数据、产业链上的数据、外部数据等的收集，使监管更彻底、更透明。智能物流集多种功能于一体，体现了全球现代供应链整合社会资源的特点，有助于全球现代供应链体制的改革。

6. 智能物流的特征

（1）自动化。

将电子化的发展成果应用到全球现代供应链，可串联整个供应链在全球的活动，还可根据数据预判尚未发生的全球现代供应链活动。智能物流具有作业自动化、管理网络化、决策智能化的特点，可向多领域延伸增值服务。

（2）个性化。

智能物流的创新方向在于个性化的高质量物流服务，围绕个性化这个核心，满足个性化的需求。通过应用物联网技术和完善的网络，智能物流构建面向生产企业、流通企业和终端的社会化共同配送体系。

（3）一体化。

智能物流体系主要分为供应链数据处理模块、信息网络模块、硬件设施模块，支配着分析推理、资讯传递、行为操作等功能。随着技术应用、数据共享、信息互通的不断完善，供应链各模块合理融合，基于 RFID 等自动化技术衍生出主动计算并反馈的智能技术手段。全球现代供应链应用供应链物联网和高新技术，具有先进的智能供应链管理技术和理念，其基础是数据的采集、处理、利用。在智能物流服务过程中，全球现代供应链系统将原本分散独立的各环节集合成一个效率优化、成本能耗小的运作系统，一方面促进供应链基础控制与决策、优化管理流程、提高行为效率，使得企业利润提高；另一方面促进供应链的发展，使服务质量得到提升。

（4）技术性。

技术在供应链内占据主导地位。一是因为产业的发展高度依赖相关技术的发展，智能物流服务产品的发展很大程度上取决于供应链物联网技术的革新。二是因为技术种类多，主要包括信息识别与感知技术、网络通信技术、人工智能技术、数据仓库与数据挖掘技术，供应链各环节都需要尖端的技术。三是因为技术相对复杂，智能物流领域应用的很多技术都是物联网前沿技术，在实际应用中其稳定性、安全性、便捷性等都存在一定程度的不足。

（5）应用性。

物联网技术在全球现代供应链的应用，给全球现代供应链插上了大数据技术这双翅膀，现代全球现代供应链进入一个发展的新阶段。一是应用重要程度高。智能物流的工作模式决定了物联网技术在全球现代供应链的落地效果，会直接影响服务对象的体验。二是应用行业多。智能物流综合运用供应链管理方法，涉及智能仓储、智能运输、电子商务、移动支付等方面。三是应用方式和水平高。智能物流具有作业自动化、管理网络化、决策智能化的特点。全球现代供应链的格局，从智慧生活层面改变了社会生活方式，为智慧城市提供了技术支撑和服务基础。

6.4.3　中国电子商务充满生机地创新发展

1. 电子商务对商业格局产生了重大影响

中国电子商务经历了翻天覆地的变化。放眼电子商务市场，电子商务从业者不间断地变换战略，将电子商务行业推向国际前沿，引发全世界的高度关注。电子商务利用计算机技术、网络技术和远程通信技术，实现整个商务（买卖）过程的电子化、数字化和网络化。中国电子商务市场高速、稳定增长，电子商务交易额在消费总额中所占的比例从几乎为零起步，开始稳步增长为我国扩大消费的一个主要渠道。同时，电子商务促进了相关产业的变革和发展，其蓬勃发展还扩大了社会就业。电子商务从 B2B 到 B2C、C2C 逐渐壮大，逐步进入中国老百姓的生活。电子商务从一个概念发展到今天，变成推动中国经济发展及实现结构转型的重要力量，对传统商业产生了巨大的冲击。更为重要的意义在于，更多的人通过电子商务参与社会经济的链条中来，在新行业和新职业中产生了新活力。随着电子商务的发展壮大，第三方服务开始崛起，也催生一批新的职业类型，如财务管理类 IT 服务商、网店装修等。成百上千个网络服装品牌崛起，年销售额甚至超过亿元。大批传统品牌和百货店尝试电子商务业务，团购网站、网红主播等爆发式增长。交易额印证了中国网民的消费能力，体现了电子商务蕴藏的巨大增长潜力。未来，随着更多电子商务平台的熟练经营，交易额的增长潜力将不断释放。如今，电子商务已经对中国整个商业格局产生重大影响，一个全新的市场格局诞生，中国电子商务产业迈向更高的台阶。

2. 物流关乎电子商务企业的成败

历经发展，我国的电子商务正逐渐形成稳定的行业生态链，国内电子商务和互联网巨头纷纷对各自的产业链结构进行整合。为了面对未来复杂的商业系统生态化趋势，以及互联网带来的机会和挑战，同时让组织能够更加灵活地进行协同和创新，将商业生态系统变得更加透明、开放、协同、美好，电子商务企业近几年纷纷砸重金投向物流行业。在信用、支付等难题解决之后，物流快递业、专业仓储服务商成为电子商务成长的最大瓶颈，但最大的瓶颈也将是最大的竞争力所在。物流是电子商务的生命线，物流关乎电子商务企业的成败。

电子商务改造传统服务业、传统工业制造业甚至传统农业，其不仅把卖场搬到互联网或智能手机上，而且综合了移动互联、在线交易、互联网金融、大数据、云计算、线上线下整合等新技术。第三方支付、余额宝、微信支付等的出现使银行、基金、保险等传统领域不得不寻求转变。在移动互联网时代，电子商务业务的导入，使得微信成为首个闭环交易电子商务平台的可能性增大。传统电子商务均受到不同程度的冲击，以往"得渠道者，得天下"的定律将被彻底颠覆。物流和电子商务的对决与融合也使物流行业出现新气象，电子商务供应链、物流园区及智慧物流等深刻影响着产业链、供应链的变革。

3. 多元化及差异化发展

中国的互联网发展虽然起步比国际互联网晚，但进入 21 世纪以来发展迅速。网络购物应用也呈现快速增长的势头。团购领域的数据显示，团购用户数量继续保持相对较高的增长率。在网络营销受到重视、网民消费观念转变等因素的影响下，不少商家纷纷打破单一的经营模式，在传统渠道外开拓网络渠道，以寻求销售的新增长点。传统商家对网络渠道的应用不断深入，传统渠道和网络渠道正在加速融合。在网络经济快速发展的同时，手机端电子商务类应用也在迅速扩张。手机团购、手机在线支付、手机网上银行 3 类用户在手机网民中的比例均有所提升，这 3 类移动应用的用户规模飞速扩大。今天，网络购物已经成为一种大众习惯的购物模式。除了在国内的各大电子商务网站消费，我们还可以在世界上任何一个角落搜索需要的物品，世界是平的，互联网帮我们实现了"零距离"的购物体验。整个电子商务行业呈现多元化和差异化的发展趋势。

4. 从 IT 时代进入 DT 时代

云计算、互联网、智能终端及其上的平台、服务业、商业生态等，正在催生信息时代的一整套新经济体系。全球经济演变的本质就是科技突破带来生产力和生产关系的变革。起初，我们用互联网发邮件，互联网被当作一种工具；后来，出现了电子商务、搜索引擎，互联网又被当作一种渠道；现在，已经进入信息经济时代，互联网变为基础设施。

发展创新深刻的背景就是信息技术的变化，技术是创新力的重要基础。数据取代劳动和资本成为新的生产要素，旧的商业模式被互联网颠覆了。全产业信息生产力的形成又会带来生产关系的变革，以往的分工模式也变成以共享为主导、以消费者为主导的模式。大数据使信息经济名副其实，我们从 IT（Information Technology）时代进入 DT（Data Technology）时代。

5. 企业更加扁平化

互联网作为技术和工具，可以在任何结构下使用，但在互联网时代，商业模式、组织架构其实与信息结构是息息相关的。信息结构本身决定了生产组织的结构和方式，对于这一点，很多企业缺乏认知。什么是互联网的信息结构？就是对等、分布、无中心。我们经常会听到一句话，不管技术怎么变，商业的本质是不变的。这个说法从字面上没有错，但暗含的意思值得思考。技术的演化和商业的演化，其实是同步展开的，它们要相互匹配，涉及的是整个商业模式的变革。这是一个互联网颠覆一切的时代，若还坚持传统的流程和管控方法，不放宽视野，就会成为时代的落伍者。

6. C2B 将应用于各行业

新的基础设施、新的要素、新的结构，这其实是理解信息时代生产力的 3 个关键，新的生产力正在崛起。这 3 个关键对每个人、每个机构来说，就是赋予其一种新的能力——信息能力。

每个时代、每种新技术的出现，都会产生一次赋能。每次新技术赋能的过程，都是权力转移的过程。信息技术赋能，消费者是最大的获益群体，因为信息不对称的现象在改变，消费者将成为主导者。在这个基础上，整个商业模式将从企业的标准化生产，转向消费者的个性化定制。C2B 是指由消费者驱动，通过倒逼来传导，可以优化营销流通、设计生产、物流仓储及原材料供应环节。B2C 是大众传播模式；而 C2B 提供定制和个性化服务，是微博微信模式。另外，C2B 不仅是单纯的商业模式，还可以应用于各行各业，从制造业到零售业，从金融业、物流业到广告传媒业，互联网经济时代的所有行业都将越来越电子商务化。

7. 电子商务生态——给市场更多选择

如今，电子商务已经成为大众的生活消费方式，服饰、电子产品、图书、电器、百货、日化、食品等，几乎所有的品类都已经"上网"。另外，因为智能手机的普及和物流的建设，电子商务正在不断打破禁区，从日常的水、电、煤、气到打车、挂号，都已经统统覆盖。如今，电子商务卖家的规模已经达到超级规模，用户规模更是高达几亿人，年度交易规模惊人。电子商务的业态也从初始单一的外贸，陆续发展为 B2B、C2C、B2C、B2B2C、C2B 等日趋丰富、多样的形态，从消费到生产、从互联网线上网购到线下 O2O，电子商务越来越深入地渗透进生产和生活。电子商务领域树立了信用、交易、支付等多个标杆，并从最初的 B2B 陆续延伸出 C2C、B2B2C 等多样的电子商务业态。电子商务目前仍处于"多元一体"的格局，打造电子商务生态市场需要更多选择。在资本市场上，经历了培育和繁殖，电子商务终于结出了"盛夏的果实"。如今，电子商务踊跃上市，整个资本市场迎来了一场大规模的狂欢。与此同时，互联网公司裹挟资本优势，通过并购、投资不断渗透到传统的金融、零售、医药、汽车、旅游等行业。

8. 中国电子商务在全球产业链中创新

2013—2016 年是"电子商务大时代"——拨开电子商务行业纷繁杂扰的是是非非，透过现象探求行业发展的本质，笑看电子商务大时代的风云变迁。2017—2019 年则是从"电子商务之竞合"热潮迈入"互联网+"的时代，电子商务在竞合中创新商业模式的逻辑。2020 年，全球产业链与价值链融合成为电子商务发展的新方向，在"互联网＋"新常态下，各路电子商务都在铆足力气前行，推动中国电子商务在全球产业链中创新。2020—2030 年，电子商务将深刻嵌入人们的生活，改变甚至决定未来的产业模式与贸易方式。

6.4.4　智能物流发展驱动供应链的因素

1. 大力推进"互联网+"供应链

自 2015 年以来，各级政府先后出台了鼓励物流行业向智能化发展的政策，给物流行业发展带来丰富的想象空间，为智能物流模式带来创新。智能物流应此潮流而生，发挥互联网平台实时、高效、精准的优势，有效提高物流行业的管理效率，降低成本，提高经营效益，实现运输工具和货物的实时在线化、可视化管理，激发市场主体创新活力。

物联网在物流智能化过程中充分发挥优势作用，并使物流产业沿着正确的方向快速发展，重点发展了高效的现代化物流模式。

深入推进共同配送试点，总结推广试点经验，培育一批具有整合资源功能的城市配送综合信息服务平台；运用北斗导航定位等技术，并与智能化物流网络深度融合，建设智能化物流体系。

2. 新商业模式涌现，对智能物流提出要求

在智能物流领域，电子商务、泛电子商务"独角兽"、新零售、C2M 等各种新型商业模式快速发展，对物流行业产生影响，同时消费需求也从单一化、标准化向差异化、个性化转变，这些变化推动物流行业向自动化、无人化、数据化、智能化发展。新商业模式对物流服务提出了更高的要求，物流行业内企业积极布局智能物流。

（1）电子商务被赋予经济增长点等诸多产业使命。

移动互联使产业发展更活跃，移动电子商务毫无疑问是当前最热门的话题。当前，企业不仅要推动移动购物的发展，更希望布局整个移动产业链。随着移动互联网及电子商务差异化的发展，平台类型的电子商务已经不再单纯地比拼价格，而是各自寻找适合自己的发展之路。随着互联网上本地化电子商务的发展，信息和实物之间、线上和线下之间的联系变得更加紧密。O2O 正在改变很多人的购物方式，而其盈利模式也相对清晰。O2O 经营者不能仅锁定低价路线，而应当借助自身优势，帮助传统企业更好地与用户进行深层次沟通，深度了解用

户需求，甚至让用户和"粉丝"参与产品研发。如此一来，用户在网上消费不仅在买产品，而且带有感情。工业和信息化部将电子商务纳入国家产业发展的范畴，政府和高层领导开始关注行业发展，电子商务已被赋予转变经济发展方式、优化产业结构并形成新的经济增长点等诸多产业使命，电子商务前景看好。

据国家统计局公开数据，2019 年我国网上零售额达 106324 亿元，比 2018 年增长 16.5%。其中，实物商品网上零售额为 85239 亿元，同比增长 19.5%，占社会消费品零售总额的比重为 20.7%。在实物商品网上零售额中，吃、穿和用类商品零售额同比分别增长 30.9%、15.4% 和 19.8%。跨境电子商务快速发展，交易规模持续增长。2018 年我国跨境电子商务交易额超过 9 万亿元，达到 9.1 万亿元，同比增长 19.5%；2019 年我国跨境电子商务交易额达 10.8 万亿元，2020 年我国跨境电子商务交易额达 12 万亿元。

（2）泛电子商务"独角兽"。

电子商务业态泛化形成一种能力输出至各场景，受益于品牌与消费的两极化发展，品牌与商品的立体化展现形式逐渐被年轻一代用户接纳。泛电子商务是指以互联网为依托的实物销售、服务平台，主要行业包括 B2B 电子商务、零售电子商务、生活服务电子商务、在线教育、在线租房、在线医疗、交通出行、金融科技（电子商务交易相关）、物流科技（电子商务交易相关）、企业服务等。

"独角兽"这个概念最早是于 2013 年提出的，指的是市场上那些发展速度快、数量少，并且适合投资的创业企业。"独角兽"的标准是创业 10 年左右，企业估值超过 10 亿美元，在一定程度上代表了创业与投资方向、行业热点乃至未来趋势，其中以电子商务、移动互联网、科技类为主流。在"独角兽"企业中，不乏市场估值超过 100 亿美元的超级企业，称之为"超级独角兽"。"独角兽"企业的实力雄厚，能够成为新兴科技行业的领头羊，能够带来各方面的积极影响。

2020 年 3 月 24 日，《2019 年度中国泛电商"独角兽"数据报告》发布，2019 年泛电子商务"独角兽"共 141 家，同比增长 19.5%；总估值达 6746.24 亿美元，同比增长 4.8%，平均估值 47.85 亿美元。

（3）新零售。

零售业作为一个历经变革的古老行业，如今正悄然发生变化。一方面，大批的传统零售商面临势不可挡的"关店潮"而焦虑不已；另一方面，很多零售商迎来了重大的机遇，获得了迅速的发展。当然，网络零售并非没有天花板，经过商业零售的大调整之后，如今网络零售的增速也已经放缓，零售行业迫切需要新的变革。目前，我国零售业整体面临巨大的发展压力，为了实现突破性发展，整合线上、线下渠道似乎是唯一的出路。这种渠道整合在 2016 年年初就出现了。例如，小米开始布局线下零售；当当网和亚马逊开始布局线下实体书店，等等。在线上电子商务向线下实体店发展的同时，线下实体店也开始着手朝线上发展。例如，永辉超市与京东合作布局 O2O 电子商务；上海宜家家居开始布局电子商务渠道，等等。从整体来看，自新零售出现之后，我国零售业线上和线下的界限将被彻底打破。在这种状态下，影响零售商发展的因素不再是模式与渠道，而是消费者。谁能满足消费者的需求，为消费者提供更高效、更极致的体验，谁就能领先。

新零售模式的提出，使我国零售业未来的发展局面逐渐明了。要分析新零售的发展前景，就需要对我国零售业的发展进行大致的梳理。新零售刚兴起时，企业以互联网为依托，主要从事零售贸易的机构通过运用大数据、人工智能等先进技术手段销售商品。在新零售与智能制造双轮驱动下，物流产业向更智能化、科技化的方向发展。在这一模式下，零售额反映了一定时期内经济活动的水平，同时，企业利用消费者数据合理优化库存布局，实现零库存。在互联网时代，这可利用网络妥善解决可能产生的逆向物流等诸多问题，以积极地满足智能物流需求。

（4）C2M。

C2B 是指客户对企业，由用户需求驱动生产制造，去除了所有中间流通加价环节；C2M 是指客户对工厂（制造企业）。互联网改变产业，早期互联网以改变商业为主，近年来互联网向以改变制造业为主过渡，连接设计师、制造商，为用户提供顶级品质、平民价格、个性且专属的商品。在这个过程中，制造业的设备、流程将在信息化基础上联网，实现更大范围的制造协同。在这个模式下，消费者的诉求将直达制造商，使个性化定制成为潮流。C2M 能够更加确切地表达个性化定制的内涵，可对物流及时响应。个性化定制是制造业的互联网化，其对定制化匹配能力等智能化提出了更高的要求。

3. 物流运作模式革新，推动智能物流需求提升

在互联网时代，物流行业与互联网结合，正由自动化、无人化向数据化、智能化发展。物流行业原有的市场环境与业务流程改变了，推动出现了一批新的物流模式和业态，如车货匹配、众包运力等。无人机、机器人、智能快递柜、可穿戴设备、3D 打印、大数据分析等技术已经逐步开始商用，基础运输条件的完

善及信息化的进一步提升激发了多式联运模式的快速发展。

新的运输运作模式正在形成，与之相适应的智能物流快速增长。人工智能正处于研发测试阶段，未来前景远大。车货匹配具有先进的商业模式，分为两类，即同城货运匹配、城际货运匹配。车货匹配平台应用前景明确，货主发布运输需求，平台根据货物属性、距离等智能匹配平台注册运力，并提供各类增值服务。独立于物流公司和电子商务平台的车货匹配，对物流数据处理能力、车辆状态与货物的精确匹配度能力要求极高。

运力众包，主要服务于同城匹配市场，兴起于 O2O 时代，由平台整合各类闲散个人资源，为客户提供即时的同城配送服务。运力众包一键发订单入配送池，配送员抢单分单、定位调度、轻松结算。平台的智能物流挑战包括如何管理运力资源，如何通过距离、配送价格、周边配送员数量等数据进行分析，众包配送为消费者提供最优质的客户体验。

多式联运（Intermodality），是采用两种或两种以上不同运输方式进行联运的运输组织形式，包括海陆、陆空、海空等多种类型的现代化运输组织模式，在"一带一路"倡议实施过程中，迎来了加速发展的重要机遇。新的物流模式和业态基础运输条件的完善，以及信息化的进一步提升激发了多式联运模式的快速发展。由于运输过程中涉及多种运输工具，可以以集装箱为单元，将运输方式有机地组合，实现全程可追溯和系统之间的贯通，构成连续的、综合性的一体化货物运输系统，其中，信息化的运作十分重要。同时，新型技术如无线射频识别、物联网等的应用大大提高了多式联运、换装转运的自动化作业水平。

4. 物流系统智慧化

智慧供应链成为制造业供应链的发展方向，最终实现生产和消费的直接连接。在新形势下，智能制造对物流系统提出了新的要求。

（1）智能化。

智能化是智能物流显著的特征。智能物流系统实现整个流程的自动化与智能化，实现制造与物流的智能融合。

（2）数字化。

智能物流系统要实现物流网络全透明、实时控制，关键在于数字化。只有全流程数字化，才能使物流具有智能化的功能。

（3）信息系统互联。

智能物流系统互联互通、相互融合、无缝对接、保障流畅；智能物流系统依托大数据等技术，实现网络全透明和实时控制，保证数据的安全性及智能物流系统正常运转。

（4）网络化。

网络化，强调资源的无缝链接，实现从商品开始生产直到最终交付过程的智能化。通过物联网技术智能链接，形成网状结构，以快速交换和自主决策。网络化保证了系统的高效率和透明性，可以充分发挥系统的作用。

（5）柔性化。

需求高度个性化，产品创新周期缩短，这些是智能物流必须迎接的挑战。智能物流需要保证柔性化生产，根据个性化需求调节生产节奏，提高效率，降低成本。

5. 智能物流晋级 4 个应用场景

（1）需求猜测。

需求猜测是指，通过收集用户消费特征、预期需求、商家出售量等大数据，运用算法进行评估，提早猜测需求，优化前置仓储与运送环节。需求猜测现在已经有了一些应用，但在猜测精度上仍有很大的提升空间，未来需要扩充数据量、优化算法。

（2）设备保护猜测。

通过使用物联网，带动设备创新能力，在设备上安装芯片，可实时监控设备的运转数据，经系统集成并进行大数据剖析，实现预先保护，形成保护带动效应，延长设备运用寿命，提高核心竞争力。随着机器人与设备在物流环节的应用，设备保护猜测将是未来应用十分广泛的一个方向。设备技术创新机制有机结合技术创新体系，如在物流车辆设备上安装芯片，可经过数据剖析后对车辆进行提前保养。

（3）供应链危险猜测。

经过对反常数据的收集，对不正常状态进行判断，对这个过程中形成的货品损坏等进行猜测，以提高产能。

（4）网络及路由规划。

运用数据、时效等构建剖析模型，对网络及路由进行规划，以对仓储、运输、配送网络进行优化布局。对于以快运业务为主的运输网络，区间配送时效及运力直接决定运输网络品质。例如，经过对消费者数据的剖析，提前在距离消费者最近的库房进行备货。合理配置分拨中心是构建运输网络的第一步，可完成实时路由优化，在核心竞争区域达成全网络覆盖，辅导车辆采用最佳线路进行跨城运输与同城配送，基于网络平台实现服务器选择算法和路由规划算法。

6. 大数据助力智能物流技术的 5 个应用场景

（1）智能运营规划处理。

未来，经过机器学习，运营规划引擎将具备自学习、自适应能力，可深耕精细化运营优化服务，引领行业智能在感知事务条件后进行自主计划。智能运营规划在智能监管方面的挑战主要来自公平性、透明性和责任认定。在不同场景下，依据产品品类等条件自主设置订单生产方式、交付时效、运费、反常订单处理等运营规划，完成智能处理。

（2）最优解决库房计划。

人工智能可以依据实际环境的种种条件，秉承"安全、相信、创新、质诚"的经营管理理念，坚持从客户需求角度出发，如针对顾客、供应商和生产商的地理位置、运输经济性、劳动力可获得性、建筑成本、税收制度等，通过专业的技术，进行不懈的努力及充沛的优化与学习，成就客户、员工，给出接近最优解决库房计划的形式，推动库房业不断向前。

（3）改进辅佐决议。

运用机器学习，归纳专家体系、计划支撑体系，识别人、物、设备、车的状况，学习优异的操作人员的指挥调度经历等，对规划计划进行归纳剖析，完成辅佐决议和主动决议，使辅佐决议的作用大大提升。

（4）图像识别。

利用计算机对图像进行处理，运用图像处理技术从视频中提取图像，基于图像识别和卷积神经网络提高手写运单机器的识别率和准确率。计算视觉商业化应用的逐渐落地，将大幅度削减人工输单的工作量和差错的可能性。

（5）智能调度。

结合大数据与机器学习，经过对产品数量、体积等数据的剖析，对各环节如包装、运送车辆等进行智能调度。智能调度经过测算百万 SKU 产品的体积数据和包装箱尺寸，运用深度学习算法，高效匹配并智能核算，从而推荐耗材和打包排序，激活闲置资源，合理安排箱型和产品摆放计划。

6.4.5　大数据驱动集成智能化技术的新方向

随着"互联网+"的兴起、物联网技术的应用，大数据驱动集成智能化技术成为新方向，仓储管理向自动化、智慧化发展，智慧仓储成为仓储发展的热点。传统仓储管理和运作模式难以及时、准确地处理订单，仓储物流是物品流通的载体、电子商务的血液，新型智能无人仓对企业提高仓储物流效率和物流高质量发展具有重要意义。

1. 大数据驱动集成智能化技术的载体

（1）大数据驱动智能无人仓。

在大数据驱动下，智能物流具有更为广阔的视野，向智能无人仓发展，实现智能信息化服务，包括智能交易匹配、电子运单、网上结算等互联网智能服务，提高全程服务效率，并逐步影响行业系统。利用集成智能数据解决物流中的某些问题，将是未来的发展方向，也将成为行业系统转型升级的一个新方向。

（2）大数据驱动集成智能化技术。

在作业过程中，应用大量运筹与决策的智能化，根据需求柔性化调节运营作业流程与技术工艺。

（3）集成智能仓的特征。

无人仓是智能化技术、智能物流设施与装备和产品融合应用的一个重要场景，可以实现自动入仓、出仓、匹配、实时库存管理、仓储大脑和机器人无缝衔接、AR作业、包裹跟踪定位等场景，其中5G和数字化将发挥重要作用。集成智能仓最终实现所有人、设备、货物的一体化交互互联，以及智能化、自动化的全方位调度、监察、控制、预警和管理。

（4）智能化管理新模式与特色。

大数据构建"工业4.0时代"与5G时代的智能化管理新模式，重塑大数据技术应用的新模式。以"大数据构造管理智能化、业务服务全程化、行业效益长远化"为特色，面向全业链，通过智能化技术集成、平台整合，感知需求并做出更好决策，确定先进性指标来支持并不断完善集成性服务，进而推动智能化技术在电子商务等行业的应用，这是整个系统经济发展的新引擎。

（5）数据交换功能。

对相关仓储、检验等系统管理部门的信息及业务进行电子化作业，实现信息互通和共享，具备存证管理、单证转存、用户管理和统计管理等功能。

2. 大数据智能化新模式管理功能

为适应管理的多样化需求，利用大数据技术将智能仓库系统进行模块化设计，其具有九大功能模块：①管理与集成，提供数据应用分析、数据安全管理，通过多模块数据管理实现数据集成；②数据管理模块，提供物流服务及物品配送线路、停车和客服等的管理；③分拣包装配送，为运输活动提供运营管理，并提供货物运输状态的跟踪信息；④订单处理，提供订单提交、传递和管理服务；⑤仓管及库存水平，提供仓储管理、中转、运输、配送、货物处理等服务；⑥数据监控系统；⑦查询与数据分析；⑧数据电子商务，提供物品在线展示；⑨数据交换中心。

3. 供应链仓储管理向自动化、智慧化发展

通过信息化、物联网和机电一体化共同实现智慧物流，从而降低仓储成本、提高运营效率、提升仓储管理能力。例如，企业利用射频识别、网络通信、信息系统应用等信息化技术，实现出/入库、移库管理信息自动采集、识别和管理，实现智慧仓储。

依靠智能化物流系统应用集成，实现机器代替人工，以及全仓储流程的无人化，达到降本增效的目标。在智能无人仓中，到处是机器人和机械臂的身影，各种物联网技术联动交互。智能无人仓出现在各企业视野中，让不少企业产生了一种误解，智慧仓储就是无人仓储。实际上，智慧仓储并不等同于无人仓储。

在推进智慧仓储项目时，前沿性的无人仓储吸引了人们的视线，虽然无人仓储也能给企业带来收益，但无法解决企业的核心问题。无人仓储只是智慧仓储的一种方式，智慧仓储的概念远大于无人仓储的概念。

智慧仓储实施过程中强调的是物流过程的数据智慧化、网络协同化和决策智慧化，通过智能物流系统的智能机理满足仓储需求。

4. 供应链物品仓储管理水平的提升

供应链系统物流中心倡导智慧物流，拟建设新型智能无人仓，通过建设智能化、可视化、服务型物品仓库，打造供应链一流储备能力。规范供应链系统中物品的发放，确保发放有序，加强物品发放的监管，营造一个宽松有效的资源环境，更好地服务于供应链上下游。

物品仓储管理对整个供应链的水平影响巨大。针对仓储管理自动化程度不高的现状，从提高效率、减少成本的角度出发，在现有业务基础上，加快物品仓储任务处理速度，提高工作效率，以方便实际操作，进而全面提升物品供应服务水平和管理水平，优化仓储管理流程。通过科学的编码，对货物的批次、保质

期等进行管理，进而掌握所有库存货物的资料，提高仓储管理的工作效率。

5. 利用大数据技术构建无人智能仓系统与体系

（1）智能化系统。

其主要包括：①新型智能仓储应用，仓储物流离不开智能化系统，智能仓储项目利用新型智能仓储机器人辅助进行作业；②新型智能无人仓储，应用仓库中的电子设备，对货物进行搬运、分拣、包装、出库等多项流程，对于此，人力无法满足实际需求。新型智能无人仓在出库速度、仓储管理运营、提高订单服务质量、降低物流成本等方面起到极为重要的作用。

（2）新型智能无人仓的优点。

新型智能无人仓的主体工作内容包含货物搬运、分拣、码垛、拆垛、拣选等，所以也可以将智能仓储机器人归于类型不一的物流机器人。具备分拣、拣选性能的智能仓储机器人也称为新型机器人，其内部导航系统极其先进，涵盖激光导航、二维码导航、SLAM 导航等，该机器人可在仓库内自由行走，不受行驶路径的制约。

该机器人内部具备极强的上位软件系统，可实现多台智能仓储机器人协同作业，从而完成货物的调度及控制。关键是，智能仓储机器人在没有人工帮助的情况下，可自行完成货物的各项作业，十分适合在货物量多的场景下使用，可对货物进行分拣、挑选及随机存储。智能仓储机器人和其他自动化系统相比，不仅具有同等自动化程度，还可对人工成本进行压缩。

（3）高效的拣货速率及极高的准确性。

①系统柔性高。智能无人仓可依据实际工作量来对机器人数量进行增减，达到系统灵活扩展的目的；也可以依据货物拣选情况对货架布局进行实时调整，极具灵活性。

②项目建设快。项目在部署后即可应用，项目施工期极短，建设速度快，加上现场安装及调试十分简洁，在行业适用性高。

③投资回收期短。管理成本和人工成本较低，尤其是在进出货繁忙期与夜间可作业，大大降低了作业成本，因此项目整体投资回收期较其他系统短。

④智能技术水平高。智能物流中心采用自动控制技术、机器人堆/码垛技术、信息管理技术、计算技术等，技术水平较高。

（4）新型智能无人仓的应用。

为了更好地满足行业需求，使智能无人仓的工作效率更高，进一步控制生产成本，以下对新型智能无人仓的应用进行说明。

①智能仓储系统的基础。一整套完善的智能仓储机器人管理系统，可同时对 1000 台智能仓储机器人进行调度，具备订单需求分析、系统自动对接、路径规划、任务指派优化等多项功能。

②系统运营效率明显。仓库面积越大，工作效果也越显著。在不改变拣货速度的情况下，若可昼夜作业，整体系统运营成本将大大下降。

③对自行移动进行控制。新型智能无人仓设计面积为几千平方米，可拥有几百个智能仓储机器人；利用导航对无轨自行移动进行控制，最大速度可达 3m/s。此系统实际作业流程为，当有拣选任务时，可根据仓库实际布局，对最优路径进行计算，随后行至目标商品存放地，依据指令将货品放于机器人携带的货筐中，随后依据系统提示将货筐送往传输带，继续执行下次任务。

④平稳有序运行。后台可对大量机器人进行实时调度，还能根据任务实际情况对工作进行分配，大大提高拣选效率，因而对于小型、中型商品的拣选、上架、运输非常适用。

⑤智能视觉识别。智能仓储机器人有阻碍闪避、人员跟随等功能，同时可依据实际工作情况实现"车跟人走"的目的，不用人工携带追踪设备。另外，机器人可通过视觉识别的方式实现对人员的跟随。

⑥智能存储收货。穿梭车立库系统可存储物品，其可以简单理解为存储量更大的无人货架。货架的每个节点都有红外射线，这是因为在运输货物过程中无人操作，需要以此确定货物的位置和距离，保证货物的有序摆放。

（5）智能分拣系统。

①智能分拣。智能分拣系统适用于快进快出仓储中，其系统涵盖大型、小型两种机器人，可满足快速分拣需要及大件、小件货物时走时投的目的。

②分拣货物。在分拣场内，智能分拣系统通过视觉识别技术，为机器人安装"眼睛"，实现机器人与环境的交互。

③分拣阶段。智能分拣系统按型号将货物分为小件、中件、大件，小件、中件货物在分拣轨道里分拣及运输；而大件货物则直接被送到不同的分拨中心。

④与交叉带分拣机相比，智能分拣系统具有成本低、实施周期短、可扩充、柔性程度高等特点。

⑤操作程序。输送带将包裹送至分拣区，再由小型智能仓储机器人进行接收，通过扫描、称重对包裹信息进行获取，并依据有关指令将其放入对应笼车，随后由小型搬运智能机器人将装满的笼车输送至封包区或供包区。

⑥智能分拣系统的灵活性。智能分拣系统大幅度提高分拣速度，还可对其实际应用难度进行简化，使工程成本减少，使工期大大缩短。同时，智能分拣系统标准化程度极高。

⑦建设内容。物品仓储管理系统从整体架构上实现仓储、检定、配送等应用功能，并与仓储自动化设备、物品检测系统等进行融合。物品仓储管理系统总体功能分为综合物流管理平台和智能库房。其中，综合物流管理平台是基础数据源，从平台上可以获取物品到货信息，实现对物品设备从到货接收、物品检测、物品仓储到物品配送的全过程管理；智能库房包括仓储自动化设备，通过与综合物流管理平台无缝对接，实现仓储自动化设备的业务驱动。

6. 供应链战略制胜的关键一环

将新型智能无人仓应用于系统仓储作业中，不但减轻了人工任务量，还大大提高了工作效率，并使收益回收周期缩短。智能仓储机器人整体作业流程仅需要工作人员从中进行辅助，有些甚至可自行完成一系列作业流程，是供应链战略制胜的关键一环。同时，应用智能仓储机器人不需要来回进行货物搬运就可以对供应链货物进行运输，过去3～4周的工作量，智能仓储机器人可在1小时内完成，可见新型智能无人仓对供应链战略的重要性。

（1）使用简单+易行。

结合物品管理规范，通过供应链对业务环节进行优化，使仓库作业人员操作应用系统由原来的分步操作优化为供应链一步操作。

（2）精细化管理。

库位管理精细化，仓库作业人员清楚知道每件货物在仓库的精确位置，这有利于仓库作业人员规划拣配方式，降低了仓库的运营成本，提高了供应链的作业效率。

（3）智慧化管理。

组成供应链的平台、系统无缝对接，可打造统一的智慧采购、数字物流、全景质控三大业务链，实现供应链数据共享和各部门高效协同。

（4）智能无人仓项目的目标。

智能无人仓具有先进管理手段，可实现仓储高效管理、信息集成互联的目的，全面提升物品供应链服务水平和管理水平。

①实现业务环节的连贯畅通。仓储业务包含较多的操作步骤，由不同的作业人员执行，因此信息的传递要快捷、精确，以双向、实时推送为主。整个供应

链业务链状态清晰，能够明确判断业务瓶颈。

②实现移动主导的使用方式。仓储现场的作业过程是实物管理和信息管理的集合体，因此所有与供应链业务相关的步骤都支持通过移动手持终端完成，同时兼顾操作便捷、快速等特点。

③实现稳定高效的系统集成。仓储业务信息的外部交互涉及仓库控制等系统或设备，信息可在这些系统或设备之间无缝传递，无须人工干预。

④采用兼容扩展的技术手段。仓储信息化建设是供应链技术不断提升的动态过程，各种技术手段的应用要实现模块化，为后续供应链技术提升的快速部署提供保障。

⑤实现分级设定的实施策略。根据不同的仓库特点，设计不同的系统实施版本，达到供应链快速实施的目的。

无人仓是现代信息技术应用在供应链领域的创新，实现了供应链从入库、存储到包装、分拣等流程的智能化和无人化。随着新时代供应链体系的加速变革，在未来发展中，如何加快技术升级、降低运营成本、提供精准服务，是供应链战略制胜的关键。

6.4.6　自动驾驶技术的研发与探索

1. 大数据技术支持下的智能化

智能化是指在大数据、物联网和人工智能等技术的支持下，能动地满足人的各种需求的属性。智能化包括人工智能、个人智能、组织智能、企业智能、智能技术、智能工具、社会智能等，力图以人类的智慧解决可持续发展的各种难题。人工智能技术的应用，使人类获取自动化、可视化、网络化的服务和决策支持的能力得到极大加强，降低物流过程的不确定性，提高服务的智能化水平。无人驾驶汽车就是一种智能化的事物，它将传感器、物联网、移动互联网、大数据分析等技术融为一体，能动地满足人类的出行需求。它之所以可以能动地满足人类出行需求，是因为它不像传统的汽车，需要被动地人为驾驶。

2. 自动驾驶技术带来的价值将大大释放

"无人驾驶卡车"是伴随 5G、大数据、人工智能等新一轮技术发展所衍生的一项前沿科技产品。从智能驾驶到智能交通，不仅有利于降低物流成本、提高效率，更有可能引发未来交通物流运输变革。目前，世界各主要发达国家都在积极部署无人驾驶货车，我国在无人驾驶领域基本与世界同步，无人驾驶技术的研发已列入国家发展战略。

近年来，我国在无人驾驶领域的研究和探索不断深入，为车辆装上感知、决策、执行体系，完善技术，撬动产业链上的零部件商和车厂，是未来的发展趋势。目前，无人驾驶测试集中在乘用车领域，无人驾驶卡车应用于物流业的产业政策支持还不够突出。应加快出台针对无人驾驶卡车进入道路交通和物流行业所涉及的法律、保险等方面的配套管理措施，在此过程中要特别重视和广泛听取相关企业的意见和建议。当前，车路协同和智能车联两大新平台与原本的自动驾驶平台并行，智能交通成为和智能汽车并列的两大板块。智能汽车包含了智能车联和自动驾驶，而自动驾驶技术带来的价值将大大释放。

3. 无人驾驶卡车想象力之角色

物流行业对无人驾驶卡车的需求比乘用车或大型客车要强烈得多，业界普遍认为自动驾驶技术将率先在卡车运输服务中实现。据统计，在重卡的成本结构中，美国是"4∶3∶3"，即油费占40%，人力成本占30%，车辆折旧等费用占30%，自动驾驶能节省30%的人力成本和10%的油费，最多可节省40%的成本；中国重卡的成本结构是"3∶3∶2∶2"，即30%的路桥费、30%的油费、20%的人力成本、20%的车辆折旧费等，自动驾驶可节省20%的人力成本和10%的油费，可降低30%的成本。预计未来3～5年，或将看到无人驾驶卡车的大规模上路。

无人驾驶卡车行业最后会压缩成与运营商、车辆制造商、自动驾驶技术提供者相关的3个环节。广州志鸿是一家面向行业的大运力公司，其有超强的车辆运力把控能力，掌握卡车行驶信息、司机驾驶行为、司机考勤、货物运输全流程信息，并以此提供数据运营服务。广州志鸿做无人驾驶卡车的逻辑很清晰：自身是物流大运力公司，有司机，有货主，有业务覆盖城市网络专线，有数十年专线运营经验，具备自行运营能力。其上游资本运营由满帮集团进行并购，满帮集团不仅为其注资，还有品牌效益及融资张力；中游绑定智力科技算力公司；下游绑定一汽解放汽车，四方高效协同合作，给出一套完整的解决方案，进行无人驾驶卡车干线物流的商业化运营。

4. 首创中国高速公路新型服务区

从20世纪90年代开始，随着我国高速公路的快速发展，服务区建设经历了从无到有、从借鉴国外经验到结合本国实际发展的历程。我国服务区的发展经历了4个发展阶段。

（1）1.0 时代：20 世纪 90 年代初，服务区功能单一。

（2）2.0 时代：2000 年前后，商业模式开始融入服务区，如餐饮的入驻。

（3）3.0 时代：2010 年前后，花园式打造，停车场流线型设计，进入服务区内大型车、小型车分流。

（4）4.0 时代：2017 年以后，服务区更智慧、更具个性化，变为"网红打卡地"。

从上面 4 个阶段可以看出，"服务区+"正在推动产业服务向纵深发展，服务区的拓展功能（服务区+客运接驳、旅游文化、会展等方式）正在逐步形成，推动服务区由休息地向休闲区转变，并与地方经济融合发展。

目前，服务区都以服务"人"为出发点，没有服务"物"的功能。我国有一部分服务区在主要服务于客流的基础模式上进一步延伸，开启了围绕高速公路的品牌化商业及广告、物流装卸场站及园区等模式研究，突破了既有边界，与大消费、大商贸、大物流深度融合，未来服务于物流将是高速服务区发展的新突破口。

服务是高速公路的本质属性，而服务区本身是道路运输的服务窗口，是客流、物流、产业流的必经节点。高速公路服务区最本质、最基础的服务包括住宿、停车、餐饮、加油、汽车应急修理等。随着高速公路通车里程的不断延伸，以及车流、客流的不断增长，服务区扩大服务项目的种类、数量等成为迫切需求，并逐渐形成特殊的经济区域，其产业价值的重要性日益受到重视。

无人驾驶卡车完全靠车辆在道路上操作，其面临的难度和技术挑战更高，需要覆盖低延迟、高效率的通信网络，需要灵敏感应和快速制动以应对各种突发状况。无人驾驶卡车在道路上行驶的不确定性大，因此高速公路无人驾驶卡车编队将是最佳应用场景。智能交通项目，相比单纯的自动驾驶技术，对智能化的需求更高。无人驾驶卡车上路还需要综合无人驾驶卡车的制造、相关设备通过车规及路政审批等关键因素。无人驾驶卡车与公众在道路上有一个交互的过程，客观上必须接受政府的监管，因此无人驾驶卡车相关企业在与政府合作方面也要有所突破。无人驾驶的产业链很长，在产业链中，企业要整合多方资源，寻找合适的合作伙伴。

中物策（北京）工程技术研究院提出，无人驾驶卡车落地高速公路新型服务区更具可行性。中物策（北京）工程技术研究院和广州大学建筑设计研究院会同广州交通投资集团反复研究论证，同时探讨无人驾驶卡车落地高速公路新型服务区最适合的场景，探索智能驾驶的落地运营，包括自主泊车、进库、出库、装置、配载场景。项目依托产业园区发展高速公路物流，为周边产业园企业提供多功能的物流配套服务。项目以高速公路服务区作为无人驾驶卡车枢纽节点，依托高速公路形成网络，覆盖面广，区位优势明显，特别适合各地应急物资的集散。相对于非高速区域，高速公路更有利于保障医疗物资、生活物资、救援装备、防疫工作的运输畅通。

"车路园协同"智行解决方案，将助力高速公路运输治理体系和新型服务区能级提升。广州交通投资集团认为，高速公路新型服务区"沿途下蛋""蛋再孵鸡"创造价值的做法，为高速公路建设拓宽了思路，将为地方经济发展做出巨大贡献。中国的公路里程已经超过 400 万千米，每千米公路里程上的一点成就，加起来都会变成耀眼的报表。无人驾驶卡车驶入新型服务区，是对于高速公路、整个行业的利好，大环境和核心基础也在迈入成熟期。以广州高速公路新型服务区作为高速公路物流服务枢纽转换站的核心枢纽，枢纽+布局节点形成新型服务区网络，并逐步布局次一级节点，从而构建一个"点、线、面"相结合的高速公路物流服务网络体系。

6.4.7　中国参与主导全球价值链

中国的经济产出占全球经济总量的 1/6，中国消费市场庞大，对全球跨国公司业务至关重要。2012 年以来，中国在全球价值链中的参与度逆转为下降态势，但在加工贸易转型升级的政策引导下，中国逐渐攀升至全球价值链的中上游位置。同时，中国资源密集型和劳动密集型行业的国际竞争力趋于下降，但资本技术密集型制造业和现代服务业的国际竞争力反而有了显著提升。中国的国内增加值主要出口到发达国家，但在产业升级过程中的需求转换，导致中国进口增加值的主要来源地从发达国家转向发展中国家。中国与大多数经济体的前向联系是浅层次增加值贸易主导的合作形式，后向联系的合作形式则正好相反。大多数国家都对中国市场形成了高度的依赖，同时中国成长为全球中间品的最大供应国，在全球价值链中扮演着枢纽的角色。

1. 中国在全球价值链中的参与度

中国更多以后向参与的方式融入全球价值链，这是因为中国以加工贸易作为参与国际分工的主要路径，进口中间品经过加工装配后再出口的生产与贸易特征，决定了中国融入全球价值链的后向参与度要高于前向参与度。

2. 从动态角度看前向参与度与后向参与度的演进轨迹

（1）2000—2011 年，几乎所有制造业部门的前向参与度与后向参与度都在提升，反映了这一阶段中国制造业正在全面融入全球价值链，前端中间品生产和后端加工制造的工序都在逐步延伸，中国"世界工厂"的地位日渐形成和巩固。与此同时，为制造业提供支持的大多数农业部门和服务业部门（如金融服务、交通运输、批发零售等）的前向参与度与后向参与度快速增加，说明全社会要素都已加速融入全球价值链。

（2）2012 年之后，多数制造业部门的前向参与度基本维持不变，但以电子信息产业、电气设备制造业为代表的先进制造业的前向参与度进一步提升，反映了中国先进制造业稳步提升，并克服了国际贸易环境低迷形势的不利影响，引领制造业部门的结构升级。与此同时，所有行业的后向参与度都有不同程度的下降，意味着国内生产活动对国外增加值的依赖全面减弱。

（3）科学研发部门的前向参与度快速上升。科技服务部门也有类似的演进轨迹。考虑到这些知识密集型服务业自身并不直接出口，而是隐含在其他贸易品尤其是制造业产品中参与国际分工，科技部门与制造业部门的持续融合，说明中国制造业出口品中的研发要素和技术含量显著增加，支持制造业部门在全球价值链中的地位得到"质"的提升。

3. 中国在全球价值链中的位置

中国在全球价值链中的国际竞争力主要体现在制造业部门，服务业部门的国际竞争力相对偏弱。中国从传统制造业到先进制造业的大多数行业都处于竞争优势地位，中国不仅是一个"制造大国"，而且在一定程度上已经具备"制造强国"的基本特征。不过，随着中国大力发展现代服务业，一些知识密集型服务业在近年得到长足发展，专业咨询、科学研发等行业目前已接近竞争均势状态，金融服务业甚至具有了较强的竞争优势。在传统制造业部门，中国多数行业的国际竞争力已经明显超过发达工业国家，但普遍面临新兴工业国家的竞争压力。例如，中国食品加工业、家具制造业的竞争力弱于墨西哥和巴西；木制品业、橡塑制品业的竞争力弱于波兰；土耳其在传统制造业中的竞争力尤其值得关注，土耳其的纺织服装、金属制品、家具制造等多个行业的竞争力水平都在中国之上。

在先进制造业方面，中国的竞争力水平与发达工业国家或地区存在一定的差距，在化学制品业、交通运输设备制造业表现得尤为突出，在电子信息业、装备制造业的竞争力与日本、韩国、德国相比仍有不小的差距。不过，与中低端制造领域新兴工业国、资源输出国相比，中国多数行业具有较强的竞争优势，化学制品业、电子信息产业及装备制造业的优势最为明显。

中国现代科技服务业的竞争力水平与发达国家相比也存在较大的差距。迄今为止，美国的大学汇集了全球 70%以上的诺贝尔奖获得者；在全球最顶尖的20 所大学中，按科学贡献度计算，美国 17 所大学培养了全世界最好的工程师和最顶尖的科学家；在全球十大科技顶尖公司中，美国占据了 8 家。英特尔向全世界提供芯片，微软和甲骨文占据了软件业的基础市场。美国拥有全球最顶尖的实验室，在军工领域、航空航天领域、医学技术领域、信息科学领域，美国以无可匹敌的实力和压倒性的技术优势雄居世界之首。法国巴黎拥有相当多的知名大学，法国的大学一般分为高等商学院和工程师学院，采用典型的精英教育模式。法国通过国家的高投入来保持科技优势，拥有 50 多名诺贝尔奖获得者、10 多名菲尔兹奖获得者。在 20 个关键科研领域，法国都居于世界前列；法国在航天、能源、材料科学、空间技术等方面的优势均比较明显；法国出产了全球首款商用无人驾驶汽车。迄今为止，德国有 70 多位诺贝尔奖获得者，德国的科技来源于德国的教育，更来源于德国的制造业。在全球大学的排行榜和对世界科技贡献度方面，日本的大学仅次于美国、英国；日本注重细节的精神让其产品在市场上拥有更好的用户体验，从而占据市场；在 20 个关键科技领域，日本的排名都很不错，在材料科学、尖端机器人等领域，日本拥有强大的科研实力。虽然中国在金融服务业的竞争力指数较高，但在行业统计口径上主要是指中央银行主导的货币媒介服务，很大程度上反映的是货币供应量水平，在保险服务业及金融市场服务行业的竞争力水平远低于发达国家。中国与新兴工业国的竞争力大致相当但各有侧重。例如，中国在专业咨询和科学研发行业有一定的竞争优势，但在信息服务、通信行业的竞争力弱于印度、波兰等国家。

4. 中国与主要经济体在全球价值链中的联系

从前向联系来看，中国与大多数经济体的价值链联系是浅层次增加值贸易主导的合作形式，超过 50%的双边生产合作是以浅层参与形式实现的，说明中国通过中间品贸易出口到这些国家的增加值，大部分被进口国直接吸收，只有少部分被进口国加工后再出口。其中，对于澳大利亚、美国、加拿大、英国等收入水平高、经济规模大的发达国家，其最终消费能力很强，中国输出的中间品经过少量的末端工序处理后，直接转化为最终消费品被当地市场吸收；对于蒙古国、斯里兰卡、印度尼西亚、孟加拉国等工业水平低、出口能力弱的发展中国家，中国输出的中间品多被加工成日常消费品，用于满足当地的基本消费需求。泰国、墨西哥及捷克、匈牙利等中东欧国家都采取出口导向型发展模式，当地的加工制造能力较强但消费能力较弱，中国输出到当地的中间品多被用于加工再出口，因此中国与其前向生产合作多以深层参与形式实现。

后向联系的情况正好相反，中国与大多数经济体的价值链联系是深层次增加值贸易主导的合作形式，说明中国从这些国家进口中间品中包含的增加值，大部分来自第三方国家，而非直接源于出口国。其中，这些国家大多数是欧盟成员国，也是欧洲生产网络的主要组成部分，其价值链关系紧密、复杂，增加值嵌入比例较高。例如，中国从捷克进口的中间品中包含了大量德国、法国等的增加值，同样，中国从德国进口的中间品中也包含大量捷克、波兰等的增加值。相比之下，中国与大多数亚洲国家的后向联系主要是通过浅层参与形式实现的，中国从亚洲国家进口的中间品中包含的增加值，大部分直接来自出口国，隐含第三方国家的增加值很少。这可能是由于亚洲生产网络的分工细密程度和价值链关系不像欧洲生产网络那么复杂，相互间的增加值嵌入比例相对较低所致。中国从日本、韩国进口的高端零部件只能由当地生产，其他亚洲国家受制于技术条件难以参与其中；而从越南、泰国、印度尼西亚等进口的中间品属于价值链条低端的工业品或当地特有的产品。

5. 中国从全球价值链低端向中高端迈进

2012 年以来，中国在全球价值链中的参与度出现"脱钩"趋势，但在加工贸易转型升级的政策引导下，先进制造业和知识密集型服务业的前向参与度却进一步提升，科技服务部门与生产制造部门的持续融合使得制造业出口品中的研发要素和技术含量显著增加，国内生产活动对国外增加值的依赖性全面减弱，推动中国在全球价值链中的位置从 2000 年的中下游位置攀升至 2014 年的中上游位置。2000—2014 年，中国资源密集型和劳动密集型行业的国际竞争力趋于下降，但资本技术密集型制造业的国际竞争力反而有了显著提升。

6. 在全球价值链中双边联系相对紧密

中国的国内增加值主要出口到发达国家，出口到发展中国家的占比相对较低。基于在产业升级过程中的需求转换，中国进口增加值的主要来源地从发达国家转向发展中国家。中国与大多数经济体的前向联系是浅层次增加值贸易主导的合作形式，但与泰国、墨西哥及中东欧国家的前向生产合作多以深层参与形式来实现；后向联系的情况正好相反，中国与大多数经济体（主要是欧盟成员国）的价值链联系是深层次增加值贸易主导的合作形式，但与大多数亚洲国家的后向联系主要通过浅层参与形式实现。

随着中国经济的快速增长和中国市场的发展壮大，中国对发达国家的前向依存度显著降低，而发达国家对中国的前向依存度显著提高，对中国市场形成高度的依赖性。与此同时，中国成长为全球中间品的最大供应国，不仅对主要制造强国的后向依存度大幅降低，而且自身成为大多数国家进口中间品的主要来源甚至首要来源，在全球价值链中扮演着关键的角色。

7. 中国处在向发达工业国转型升级的关键阶段

中国近年来促进加工贸易转型升级、提升全球价值链水平的政策努力已有成效，但在产业升级过程中，传统制造业部门的竞争优势逐渐退化，面临的国际竞争压力也越来越大，应高度重视相关行业中企业所处的困境和潜在的就业风险，采取有效措施保障产业结构调整的平稳过渡。为此，一方面，要引导企业加快技术革新，培育新的竞争优势；另一方面，要切实改善营商环境，维系企业成本优势。

另外，中国现代服务业的发展水平相对落后，与先进制造业的竞争力水平和发展需求并不完全匹配。中国要想实现"制造强国"的战略目标，除加快制造业部门自身的技术进步之外，还应当补足现代服务业尤其是生产性服务业的"短板"。这就需要深化服务业对外开放，辅之税收优惠政策和人才引进政策，吸引发达国家的现代服务业企业进入中国，借助其先进经验带动国内相关服务业的快速发展。

8. 中国在参与全球价值链的过程中实现产业升级

中国应坚定支持世贸组织在国际贸易合作机制中的主导作用和核心平台地位，敦促各国遵守世贸组织规则和承诺。与此同时，中国要着力推进"一带一路"建设，加快双边、多边自由贸易协定和区域全面经济伙伴关系协定等谈判，打造公平竞争、开放共赢的新型国际经济协作机制。

中国已成为世界第一大贸易国和全球价值链"枢纽"，其他国家的经济运行会通过前/后向联系的传导机制对中国产生影响。因此，在研判经济形势和制定经济政策时，中国不仅要关注自身的经济指标，还应当充分考虑全球价值链中的"外溢效应"。例如，各国经济对于"中国制造"的较高依赖性，将会限制贸易保护措施对中国的负面冲击；欧洲、美国、日本等地区和国家与中国在全球价值链中的紧密联系，意味着主要货币的汇率变动将会通过增加值贸易渠道影响中国的贸易与经济，"外溢效应"的汇率传导机制与效果有别于传统的总量贸易渠道。

6.5　全球现代供应链取决于国际互联程度

中国经济环境正处于一个前所未有的变革时代，变革是对原有状态的一种打破，以突破竞争的瓶颈和环境的困局；变革是持续的，在现有基础上进行的创新不断涌现，应遵循变革创新之道。

全球现代供应链从企业入手，以产业为抓手，以城市为重点，服务于国家核心利益。供应链是产业融合的推进剂，在当今全球现代供应链大舞台上，供应链的整合号召能力已上升为衡量一个国家综合竞争力的重要标志。在全球互联中，国力的强弱取决于全球互联程度的高低。

6.5.1　全球现代供应链是全球化的必然产物

全球现代供应链是 20 世纪经济全球化的必然产物。在社会分工充分及信息化发展的今天，生产经营呈现全球采购、全球生产、全球流通、全球消费的特征，一家企业、一个产业、一个城市、一个国家，要发展必须做好两件事：一件是内部资源整合与优化；另一件是内外资源整合与优化，合作共赢。在现实生产生活中，一家企业的单打独斗已不存在，取而代之的是供应链之间的竞争。全球现代供应链正在经历一个深刻变化的时期。全球现代供应链面临多项挑战，贸易本身对全球经济增长的推动作用减小，并且几乎在所有重大市场上，贸易保护主义都开始重现。

帕拉格·康纳在《超级版图——全球现代供应链、超级城市与新商业文明的崛起》中指出，全球现代供应链体系现在已经替代国家成为全球化文明的基石；无论哪个国家都无法单凭自身力量来创建这套体系，也不具备将其关闭的最终权威；各国之间只能在 21 世纪开展"供应链大战"，大战的目的不在于征服，而是要在世界上建立起物理和经济上的联系。

1. 现代供应链上升为国家战略而获得全球竞争优势

《美国全球供应链安全国家战略》于 2012 年由美国总统奥巴马颁布，重点研究历史上世界经济危机与产业革命，美国在工业、科技、金融、军事、文化领域布局全球现代供应链网络，将整合全球资源作为国家安全战略。

英国学者马丁·克里斯多夫认为，"21世纪的竞争不是企业和企业之间的竞争，而是供应链和供应链之间的竞争。"《美国全球供应链安全国家战略》的颁布，标志着美国进入供应链管理时代。

除美国外，德国、英国、法国、日本等国家都有自己的全球现代供应链战略，各国均认为任何国家都不可能单打独斗，要在全球产业链、供应链与价值链中获取平衡与优势。随着全球经济一体化和信息化时代的发展，美国、日本、德国等发达国家已经建立了社会化现代供应链服务体系和供应链公共服务平台，在全球现代供应链竞争中占据绝对优势。

1985年，美国管理学家迈克尔·波特在代表作《竞争优势》中提出了基于"经济链"的"价值链"的概念，强调企业及其战略相关的各环节都是价值活动的主体。他的研究扩展形成了国家竞争优势理论，成为现代供应链国家战略的来源。1996年，Rater（美国最权威的客户服务研究机构）在整合了迈克尔·波特"价值链"思想的基础上，首次提出了供应链的定义，即供应链是一个运作实体的网络。1998年，美国物流协会将物流的概念向供应链转移。如今，越来越多的国家将供应链管理提升到国家战略，全球现代供应链已经上升到国家战略层面。

全球经济一体化与计算机、自动化、信息技术、互联网、移动互联网和物联网等深度融合，推进传统商业流、信息流、资金流、物流、人流、制造流和服务流向融合了现代销售网络、信息网络、资金网络、物流网络、人员网络、制造网络和服务网络等多重功能的网络平台转变，进而形成面向客户需求的全过程、高效、协同的现代供应链网链结构。

互联网和物联网支持下的云计算、大数据和人工智能，将传统供应链塑造成具有高度智能化、可视化、服务化和智慧化的现代供应链，在现代供应链的各环节形成高效、高质协同，还在不同行业中形成供应链深度融合的产业生态链和产业价值链，从而推进全球现代供应链提升到国家战略高度。

2. 国家在现代供应链中的作用

当前，在数字化、人工智能、物联网、现代供应链创新等研究基础上，各国结合自身的重大发展战略，形成完整、高效的现代供应链服务体系，推动经济创新发展及国际竞争力提升。

（1）夯实发展基础。加强物流基础设施建设，完善配送体系，向现代供应链服务转型。

（2）提高标准化水平。加快推广质量合格的物流载具标准。

（3）加强信息化建设。规范信息数据，支持供应链系统信息对接，提升智能化水平。

（4）提高协同化水平。推动分销型供应链发展，推动生产服务型供应链发展，推动柔性供应链发展。

（5）推广绿色技术模式。鼓励绿色流程再造，推广新能源物流车，推广绿色新材料，推广共同配送，推广循环模式。

3. 中国全球现代供应链国家战略

2017 年 10 月 13 日，国务院办公厅发布《关于积极推进供应链创新与应用的指导意见》（国办发〔2017〕84 号），将供应链创新与应用上升为国家战略。这对中国现代供应链发展具有里程碑意义，为加快推进中国现代供应链创新发展提供了充分的政策依据。

中国是全球最大的物流市场和全球最大的电子商务市场，但在全球现代供应链市场上却处于收益洼地和竞争洼地。中国将现代供应链上升为国家战略恰逢其时：既可以利用中国的经济优势和市场引力重构全球现代供应链布局，又可以利用全球现代供应链优势企业拉动中国重点行业相关企业，实现资源整合、流程优化和协同发展；既有利于推进重点产业转型升级、供给侧结构性改革和上下游产业融合发展，又有利于协同推进实体企业发展。

4. 全球现代供应链创新发展的主要目标

（1）农业现代供应链的目标。

从农产品生产、加工、流通到服务的组织体系、科学化水平和质量安全溯源能力入手，以推进产业融合为目标，整合农业产业链资源，传递现代农业新热点、新动向，为基地农产品开拓新市场，为农产品快速流通提供新路径，为农业科技创新推广、农业项目投融资提供更多解决方案，发展现代农业。食品安全是中国的命脉，食品安全与老百姓的生活息息相关，中国积极为食品安全寻找路径，助力国家乡村振兴战略，探索农业现代供应链发展新模式。

（2）制造业现代供应链的目标。

从制造业现代供应链的现状及实施存在的问题着手，通过物联网与数字化供应链及服务，全面连接企业上下游。借助模块化的集成式解决方案获得灵活性和可视性，缩短计划周期，提高计划准确性，实现动态寻源和采购流程，简化物流数据。利用可视化、物联网和人工智能技术，在制造业现代供应链的全生命链条实现协同化、服务化和智能化。

（3）流通业现代供应链的目标。

大力发展智慧物流，整合供应链资源，构建供应链协同服务和交易平台，提升服务供给质量和效率，引导生产端生产资源的优化配置，培育新型供应链服务企业。规范生产与流通衔接、流通与流通衔接、流通与使用衔接、第三方物流储运等环节，实现真正有效的大流通过程质量控制的目标。针对目前出现的流通新业态、新模式进行专题调研分析，总结推广创新型流通新业态、新模式，以确保能适应当前已经出现及今后可能发展的多业态模式的个性化要求。

（4）服务业现代供应链的目标。

在新一轮技术革命及产业革命驱动下，服务业现代供应链充分发挥先发优势，以信息技术深度融合为手段，以价值创造为核心，构建服务高效协同、资源共享、互利共赢的现代供应链生态圈服务模式，在激发产业组织能力提升、推动供给侧结构性改革、推进"一带一路"建设中发挥重要作用。服务业现代供应链顺应电子商务发展趋势，基于先进的互联网及 IT 技术平台，搭建全球运输、仓储和配销网络，为客户提供供应链集成服务模式，实现产业链上下游的资源整合、优势互补和协调共享。实现一站式服务，提升中国外贸企业快速响应客户需求的能力，推动贸易渠道扁平化，以"脱虚向实"服务实体经济为目标。

（5）供应链金融业的目标。

供应链金融业开展电子商务平台等合作，借助互联网、大数据技术集成对接物流链、资金链和信息链，为供应链上下游中小企业提供专业化、定制化、精细化、自动化的服务，以及涵盖在线授信、保理、担保、结算、理财等的综合金融财务服务，帮助客户降低供应链融资成本、提高供应链金融服务效率。供应链金融业可以深度切入农业、制造业和流通业供应链环节，实现信用精准评估和资金有效供给，既能助力资本与产业融合，又能有效防范供应链金融风险。

（6）绿色现代供应链的目标。

随着社会的发展，环境问题越来越受到人们的关注，迫于公众、法律和环境标准的压力，企业在谋求经济效益的同时，必须关注环境问题。环境问题是21 世纪人类所面临的大挑战，对人类社会的生存与发展造成严重的威胁。因此，绿色现代供应链的目标是将传统产业的环保压力变为现代产业创新发展的动力，在绿色制造、绿色流通和逆向物流体系上，倡导新消费，建立新标准，应用新装备，培育新动能，营造新体系，扶植新产业，保证未来经济的可持续增长。

（7）新兴产业现代供应链的目标。

全球新科技革命和产业变革蓄势待发，大数据技术广泛渗透于经济社会，新技术不断取得重大突破并重塑国际分工格局。在新一轮技术、产业和信息交融对接的背景下，新技术催生新产业，新模式引发新业态。①新技术包括数字技术、智能技术、平台技术、网络技术、供应链技术。②新模式涵盖数字供应链、智慧供应链、社交供应链、新零售供应链、B2B 供应链平台模式。③新业态包括供应链金融、绿色供应链、全球现代供应链、供应链物流、供应链大数据。④新产业统筹农业供应链、工业供应链、流通业供应链、创新供应链、新兴产业供应链。

新一轮科技革命和变革的代表产业方向，将在未来关键领域竞争中更具优势，在全球现代供应链中会占据更加突出的位置。

6.5.2　国际合作形成全球新格局

站在新时代，从国际合作形成全球新局面看，世界各国与"一带一路"之间有巨大的交集和关联。"一带一路"沿线国家和地区将在安全合作及经贸合作中共同发展。

加强开放性金融合作，成员国可通过金融机构互设、金融服务对接、资本市场畅通、金融基础设施联通及金融监管当局之间的交流与合作等，发挥"一带一路"沿线国家和地区自身优势，推动区域经济社会发展和一体化进程。

人民币国际化是"一带一路"经济合作的重要目标之一，应提高人民币在投资领域使用的频率，通过与"一带一路"沿线各国签订本币互换协议，在贸易和投资本币结算、货币直接交易、建立人民币清算安排等方面付诸实践。此外，为防范金融风险，"一带一路"沿线各国之间需要合作建立完善的金融监管机制。

在贸易保护主义的背景下，"一带一路"沿线国家和地区合作仍然存在一些问题，如合作未达到预期目标、经济一体化呈现松散型、功能性合作处于初级阶段、制度性合作缺乏。面对科技快速发展、资源加快开发的新时代，"一带一路"沿线国家和地区合作应进一步加强，最有效的途径就是与"一带一路"倡议对接。"一带一路"在投资贸易便利化、创新方式、共商共建等方面取得巨大成就。

1. 中国国家供应链的国际竞争力

中国国家供应链的国际竞争力亟待提升。由于起步较晚、意识较弱等多方面的原因，中国国家供应链发展较为滞后。世界银行集团正式发布《联结以竞争》系列报告第 6 期《世界银行物流绩效指数（2018 年）——联结以竞争：全球经济中的贸易物流》，通过物流绩效指数（LPI）对 168 个国家的供应链企业和国内外商机产生的效率进行评分，拔得头筹的是德国，中国排在第 26 位，位于韩国之后，这与中国世界第二大经济体的地位很不相称。

近年来，中国在国际采购过程中逐渐有了主动权，从而提高了在全球现代供应链中的安全性和效率。供应链效率的提高，最直接的受益者就是上下游相关企业。制造业越发达，受益就越直接、越明显。现代供应链围绕组织原料、中间品与终端消费品的流通，实现商品供应链深度全球化，整合全球资源，可以丰富原材料来源、提高供应链效率、增强产业链的全球竞争力。从某种程度上说，现代供应链服务水平决定制造业的成本和竞争力。

在经济全球化的背景下，中国需要通过提高现代供应链服务水平进一步提高统筹国内和国际两个市场、两种资源的能力。国家供应链的水平是国家竞争力的重要标志。全球现代供应链整合能力和协同效率已成为国家经济的核心竞争力之一。现代供应链的安全在很大程度上会影响消费安全。同时，一个高效的供应链还能够降低百姓生活成本，带来实实在在的便利。在资源配置能力和协同能力的支撑下，中国从未像今天这样这么深度地融入全球经济生活中。

2. 在国家政策层面为推进现代供应链发展提供动力

现代供应链是一个系统。发展现代供应链，解决市场失灵问题，需要政府通过具体的产业政策进行协调和引导。供应链创新发展相关文件颁布，为现代供应链的发展指明了方向。在国家政策层面为推进现代供应链发展提供动力，需要站在国家战略的高度，扎实推进现代供应链创新与应用，紧紧围绕国家政策层面对推进现代供应链发展提出的理念，实现现代供应链跨越式发展。

在国家政策层面，我国对推进现代供应链发展重点从开展国家供应链体系建设试点和开展重点产业供应链创新示范两个方面明确了任务。国家供应链体系建设试点被赋予了物流标准化、供应链平台和重要产品追溯 3 项任务。重点产业供应链创新示范重点推动生产制造的供应链升级改造，优化生产流程，强化资源整合，切实降本增效。我国还重点建设全球现代供应链服务中心，打造"专业园区+综合保税区+国际航空+中欧班列"的口岸功能体系和一站式通关平台，实现现代供应链全球化服务能力。

3. 中国产业供应链调整升级与对策

供应链的发展不仅需要全球价值链嵌入和耦合的推动，供应链式整合即产业在同一地域形成完整或近乎完整的价值链也是产业升级的关键，这样才能保证产业在与全球价值链耦合时获取价值链中的高附加值、核心战略环节的竞争优势。

产业供应链调整升级，已经成为全球现代供应链发展的一个重要趋势。总体而言，各产业发展阶段、发展程度差异较大，尤其是特色产业具有发展优势，有更多的发展机遇，因此开展创新特别重要。

面对产业"后配额时代"的到来，全球价值链与集群供应链进行整合并实现产业升级，将产业供应链整合和嵌入全球价值链，并对供应链模式进行优化。

4. 信息与技术集成的现代供应链体系

现代供应链的变化日新月异，表现为市场激烈的竞争和快速多变的需求的压力。全球现代供应链的特征为：一是在全球范围内运行，拓展市场，降低成本；二是向创新技术与智能化、精益化发展。

对现代供应链各环节的信息进行收集处理，是实现缩短在途时间、降本增效，以及保持供应链连续与稳定的保证。在全球现代供应链体系中，供应链的成员遍及全球，产品组织生产信息在全球进行收集。全球现代供应链的形态发生变化，其边界概念也会产生改变，区域的界限在全球化供应链中被淡化。供应链以全球化的观念，延伸至世界范围，在了解世界消费需求的同时，进行协作和优化；依靠现代网络信息技术，实现一体化和快速反应，达到物流和信息流的协调通畅，以满足全球需求。现代供应链体系着眼于在全球范围内配置资源，主导全球链接，推动要素配置与全球服务提升。

6.6　发达国家全球现代供应链发展及其借鉴

发达国家的现代物流经过半个世纪的发展，已经比较成熟。其发展经验对我国现代供应链发展的借鉴包括：适合经济社会可持续发展的要求；加强物流资源的整合；基础设施建设要有一定的超前；积极引进先进、适用的物流技术；形成有利于全球现代供应链发展的体系。

6.6.1　欧洲绿色供应链发展及启示

欧洲绿色供应链发展的启示是，发展一种与环境相容的供应链体系。因为坚守严苛的质量标准，欧洲产品品质早已享誉全球。"工业 4.0"已开始影响欧洲供应链领域，带动对供应链科技人才的需求持续增加，还促进与消费者健康相关的药品、保健品、有机食品等方面品牌的增加。实施绿色管理措施的直接内在动因涉及供应链中的各环节，欧洲企业普遍重视并将绿色供应链作为打造企业形象的重要手段。

1）欧洲绿色供应链

欧洲的战略是通过建设一体化交通及物流网络确保欧洲的产业和产品有效进入欧洲统一市场和国际市场。伴随科技进步与经济发展，人类面临越来越严重的资源短缺、环境恶化等危机，环境问题与可持续发展成为全球性热点问题并渗透到各领域，绿色供应链成为新课题。

绿色供应链涉及供应链各环节，绿色供应链源于采购，强调环境与经济的协调，在优化供应链的同时注重对环境的保护。《欧洲绿色物流调查报告》包括企业对绿色物流的认知、绿色物流的重要性、绿色管理措施的采用和管理。

绿色供应链管理可满足战略性要求，在欧洲已经有具体化的内容和指标，以及持续、完善的实施措施，可通过能源利用效率来具体组织和实施绿色供应链管理。

2）欧洲绿色供应链成本低在何处

欧洲大多数国家的供应链成本占 GDP 总额的 10%以下，成本低在何处?

（1）注重供应链环节，体现在上下游的传导方面。例如，召集商讨对策；压力均匀释放到供应链环节，从上游到下游传导并稀释；生产制造业与物流业协同，使成本得到显著压缩。

（2）供应链环节密切衔接。在物流和生产制造中间环节建立节点，通过节点实时进行信息交换和共享；上游调整配送策略，在各配送路线间自由切换，提高配送效率，降低成本。其中，时间和人力成本降到最低，可节约 20%的成本。

（3）透明化的供应链。供应链各环节透明度高，这对于成本至关重要。在供应链的各环节进行竞标，通过遴选供应商，降低成本；物流诉求和需求的透明化，使资源在短时间内最大化积聚，以进行合理的运力规划。

3）欧洲供应链综合管理体系认证——CSM 2000

（1）可持续性的自我评估基准。CSM 2000 通过建立和实施所有领域的管理体系，集成多种认证标准和声明，结合相应的法律法规，确保了国际平等性，增强了供应链可持续性的自我评估基准。

（2）总体集成化的管理过程。当今，全球市场发展趋势对产品的要求不断朝总体符合集成化管理过程的方向发展，包括质量管理、环境管理、健康安全管理、人力资源管理、财务管理、业务绩效改进和其他必要的活动要求。

（3）注重自身形象与价值取向。保证质量和价格竞争力，并且符合法律法规要求，从而满足多方的利益要求。

（4）第三方认证机构按照国际标准进行认证。进一步关心产品质量和价格，包括环境管理、安全卫生等因素。国际买家们要求供应商及生产厂商在质量、环境、社会责任、职业卫生安全等方面必须获得公正的第三方认证机构按照国际上已有相关标准进行的认证，如 ISO 9001、ISO 14000、SA 8000、OHASAS 18000 等，还需要签订一个关于质量特性、生产经营管理等细则方面的行为准则，以表明符合相关方面的要求。

（5）提高自身综合水平。劳动密集型企业已经是或将成为国际大采购集团的供应商，但相当一部分企业并不了解如何满足这些要求。而一家 CSM 2000 认证企业自身的综合水平相对较高并获得肯定，增强了客户的信心，从而使客户降低验货的频次。

（6）优化供应链。借助 CSM 2000 查明流程中的薄弱环节，优化供应链，降低经营风险。

（7）实际指导拓展市场。CSM 2000 不是简单地检查问题，而是指导性的文件，为商务活动提供实际的指导。若企业获得了 CSM 2000 认证，则表明其符合了标准，在开拓新市场方面中将占有优势。

（8）Gartner 发布入选欧洲供应链需要具备的三大趋势。

- 数字化供应链能力——机器人自动化的应用、传感器监测、基于增强现实（AR）和人工智能（AI）的客户服务等，现在已经大规模应用于工厂、仓库和后台办公室。此外，努力追求实现从需求点同步到制造端和供应端的目标。

- 协作、服务和体验——关注整体客户体验，包括对客户使用产品的深入了解、对客户未来需求的预测，并帮助客户提前解决潜在问题。

- 整条供应链的可见性和可追踪性——对所运营的业务生态系统做到实时洞察，不仅对中断的状况能及时做出反应，而且能做到提前预见。

4) 欧洲 2030 年食品安全监管研究

欧洲食品安全局（EFSA）于 2019 年 7 月颁布的《2030 年食品安全监管研究需求》，汇集了未来几年支持食品安全风险评估的主要研究需求和优先事项。在制定未来的安全食品体系及 EFSA 的发展战略时，参考《2030 年食品安全监管研究需求》是非常有必要的。

考虑食品生产和食品系统创新中的食品安全影响。风险评估在科学政策领域应用，可为决策者提供参考。为了保障食品系统安全，仅依靠风险评估是不够的，还需要评估效益、影响及设计替代方案。风险评估在流程初期进行，需要将动植物健康问题纳入其中进行考虑。

（1）食品风险分析能力。加强食品风险分析能力，将风险收益纳入可替代和可持续生产系统的社会经济分析，以预测食品安全及干预措施的影响。

（2）减少、替换、重新架构整个食品链。通过替代方法减少农药使用对人类健康和环境的影响，通过开发及创新了解土壤与生态系统对可替代和可持续生产系统的影响。

（3）确保食品、饲料、营养安全。通过安全的农业和水产养殖实践支持粮食可持续性，改进监督措施及采用更明智的方法，将注意力转移到整体饮食模式和特定食品在疾病预防作用方面。

（4）新技术对粮食生产和循环经济的影响。开发新型食品和饲料，包括：开发基于转基因生物的安全植物和动物产品，并确保其安全性；提供对环境影响进行评估的新技术方法；通过食品安全威胁的跨学科分析，做好预防威胁的准备。

（5）社会变化的影响。预测社会变化（如气候变化、消费者选择、迁移、个性化营养等变化）以何种方式推动已知模式的变化，以及可能构成新危害的饮食选择，支持个性化营养，同时评估不同人群（包括移民）的营养摄入和营养状况。

（6）风险评估的创新。考虑新的知识和工具可能对食品安全风险评估带来的影响，以便为将来做好准备。

最前沿的科学和技术进步，以及公众的要求对当前的风险评估模式提出了挑战。

（1）对社会和环境中的化学与微生物危害采用综合风险评估方法，在全球范围内识别新出现的化学和生物风险，并提出预防策略；明晰在非动物源和环境食品中存在的对抗生素有耐药性物种相关的潜在危害。

（2）将新技术整合到风险和安全评估中。基于计算机模拟等新方法，促进收集、访问新数据及重新设计，更好地利用现有数据做出模式转变；制定评估微生物组变化与健康相关性的方法。

（3）整合风险和安全评估方面的新知识。采取生物监测、微生物组和暴露组分析的措施，反映消费者在现实生活中的风险，制定安全评估方法，以评估食品中多种化学品的综合影响，将新技术衍生的知识整合到风险评估和监管流程中。

（4）植物和动物生产中病虫害治理综合方法。采用整体方法评估农业实践的环境影响与作物威胁及威胁缓解措施，保持生物多样性，为生态系统服务。

（5）整合人类和环境风险评估的结果。制定食品中的"化学、微生物和整体安全"指标，为确保"安全食品生产"的可持续性，采用系统方法进行环境风险评估，评估纳米材料和合成生物学等技术的安全性，以及对人类与环境的影响，开发将蛋白质毒性和过敏性纳入考虑的工具。

5）整体风险评估传递有影响力的科学

整体风险评估采纳社会见解，探索最新技术的使用，并依赖尖端的科学专业知识，提供符合公民期望的、有影响力的科学建议。同时，促进专家的交流和合作，以获得跨学科的专业知识。

（1）了解公民在食品安全领域的意识。社会研究的见解有助于确定风险评估过程中与社会接触的正确时机和适当方法，了解公民的看法将为风险沟通提供信息，风险沟通将采用量身定制的方法来满足目标受众的信息需求。

（2）综合风险与效益评估。将风险和效益纳入综合影响方法的开发，并应用于总体评估；制定和应用成本效益评估方法，以评估与预防风险，以及确定相关的成本。

（3）数据驱动的食品系统工具。利用大众资源，在适当的大数据分析平台的帮助下，进行实时监控并提供信号警报，以评估干预措施的有效性；改进风险暴露评估的工具和方法，采用来自不同领域的开放且可互操作的数据，支持风险评估。

（4）人工智能和机器学习。通过实时分析大数据及使用人工智能，加强更广泛的社会合作，获取评估价值。通过搜索、评估、整合，提高评估效率。

（5）建设未来跨学科专业知识的能力。培训计划将拓宽科学家的知识，并提供风险评估和沟通方面的实践经验；计划的流动性将确保对不同学科的认知，以便专家获得跨学科的专业知识；传授下一代风险评估和食品安全的专业知识。

6）综合研究主题

（1）微生物危害的综合方法。

（2）解决抗生素耐药性。

（3）人类微生物组的新机会。

（4）移民和食品安全。

（5）植物和动物生产中的病虫害治理综合方法。

（6）数据驱动的食品系统工具。

（7）食品安全——人类风险评估的系统方法。

（8）食品安全——环境风险评估的系统方法。

（9）确保食物、饲料、营养安全。

（10）整体风险评估。

6.6.2　国际供应商关系基本原则

国际供应商在世界范围内加速了生产国际化，促进了生产力发展，加速了国际资本流动，促进了经济增长和技术进步，加快了国际技术转移。

国际供应商关系基本原则如下。

（1）提高资金利用效率，扩大国际贸易，要求供应商领先于同行。

（2）供应商保证服务水平和原料的可得性，应有足够的资金保持快速增长。

（3）每个产品有 3 个供应商，避免供货风险，保持良性竞争；供应商数量不超过 3 个，避免竞争关系恶化。

（4）供应成本每年有一定幅度的降低；订货份额取决于总成本分析，成本高，订单就少。

（5）供应商加入系统，具有成为合适供应商的机会；当需要寻找新的供应商时，进行市场研究以找到合适的备选供应商。

（6）考察供应商能力、技术、质量、流程等综合因素，供应商参与研发或加入高级采购工程部门的设计。

（7）生产流程应符合质量要求，确保质量达到标准及生产的稳定性。

（8）设立质量水平和服务表现衡量系统，达不到关键指标要接受"再教育"。

（9）采购策略变化及供应成本或服务水平低于要求时，供应资格可能被取消。

6.6.3　美国全球现代供应链安全国家战略

全球现代供应链是指以全球化的视野将触角延伸至全球寻找合作伙伴。美国通过掌控全球的交通运输、物流、信息和供应链网络,力图控制全球物流大通道。美国是全球最大的商品进口国、全球第二大商品贸易国、全球第二大商品出口国。2019 年美国进出口货物贸易总额为 42139.98 亿美元,其中,商品出口额为 16455.27 亿美元,商品进口额为 25684.71 亿美元。2019 年美国经济总量高达21.43 万亿美元,人均 GDP 高达 6.5 万美元——是同期中国人均 GDP 的 6 倍以上。这意味着,当前美国人均 GDP 仍占据较大优势。

1. 美国着眼于全球供应链安全国家战略

全球最先提出供应链安全国家战略的国家是美国。美国聚焦于国防、民生、国际贸易等领域,着眼于供应链安全国家战略,建设与保障美国经济增长供应链服务体系,通过掌控全球现代供应链网络,力图控制全球大通道。全球现代供应链管理强调对全球消费需求进行控制和优化,依靠网络信息技术实现供应链一体化快速反应,达到供应链"五流合一"的协调通畅,以满足全球消费者需求。

2012 年 2 月,《美国全球供应链安全国家战略》(以下简称《战略》)由美国总统奥巴马颁布,将全球现代供应链安全列为国家战略,《战略》出台的背景、目标、核心和实施路径引起全球高度关注。

1)《战略》出台的背景

当前,世界发生了巨大变化,新机遇、新挑战层出不穷,国际秩序深度调整。面对新形势,美国对全球战略布局进行调整。

全球现代供应链是美国战略布局调整的重心之一。一切活动都离不开供应链,在全球发展供应链,以及支撑产业链与价值链,可实现大国优势平衡。

2)《战略》实现的两个基本目标

为了培育具有弹性、韧性的全球现代供应链,通过内外整合为政府注入活力,使经济获得新的增长点,以及应付各种风险,《战略》设定了两个目标。

(1)促进供应链的高效和安全。维护和保障供应链,减小其脆弱性。全球现代供应链完整性是充分发展贸易,以及确保全球现代供应链系统高效、安全的前提。

(2)培养弹性的供应链。应对不断变化的威胁,积极恢复全球现代供应链系统。安排好轻重缓急,减小全球现代供应链系统的脆弱性,重新促进全球贸易的流动。

两个目标的侧重点在进出口贸易,国际贸易继续成为美国经济增长的引擎。

3)《战略》的核心与实施路径

《战略》明确，建立的全球现代供应链系统必须是"稳定、安全、高效和有弹性的"。"安全"与"效率"离不开供应链，供应链强调的是资源整合、流程优化，以形成利益与责任共同体。

2. 全球现代供应链系统风险的识别与评估

强化全球现代供应链系统风险评估，加强透明化技术研究，推进智慧供应链，强化标准与规范建设，推进全球现代供应链治理，加强全球资源整合。美国国防与情报部门成立全球现代供应链风险评估组织。美国商务部全球现代供应链竞争顾问委员会由 40 人组成并开展工作。

（1）美国供应链发展演进趋势。了解美国供应链管理发展趋势，有助于促进中国供应链健康发展。

（2）安全问题正在成为供应链管理关注的焦点。应对安全问题，加强对供应链的监控，创新建立供应链管理战略，实现物流过程的可视化管理，以应对安全问题。

（3）绿色供应链成为供应链发展的潮流和趋势。供应链绿色发展具有举足轻重的作用。加强基础建设或利用，出台环境保护相关政策和法规，推广使用新型能源装备，降低设施能耗。

（4）外包领域新方式。摆脱各环节的后勤职能，通过外包获益。外包方式将成为供应链战略的竞争优势。

（5）用更少的资源做更多的事将成为新的规范。寻求供应链柔性的增长机会，拓展外部资源的优势，利用共享空间有效降低成本，保证采购和分销战略的效率。

（6）为结果付费。通过特定的外包形式获利，寻求构建供应链分担风险和获取回报的系统，支付费用是为了结果而不是为了任务。

3. 美国智能化的国家多式联运系统

20 世纪 80 年代末，在人们开始研究物流之前，原材料、零部件与制成品在各企业之间有策略地加以流转，系统物流活动在人类社会中充当非常重要的角色，物流管理应运而生。美国交通管理中智能化的多式联运系统，产生了智能交通技术物流应用。在借助现代物流管理方法来改善运输组织集成化、一体化，以及物流支持保障管理方面，信号自动化控制、路面控制与服务方式的研究，逐渐从军事保障系统等剥离形成一系列新思想和新观念。发展高效多式联运系统是美国运输政策的目标。

交通诱导等技术在美国普遍采用，并逐渐过渡到经济领域，与企业随后使用的公路电子收费系统、电子市场营销活动紧密联系在一起。运输系统借助信息技术的支持，主要研究物流活动在分销领域的优化问题，提出的"战略供应链联盟"发挥了重要作用。其中，在全球化竞争趋势下，运输理论与应用是重要的研究内容之一。

4. 美国全球化供应链网络规划与政策

（1）在全球组织供应链。全球现代供应链的成员遍布全球，是在全球范围内进行和实现的供应链。全球现代供应链应用性研究以跨国公司需要为导向进行决策，实现决策最优；全球现代供应链网络规划和产业布局研究的重点为区位研究；全球现代供应链在国际环境中实现生产要素配置，以及利益最大化。近年来，全球现代供应链研究出现分化，逐渐探索自身的研究范式。

（2）建立供应链的灵活性。多个因素导致全球现代供应链动荡而面对风险，全球现代供应链灵活性运营可抵御动荡。建立供应链的灵活性措施包括：削弱国际市场的不确定性；在同一家工厂生产不同产品，保持产能充裕；设计采用模块化延迟生产，与供应商执行灵活的双重供应模式。

（3）美国供应链政策：①风险评估和预警，通过风控识别关键领域情况，加强对供应链脆弱性的评估和预警；②供应链弹性，通过保留适当的物资冗余来应对外部供应链中断的风险，并出台一系列提高制造业和国防工业领域供应链弹性的举措；③针对供应链安全进行立法，在行业领域出台关于供应链安全的法案，确保供应链安全；④加强供应链安全国际合作，形成合作框架和协议。

6.6.4　德国全球现代供应链国家战略

德国等发达国家已经基本形成了由跨国公司主导的全球物流与供应链体系，建立了社会化现代物流体系和供应链管理平台，在全球现代供应链竞争中占据优势。欧美国家已经将全球现代供应链竞争从企业微观层面提升到国家宏观战略层面。可以说，21 世纪全球竞争的主线已日益深化为全球现代供应链的竞争。

1. 德国供应链发展的演进

德国注重质量和研发，注重供应链体系的建设，已将全球现代供应链提升到国家战略层面。2019 年 2 月 5 日，德国经济和能源部部长发布了《国家工业战略 2030》，并积极推动其落地，以帮助德国及欧洲国家在面对越来越剧烈的全球化，以及创新加速和扩张的工业保护主义时能够保持可持续的繁荣与发展。《国家工业战略 2030》的发布，在德国乃至全球都引起了极大的关注和争议。为了提高德国在全球的竞争力，德国政府还考虑建立一个基金。这都反映了目前德国对于维持自身工业优势的担忧，也明确了未来国家与企业所需要的核心竞争力。

物流是德国第三大经济部门。在德国学术界，供应链管理是指面向最终需求的过程优化管理。德国是实体经济大国，形成了由跨国公司支撑的全球现代供应链体系，在全球竞争中整体处于优势地位，其制造业在世界上占有举足轻重的地位。德国虽然只是全球第四大经济体，但依托欧盟的优势，德国的对外贸易额排到了全球第三位。

2. 德国供应链管理的整体情况

（1）供应链管理的重要性。

供应链管理涉价值链，超越了行业，其实施优势在于降低了成本，同时提高了供应商的忠诚度和服务水平。德国企业的物流经历了传统物流、横向交叉物流、价值链整合物流、全球化价值链整合物流的阶段，目标是优化全球网络。供应链管理可提高竞争力，因此企业对供应链管理较重视。德国供应链管理成本占企业营业额的 7%，实行供应链管理的企业的利润率是未实行企业的 2 倍，其平均利润率为 11%，个性化产品利润率为 9%。德国是典型的市场经济国家，政府对经济的干预较少，德国中小企业进行供应链管理实践还有一个过程。

（2）供应链管理的主要做法。

目前，供应链运作参考模型主要是由美国供应链协会发布的跨行业标准供应链参考模型和供应链诊断工具，其全面、准确、优化地提供适用于各种规模和复杂程度的供应链标准化术语和流程。大型企业实行的供应链管理超越了企业边界，关注企业上下游关系，注重发展战略和高效运营措施。

德国较为流行合同物流，即与生产商签订较长期的合同，将物流外包。德国企业同客户一般签订 3～5 年的合同，德国将近 30% 的企业采用合同物流模式。

（3）企业实施供应链管理。

在全球采购半成品和零部件，信息产品和市场营销产品等"间接产品"供应链是垂直型的。其供应链管理更具创新性，实行统一采购与集约化管理网络采购相互协作模式。供应紧密地同产品开发相结合，间接实行集中采购，使采购成本至少降低了 5%。大供应商有自己的供应链，即有供应链分链条，供应链分链条要精益求精。当今世界的竞争不是供应商竞争，而是供应链竞争。

（4）实施全球采购理念。

全球采购理念如下：①降低成本，很有必要；②重视新兴市场，促进技术发展和广泛投资；③降低风险，增强竞争力；④提高安全性，使市场规模增长；⑤为了降低成本，尽量构建短供应链。

3. 供应链枢纽城市的实践

在德国物流活动中，货运中心在提高城市物流供应链效率方面起到极大的作用。德国货运中心打破行业界限，跨越产业建立新型伙伴关系；重视基础设施的建设，提高运输的经济性和合理性，以发展交通运输体系为目的；遵循德国联邦政府统筹规划，由州政府扶持建设，采用企业自主经营的发展模式。

德国已成功建立了 35 个货运中心，形成城市货运中心网络。货运中心通常设置在城市外围，远离人口密集中心，依靠水陆空运输网络 24 小时运作，作为媒介支撑各城市物流活动。在货运中心，同向异源和异向同源的货物被整理，通过不同运输方式快速配送。货运中心内聚焦了大量的企业，提供各种服务，对城市运转起到了极其重要的作用。

在德国各城市的物流系统中，货运中心的应用减少了城市内的交通压力。货运中心的运作使各种运输方式高效结合，通过运输工具和节点交互提高衔接效率。货运中心之间构成物流网络，将德国各城市的物流联系起来，衍生出"夜班物流"方式，充分利用夜间的特点进行城市互补运输，减少白天的交通压力，提高"最后一千米"的运输效率。

4. 德国高铁运送快件发展模式

德国铁路仅依靠客运难以支撑高铁的成本，遂将目光转向货运及物流，以增加高铁收入。客货混运的模式充分利用了铁路运输能力，实现了高铁收益的最大化。

（1）货运代理开展高铁快件业务。德国高铁采用市场化运营方式，合作发展包裹业务，建立货运代理形式，将包裹服务从德国铁路剥离，只承担铁路货运包裹服务。

（2）以委托运营模式开展快捷货物运输。依托公路、铁路，DHL（德国邮政）和DBAG（德国铁路）以委托运营模式开展快捷货物运输，并根据工作量分配利润。

（3）租赁使用货运中心。货运中心是德国铁运快递的核心资源，在快件运输过程中发挥着重要作用。货运中心提供快件装卸服务。企业可自建新货运中心，也可通过租赁方式使用新建货运中心开展业务。

（4）开展城际包裹货运业务。德国铁路于2000年开行城际邮政包裹列车，最高速度为160km/h，为德国邮政提供城际包裹货运业务。

（5）客货混运分时共线。德国高铁按照客货混运设计，其中客货混运仍以客运为主，货车在夜间运行。客货混运分时共线运营：旅客动车组运营时间一般为6：00～24：00；21：00～次日6：00为货物列车运营时间；21：00～24：00为客货混合运营时间。为保证高铁安全，德国禁止货物列车与旅客动车组会车。

（6）发展综合物流及货运业务。德国电子商务营业额居欧洲前列，并且营业额逐年上升，至2019年达到创纪录的726亿欧元，同比增长11.6%。2019年，德国包括电子商务和传统邮售贸易（书面和电话订货）在内的所有交互式贸易零售额为940亿欧元，同比增长10%。德国电子商务发展加快，优化整合物流产业，充分发挥运输的组合效益，以满足客户要求。

（7）物流网络。德国铁路看到了综合物流市场的需求，但其现有的网络资源无法与其他大型物流企业匹敌，故通过并购方式构建覆盖全球的网络，一跃成为全球最大的物流企业之一。德国铁路通过整合全球现代供应链提供全球物流服务，成为一家综合物流服务供应商，构建了一个全球性的物流网络，竞争力大大提升。德国铁路的陆运、空运、海运实力分别居欧洲第一位、全球第二位和全球第三位。

（8）德国铁路收入来源。德国铁路自重点发展物流以来，收入不断增长，业务服务从德国扩展到欧洲，并延伸到很多国家，致力于提供全方位的综合物流服务。德国铁路物流收入占其总收入的近40%，物流成为德国铁路最主要的收入来源。

（9）德国铁路大力发展综合物流和货运业务。①客货混运的运营模式有效提高了多式联运效率，简化了利益清算流程，起到了有效的激励作用。②枢纽配套至关重要。枢纽配套货运中心，便于快递网与高铁网发挥同构效应，起到了货物集散的作用。③重视竞争，发挥好高铁的优势，即比公路快、比航空便宜，但高铁快件是新兴服务，因配套设施、管理机制限制，很有可能附加成本较高。

（10）高铁货运发展趋势。随着电子商务发展，德国铁路不断拓展物流，充分认识到高铁未来的发展趋势，将发挥德国高铁"链轴"的作用。

6.6.5　澳大利亚推动现代供应链应用

澳大利亚的物流业起步于 20 世纪 50 年代，从配送起步，后来航空物流和港口物流发展较快，现已经达到了国际先进水平。澳大利亚的物流公司现基本实现整个运作过程自动化，一般都拥有高技术仓储设备、全自动立体仓库、无线扫描设备、自动提存系统等现代信息技术设备。例如，在运输管理上，随着计算机技术及光纤通信技术的应用，运输生产管理向自动化发展，GPS 被广泛采用。澳大利亚政府为了提升物流行业的整体竞争力，积极倡导供应链应用，推进快速反应引导计划，取得了良好的效益。在快速反应引导计划推进工作中，其形成了一套可供借鉴的工作流程和规范。

20 世纪 90 年代之后，澳大利亚的纺织和制衣行业面临来自海内外制衣行业产品的竞争，澳大利亚政府推进快速反应引导计划，进行产业合作并重建组织架构，形成供应链系统以适应市场需求变化。

1. 澳大利亚政府出资推进快速反应引导计划

快速反应引导计划的核心目标是供应链，具体体现在：使零售商、制造商和供应商三方紧密合作；通过电子数据交换技术，提高信息交互传播效率。

1）QR 研习会议

澳大利亚政府发起实施 QR 策略，聘用中立的 QR 项目促进员与咨询顾问，其主要职责是推进 QR 策略在企业内部的实施，跟踪调查各企业的战略计划和实施状况。QR 研习会议每 1～2 个月举行一次。澳大利亚政府的 QR 研习会议制度使参与各方都获益。

零售商的目标在于向顾客提供合适的商品及扩大销售范围。制造商希望能从零售商那里获取商品销量、销量预测和每周更新的信息，以便有效对销售、存货、市场预测、促销、新产品研发、季节性生产线开发、质量和成本进行管理。在零售商和供应商方面，供应商要求信息共享，获得持续的订单信息及制造商新产品研发信息。供应商还希望制造商能减少原料样品、色彩的范围和数量。经过充分沟通后，供应链联盟中零售商、制造商和供应商三方的共同目标集中在快速反应引导计划、增进企业状态审查、建立供应链合作伙伴关系，以及选择促进、沟通和加速信息共享方面，供应链企业的目标是公开、透明的。

2）快速反应工作清单

确定实施快速反应工作清单，对拟建工程的全部内容，以及为实现这些工程内容而进行的其他工作进行快速反应。

3）加强企业之间的信息沟通

沟通揭示出一种命运共享的状态，合作各方必须相互信任，要合作而不是冲突。有效沟通的基础是信任机制的建立，信任需要花很长时间才能建立。沟通的内容包括销售信息、供应链面对的挑战等。

4）QR 策略带来的多重影响

推行 QR 策略，使澳大利亚的纺织、成衣、制袜行业竞争力显著提高，货物的按时交货率由原来的低水平上升到高水平。实施 QR 策略后，企业的销售收入翻一番，产品的顾客满意度显著提高。

澳大利亚政府成功实施 QR 策略，有 3 个互相影响的因素：第一个因素是积极寻找机遇，创建有效的问题解决机制；第二个因素是 QR 策略促进员与技术促进员是中立的，与供应链战略联盟中任何企业成员均无特殊关系，应为公正无私的典范；第三个因素是对 QR 策略制定具有决定权的上层管理者。

同样重要的是，参与者们能彼此信任，并善于了解对方的运营状况，还能克服外界的不利影响。QR 策略能否成功取决于企业是否拥有持久的活力，以及能否持续地创造一种良好的环境氛围。

实践证明，澳大利亚政府积极推进产业和企业合作，无论是确定规范运作程序，还是影响企业成员的合作态度，均对策略的最终成功做出了最大的贡献。基于 QR 策略在纺织、成衣和制袜行业获得的成功，澳大利亚政府开始致力于在制造业推行 QR 策略。

2. 澳大利亚供应链变革

澳大利亚供应链变革包括：减少差错，增强货物处理能力，提高生产力，保持领先地位；公共仓储配送中心展开运营，引进语音拣选、无线射频识别（RFID）、旋转货架与智能输送系统，整合资源，优化供应链效率，提高客服水平；高品质设备和技术使公共仓储配送中心的运作效率不断提高；商业模式变化，商业规模急剧扩大，为应对自身变化和客户需求，制定供应链管理战略。

公共仓储配送中心设立 3 类货物存储区。

（1）慢物动量品规货物存储区：用于高层货架，在取货时多个订单集中拣选。

（2）中等物动量品规货物存储区：用于低层货架，在取货时多个订单集中拣选。

（3）快物动量品规货物存储区：用于流式厢式货架，订单货品放入集成式输送机系统传送料箱。

公共仓储配送中心存储货物的货架均配有金属丝网面板、灭火洒水喷头，并配备完善的消防系统，满足服装存储的消防要求。

3. 澳大利亚供应链商业模式变化

澳大利亚生产商将很大一部分货品的生产转移到海外，澳大利亚约有 70% 的货品是进口的，以保持价格竞争力。供应链用于管理好持续增长的库存品规，近两年来澳大利亚活跃库存品规的数量增加了 1 倍多。

澳大利亚供应链商业模式变化主要体现在如下方面。

（1）简化供应链。5 个公共仓储配送中心合为 1 个公共仓储配送中心；采用语音拣选技术处理订单方案；"反向拣选"处理退货，有效利用空间；在新库存品规增长达数千种时，以最节约成本和时间的方式处理订单，在高峰期吞吐量剧增时具备灵活应对能力。

（2）订单处理流程。订单处理借助语音拣选技术，在高层货架区进行拆零拣选或整箱拣选，在低层货架区进行拆零拣选，在流式厢式货架区进行快物动量拣选。

（3）简化操作方法。单向发运两种深度的标准化纸箱，系统自动确定纸箱深度与数量；高频小额订单拣选直放快递袋，通过输送机系统传送料箱。

澳大利亚供应链管理战略获得成功，公共仓储配送中心成功整合，采配功能实现集中，供应商从 200 家减至 80 家。澳大利亚公共仓储配送中心整合实现生产力的提高及订单的高效管理，随着新技术不断丰富，其性能将不断提高。

6.6.6　英国生鲜产品供应链

英国的工业规模近年来有所衰退，但仍拥有世界顶尖的航空发动机企业，在钢铁、制药、生物育种、航空航天、机械、微电子、军工、环境科学等方面都处于世界一流之列。英国航空发动机制造商罗尔斯·罗伊斯公司涉猎材料、机械、动力诸多领域，相关机器设备最核心的部分大多使用了英国 ARM 公司设计的芯片（总部设在英国剑桥的 ARM 公司无疑是英国科技皇冠上最珍贵的宝石）。由于英国拥有世界上不少好大学，其依然保持世界第二的科学技术水平，对世界科技做出了杰出贡献。

英国拥有世界上最早的物流与运输专业组织，英国物流专业的教育、研究水平名列世界前茅。物流体系是综合性理念与发展体制，多功能综合物流中心的建立，使英国形成了综合性物流体制的现代化模式。

1. 英国物流和运输职业资质标准和认证体系

英国形成了完善的物流和运输职业资质标准和认证体系，并被众多国家采用。英国皇家物流与运输学会（ILT）是世界上最早的物流与运输专业组织，也是世界上最权威的物流与运输专业组织之一。英国皇家采购与供应学会（CIPS）是目前国际采购与供应链行业的研究及职业教育认证中心。CIPS 发布的《采购与供应职业道德标准》已成为国际行业标准，被 100 多个国家采用。

2. 英国生鲜产品供应链的成功之路

英国生鲜产品供应链是全球现代供应链管理的楷模。英国生鲜产品供应链对生鲜产品供应商尤其是品牌生鲜食品供应商的要求一向非常严格，其从经营管理上把供应链的风险管理变成进一步深化和扩大有关生鲜产品供应链合作的关键原动力之一，从而促使生鲜产品供应链及其加工行业迅速发展成为世界上效率最高、闯劲最足、竞争力最强的产业。

生鲜产品主要是鲜花、水果、禽肉制品、水产品、粮食制品等。在生鲜产品收获、加工、包装、储存、运输、配送和销售的整个供应链中，生鲜产品供应链管理提供冷藏、通风等措施保证产品的鲜活质量。

英国各大超市和零售商的生鲜产品经营战略在过去 10 年间已经发生巨大变化。深入观察和仔细分析驱使英国大型超市零售生鲜产品经营战略发生巨大变化的主要因素，有助于人们掌握英国批发零售生鲜产品供应链的纵向合作动态，结果显示，专门为英国各大超市提供生鲜产品的供应商的经营规模扩大，而供应商数量却逐渐减少。

英国生鲜产品供应链之所以如此发达，其成功经营和出色管理方面的关键因素如图 6-1 所示。

1）英国超级市场战略

20 世纪 80 年代后期至 90 年代初，为广大英国城乡居民提供日常生活必需的肉品、烤面包、四季鲜果等生鲜产品销售服务的食品杂货店，似乎在一夜之间出现在英国城乡的每个角落，其紧邻社区、服务灵活的优势令众多大型超级市场难以插手。英国的大中型超级市场和零售商把供应商有效处理消费者反馈、商品种类管理方面的业绩及经营信誉程度作为衡量其服务水平的主要标准之一，同时观察供应商拥有的各大产品基地的完整性、信息技术水平、在产品供应链上的竞争能力等，具体如下。

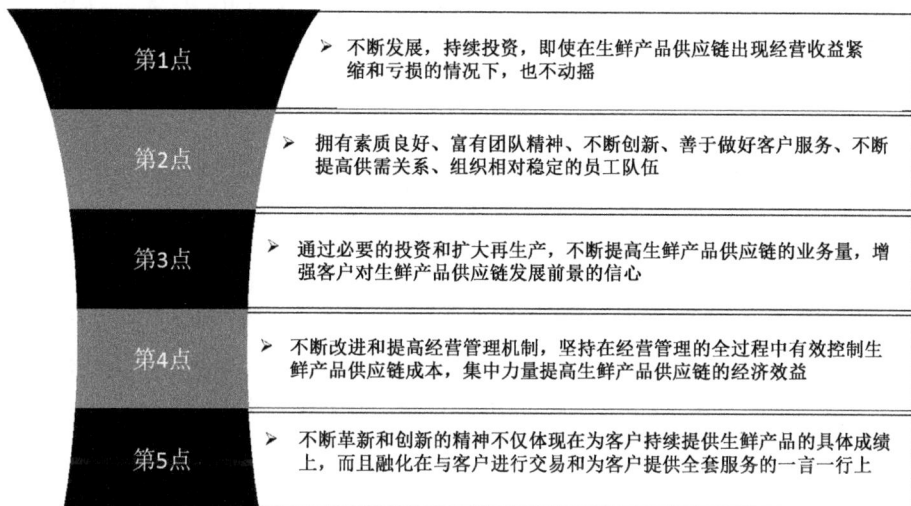

第1点	➤ 不断发展，持续投资，即使在生鲜产品供应链出现经营收益紧缩和亏损的情况下，也不动摇
第2点	➤ 拥有素质良好、富有团队精神、不断创新、善于做好客户服务、不断提高供需关系、组织相对稳定的员工队伍
第3点	➤ 通过必要的投资和扩大再生产，不断提高生鲜产品供应链的业务量，增强客户对生鲜产品供应链发展前景的信心
第4点	➤ 不断改进和提高经营管理机制，坚持在经营管理的全过程中有效控制生鲜产品供应链成本，集中力量提高生鲜产品供应链的经济效益
第5点	➤ 不断革新和创新的精神不仅体现在为客户持续提供生鲜产品的具体成绩上，而且融化在与客户进行交易和为客户提供全套服务的一言一行上

图 6-1　英国生鲜产品供应链成功经营和出色管理方面的关键因素

（1）在市场交易中能否与各方面保持良好、高度责任的业务交易。

（2）在生鲜产品的供销渠道管理上是否拥有全套的电子信息一体化管理系统。

（3）能否与合伙人进行有效的信息共享。

（4）在扩大经营管理规模和供货操作模式上是否富有创新精神。

（5）是否富有客户服务精神及重视不断发展客户战略关系。

（6）是否积极开发客户热烈欢迎的产品、服务项目和投资项目。

英国生鲜产品供应链管理过程获得市场供需双方前所未有的重视，富有挑战精神的英国超市和食品生产加工商更加紧密地联合起来，进一步掌握消费者在购物、储备、烹饪和进食过程中愿意耗费的时间等一切信息，及时抓住和利用在城乡食品和保鲜品市场上遇到的一切机遇，把降低成本和提高经济效益提升为经营管理的首要目标。

2）英国食品安全供应链一体化

《1990 英国食品安全法》（*1990 Food Safety Act*）为英国食品市场的生鲜产

品供应链管理经营操作及时提供从上到下的宏观调控法律依据，明确规定购物者可以采取一切"合理手段"确认其从供应商购买所得的生鲜食品是否安全。这在相当大的程度上鞭策和鼓励销售生鲜产品的超市和零售商主动发挥积极作用，通过层层紧盯，采取一切必要的手段检查和预审来自供应链的各类食品的质量、包装、数量等是否符合《1990 英国食品安全法》的规定。由于生鲜产品超市零售渠道充分利用商品的品牌效应，于是从事生鲜产品销售经营的不少英国零售商和超市食品零售部门纷纷组织专家、技术人员制定有关生鲜产品从生产到销售的各种规范操作规程，分发给其上游供应商。由于生鲜产品的品质直接关系到顾客健康，所以在保质期内出售食品是生鲜产品经营至关重要的一环。《1990 英国食品安全法》也对此有严格规定，超过保质期的食品不能出售，只能退货或报废，接近保质期的食品必须采取相应措施（如降价、促销）等。

英国在生鲜产品从生产到最终消售的全过程中，把确保生鲜产品的质量、数量和安全作为衡量生鲜产品经营行业的基本标准。英国超市和零售商行业联合会做出决定，所有的生鲜产品的进货渠道必须来自参加产品安全质量保证联合会的供应商、生产商和运输商，任何其他经营人不得为英国超市提供任何产品服务。

3）理顺生鲜产品供应基地

为了进一步降低生鲜产品供应链运作过程中的成本，同时保障稳定、可靠的产品质量安全，实现生鲜产品供应链管理一体化，超市、零售商和供应商达成共识，要进一步加强管理、扩大范围，通过与种植户、养殖户之间的联合经管理顺生鲜产品供应基地，经收购、兼并后供应商的数量减少，但规模更大、操作更规范、技术水平更高。英国大中型超市在生鲜产品供应或基地进货，生鲜产品的质量、数量、包装、运输、送货等方面的安全责任全部由供应商承担，作为回报，大中型超市在进货量和进场费用上给予保证与优惠。

在英国，生鲜期限特别短的生鲜产品被加工成菜汁、菜片或蔬菜什锦。经过深加工的蔬菜一般在其收割后的 2 天内在货架上售完，保证了蔬菜的鲜嫩，让消费者满意，既大幅度减少了浪费，又降低了蔬菜供应链的运营成本。据英国市场经济学家评估，经过深加工的生鲜产品比不经过深加工的提高 20%的经济效益，同时有利于提高生鲜产品的品牌竞争力。

英国生鲜产品市场的发展将进一步摆脱贸易行业固有的传统，从以商品价格竞争为重点转移到供应链合伙人经营一体化，以更大幅度提高商品统一销售的增值率及增加供应链的投资回报率。进一步理顺生鲜产品供应基地就是要提高种植业、包装业和加工业的专业化、科学化和一体化的管理规范。

4）生鲜产品在销售方面不断革新

为确保生鲜产品的食用安全、方便、可口和价格适中，英国生鲜产品供应链不断革新经营方式，通过进一步的食品加工，扩大生鲜产品的供应品种和范围。例如，易腐、怕挤的叶类蔬菜因供应过程中的高损耗而导致零售价居高不下，普通的蔬菜竟然变成高档蔬菜，为此英国生鲜产品供应链经营者在超市和零售商的配合下，一方面进一步减少供应环节、理顺关系，促使市场不断循环；另一方面采用新技术，将这类生鲜期限特别短的产品加工成菜汁、菜片或蔬菜什锦。

英国生鲜产品行业已经发生巨大的变化，英国消费者在琳琅满目的高档食品和生鲜产品中大有选择余地。零售商在不断把各层次的生鲜产品补充到货架及展销柜的同时，不遗余力地推动供应商和生鲜产品供应链持续革新、创造新产品，通过提高品牌产品和新产品的供应量，进一步扩大零售商和超市在食品市场份额上的占有率。生鲜产品的经济效益和供应链增值服务远比销售量本身更有意义，只有通过供应链增值而获得经济效益的生鲜产品行业才能称得上是成功的。

3. 英国食品供应链的特点与模式

英国是全球第六大经济体，食品供应链管理是英国农业发展的重要特征，代表现代农业的发展趋势。

1）英国农业概况

英国国土面积为 24.4 万平方千米，耕地面积占国土面积的 1/4，典型的温带海洋性气候为英国农业生产带来丰沛的降水。英国地势东南低、西北高，东南部多为平原，土壤肥沃，是英国粮食主产区；北部多山区和丘陵，雨量充足，草木茂盛，主要发展畜牧业。农业集约化和供应链管理是英国农业的两个特点。农业集约化表现为农场数目减少，个体规模扩大，农业机械化、专业化程度高。英国农业人均产值高，仅占 1%的农业人口提供了全国 60%的农产品。供应链管理主要依靠合约连接生产到消费的各环节，是英国农业领域采用的经营模式。

2）英国食品供应链模式分析

食品供应链是由农业、食品加工业和物流配送业等相关企业构成的食品生产与供应的系统，主要围绕食品生产、食品供应、食品物流、食品需求 4 个领域组织实施。食品供应链管理的目标是根据消费者的最终要求，合理安排从原材料到产品生产、加工、销售及物流的整个过程。

3）食品供应链中要经过生产者、加工厂和零售商 3 个主要环节

生产进行多重细分，在生产者和零售商之间可能还会经历多次加工和物流过程。随着经济全球化、一体化的发展，政府给予农业的保护措施减少，市场竞争加剧，农业机械化程度进一步提高，对食品质量的要求不断提升。

4）横向紧密联合的食品供应链管理成为现实的必然选择

（1）生产者。生产者通过食品供应链获取信息和稳定收入。在英国，农场是农产品的主要生产者，合约生产则是基本的生产方式。通过签订固定合约，农场主能够准确获取市场供求信息、取得技术支持，收入相对稳定，使得农业生产处于有序运行状态。能力超过合约规定限度的农场，则有可能跳出既定的食品供应链，独立向市场销售产品，从而获得更多的顾客和更丰厚的收入。

（2）加工厂。加工厂通过食品供应链增加产品附加值，生产合约包括加工企业和上游生产者及下游零售商的合约。通过合约可以将食品供应链中的各家企业联系起来，大大降低了交易成本、减小了生产者的风险，并使销售计划具有可调节性。英国的食品加工厂通常与零售商联合，对初级农产品进行深加工以增加其附加值，同时进行简单的食品分类和配送，加快产品流通速度。

（3）零售商。零售商通过食品供应链降低成本。英国食品市场供应充足，行业中心由生产者向消费者转移，最接近消费者的零售商的地位因此提高。超市向上连接众多农场和加工厂，为了跟踪食品质量、保障食品安全，大型超市设立了统一的食品标准，如《欧盟良好农业操作规范》。这是几个大型欧洲食品零售商设立的关于食品安全和环境保护的标准，旨在减少农药的使用，以降低对环境的污染，并指导食品生产、加工企业进行技术和管理革新。消费者的需求是食品供应链发展的目标和推动力，因此英国超市非常重视对消费者信息的收集。

5）食品供应链中转环节

大部分英国家庭都在超市购买食品，以特易购为首的五大超市的零售额占英国日用品销售总额的 70%，其中食品的比重相当大。超市巨大的市场份额决定了其在食品供应链中的领导地位，从而可以对上游企业提出如价格优惠、附加服务等要求，甚至将部分上游企业纳入旗下，减少中转环节以进一步降低成本。同时，超市注重将消费者的购买信息反馈至食品生产者和加工者，使其为消费者提供适量的、更符合需求的产品。超市在食品销售方面的垄断地位日益凸显，而食品生产者和加工者在市场中逐渐处于从属地位。全球供应服务等领域建立了从供应商到客户的端到端业务连续性管理体系，并通过建立管理组织、流程和 IT 平台，制订业务连续性计划及突发事件应急预案。质量管理是指确定

质量方针、目标和职责，并通过质量体系中的质量策划、控制、保证和改进来实现的全部活动。质量管理是在质量方面指挥和控制组织的协调活动。英国农业集约化的生产方式促进了农业规模化、产业化发展，合约生产成为食品生产者、加工者、零售商合作的基础。由于食品供应链环节众多，充满复杂性，信息流通就显得格外重要。消费者的偏好将食品供应链的各环节连接起来，而各环节之间的联合程度及信息的交流是供应链成败的关键。在英国的食品供应链中，大型超市掌握了生产者的产品信息和消费者的购买信息，可准确传递信息资源，这确立了其在供应链中的领导地位。

4. 高效的食品供应链管理六大因素

英国在全球食品供应链中占据领导地位，英国高效的食品供应链管理包括的六大因素如图 6-2 所示。

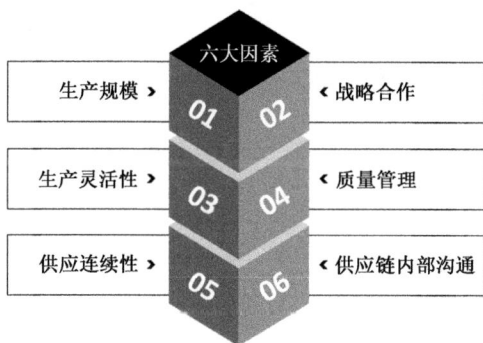

图 6-2　高效的食品供应链管理包括六大因素

1）生产规模

英国农业人均产量居全球前列。英国农业生产机械化程度高，农场规模大，从事农业人数不多，生产水平高。英国农业活动主要在农场进行。英国农场为英国带来了巨大的经济效益。英国约 60%的食品需求都是由农场供应的，英国政府通过"小农场"方案组成合作组织，实现专业化，形成规模效益。

2）战略合作

战略合作是指出于长期共赢考虑，以共同利益为基础实现的深度合作。所谓战略，就是要从整体出发考虑相互之间的利益，使整体利益最大化。

3）生产灵活性

生产灵活性是企业改进的重要方面，灵活性是企业适应持续不断变化的市场的重要能力。企业建立敏捷的运作系统，提高整体运作效率和对外部的适应能力是持续获得竞争优势的重要方面。

4）质量管理

英国食品零售行业堪称世界第一品质经营行业。英国在食品供应链中建立追溯制度，发生品质问题事件则追究生产者责任。

5）供应连续性

供应业务不可避免地依赖与第三方的合作，第三方的业务中断将直接或间接地对运营结果造成不利影响。提升各组织意识和应对突发事件的能力，确保对日常业务风险的有效管理。

6）供应链内部沟通

各部门是相互独立的，缺乏沟通和团结协作。内部供应链使不同部门实现信息共享，实现从原料采购轻松向产品制作的转换。企业内部各部门之间形成一个网络，所有环节都是连通的。内部供应链和外部供应链共同构成企业供应链，不同供应链面对的目标不一样，而其本质都是为企业服务的。

6.6.7　法国全球现代供应链管理

1. 法国供应链管理

法国供应链管理整合了项目管理的内容，从采购和物流延伸到生产和运营管理。法国电力供应链是全球现代供应链管理的典范，高度重视供应商管理及品质控制管理，通过商务测评择优选取供应商，电力设备及自动化在 60 个区域内开展采购，其中专业特性产品在法国本土采购。法国处于当今世界经济先进水平，是欧洲唯一 100%实现数字通信的国家，法国的物流信息化发展速度快、建设起点高、效果好。近十年，法国物流年均增长速度在 5%左右，而物流信息化发展速度年均达 10%，形成了一些成熟的物流信息管理软件，包括运输管理软件、仓储管理软件等，并可通过这些软件系统鉴定供应链管理的情况等。管理职能是指"活动""行为"，也就是各种基本活动及其功能。总体来看，管理职能划分为计划、组织、指挥、协调、控制、激励、人事、调集资源、沟通、决策、创新。

2. 法国电力供应链是全球现代供应链管理的典范

法国电力供应链在计划及需求预测管理方面，将准确需求管理贯穿整个采购过程，通过现代计算机信息管理系统加强准确需求计划管理，使采购人员与生产运行部门密切协作，将需求计划精确到月度及年度，使需求计划准确率达

90%以上。

1）法国电力体制

法国电力公司是负责法国发电、输电、配电业务的国有企业。为了适应法国和欧盟国家电力市场的开放要求，法国电力公司将发电与输电资产、人力资源和组织机构分离，成立两个独立公司，财务独立核算。法国电力公司的 3 个主要管理部门是技术部、工业策略部、国际大项目部，采购工作由采购部、技术部、工业策略部、物流中心共同参与，设备面向全球采购，有自己的设备采购技术标准。

（1）通用产品全球采购，配网设备在欧洲采购。采购流程采用 NSM 模式：需求定义→市场询价→采购策略→寻源→招标→评标→谈判→签约→履行合同。在寻源过程中进行初步质量评估，在签约时再次进行质量评估，在履行合同后持续跟进质量。

（2）物资采购分 4 类进行，首先是框架采购（3～5 年 10 万元以下物资）；其次是项目采购（10 万元以上物资）；再次是个别采购（特殊需求）；最后是紧急采购（事故抢险、抢修物资）。采购流程就是在候选供应商名单中通过商务测评择优选取自己的供应商。

工程采购流程与物资采购流程类似，包括工程施工、维护维修及有关服务。工程采购遵循集中采购原则，以达到统一标准、控制投资、降低风险的目的。大多数项目就近选择施工服务商（属地化原则、地方有保护政策）。

在仓库建设及物流管理经验方面，按现代供应链管理理论将其进行优化整合为配送中心（仓库），建立高度集中的统一储备、大物流、大配送管理体系。通过不断改进，库存量在原有基础上下降 80%，库存物资周转率达到 85%以上；成本下降 50%，实现生产运行成本最低化的目标。

（3）供应链采购政策。

供应链采购政策采用以欧洲供应商为主的三大主线。首先，确保供应原则符合公司发展策略，与知名公司合作适应发展变化，建立长期合作关系；其次，引进竞争机制原则，选取对社会负责、对环境负责、诚信友好的多个供应商按 5∶3∶2 进行分配；最后，采用风险控制原则，在公司法律顾问的辅导下由采购员和技术部专业人员开展采购前的 4 类风险评估，技术部专业人员负责设备的技术分析、合格性检查及合同技术审查。

采购流程为：由采购员和技术部专业人员对登记供应商进行评审，评审分为供应商考察（事前、事中、制造）、样品检测（内检+外检）、网上使用情况（使用量、使用时间）综合评判，再由专业技术人员和采购员进行详细的技术、商务评审及谈判，最终确定供应商。

2）法国电力供应链的特点

在采购及供应商管理方面，采购管理流程简单、规范，经物资管理决策层审查批准后由公司发布正式文件实施。采购员和专业技术人员与供应商协作，积极开展供应商审计工作，鼓励供应商开展技术研发，确保与技术可靠、质量优良、服务优质、诚信的供应商保持中长期合作关系。

在履约及品质控制管理方面，高度重视履约及品控管理，发生质量问题的供应商即刻终止合同执行，采购员持续跟进供应商改进工作并积极开展供应商审查；新的供应商每个月开展一次审查检测；供应商如发生产品技术变更，须获公司技术部认可。对供应商按计划开展周期性（6个月、24个月）考评审查，每3年对所有设备进行一次审查。同时，与供应商通过网络实现在线全面沟通，并对其进行技术、商务风险评估。

在仓储配送管理方面，科学、合理布局仓储配送中心，制定配送标准化作业流程，强化仓储配送管理，设备需求由生产运行部门通过计算机信息管理系统直接上报到物资部门，经仓库信息管理系统查询是否有库存备品，有库存备品就由仓库办理出库手续后直接配送，没有库存备品则进入采购流程并直送，从而高效、快捷地满足生产运行及工程需要。

3）高度集中统一的全球采购管理

由专业的物资采购部门全面履行招标采购职能及物资管理职能，归口管理所有专业的招标采购工作。这样有利于统一采购公司所有对外需求的产品或服务，统一技术和标准，三权（需求计划权、采购权、财务支付权）独立，责权清晰，专业化管理运作，管理规范、成本控制、效率提高。

4）建立高全球物资仓储和配送体系

确立一级仓、二级仓加急救包的仓储配送模式。通过增强一级仓的配送能力和完善使用功能，实现一级仓向急救包直接配送的转换。

严格考评，加强对施工单位的监管。对项目多、建设周期短、单项投资小的工程，推行单价框架招标的合同模式，通过单价框架招标在每个县级供电局辖区确定服务时限相对固定的施工单位，通过严格的考评加强监管。

6.6.8 日本全球现代供应链安全国家战略

"日本制造"的招牌大体是在第二次世界大战之后到20世纪80年代这一时

期形成的，这也是日本对全球现代供应链管理理念贡献最大的一个时期。在这个时期，丰田汽车创新性地提出了"精益生产""准时供应""零库存"等概念，7-11 便利店形成了"供需深度协同"的制造型零售模式，宅急便推出了基于"包裹的密度"的精益物流理论，而松下、索尼等企业也在这个时期不断开疆拓土，在向全球销售货物的同时，销售"日本制造"独特的供应链管理理念。

纵观日本近年来的国家政策，近 20 年来，日本几乎没有推出具有全球影响力的供应链管理模式。日本的国家供应链战略站在"区域竞争"的角度维护其地位，日本高度重视流通发展，通过实现与东亚地区的无缝衔接，建立了将东亚与世界各地联系起来的综合国际交通运输系统和物流系统。

1. 日本供应链管理源头及特点

日本企业的成功，在于日本企业家主动走出国门向先进国家学习，但又不会完全生搬硬套，能够结合本土的实际情况进行自我变革和创新，最终超越其所学习的对象。正是这种精益求精的学习态度，以及自我创新的精神，使丰田、松下、东芝、7-11、宅急便、日本地铁等成为日本企业中的杰出代表，也成为供应链标杆企业。

日本全球现代供应链具有如下特点：①日本企业以长期关系为主，以个体优化为目标；②生产以小批量、多频次为特点，周转周期短；③团体作战，日本伙伴企业之间的关系紧密、配合度高，容易形成合力一致对外。④在传统的日本方式下，买卖双方长期合作、关系稳定，习惯于协作解决问题。例如，在产品设计阶段，供应商早期介入与采购方合作设计，这样才能便宜、快捷、高质量地制造出产品。

2. 日本供应链范围的大优化、大变化

（1）实现信息共享。

日本企业在关系领域，即职能与职能、公司与公司之间愿意协作，并建立协作流程，如合作设计等。日本的精益生产、准时供应等对信息技术的要求很低，并不需要复杂的 ERP 系统，通过看板等非常简单、低技术的手段就能实现信息共享。

（2）随全球化而改变。

2008 年突如其来的世界金融危机给了日本整个出口企业沉重一击，其中汽车企业首当其冲、受害最重。这种趋势对于日产来说尤其如此，这恐怕与日产同

雷诺等的结盟关系，以及在管理上更加去日本化不无关系。这从另一个侧面说明，日本企业更加全球化，管理方式也在随全球化而改变。

近年来，日本企业在全球现代供应链竞争中的挑战，与其进一步产业升级与转型不无关系。就拿日本曾称霸全球的白色家电产业为例，其供应链已经萎缩；日本引以为傲的汽车制造质量也于 2015 年第一次低于世界平均水平，这是因为德国、美国、韩国等的汽车制造业在加速提升，而日本汽车制造业几乎停滞。

在供应链管理领域，日本企业以关系模式为特点，讲究供应链伙伴之间的协作和全局优化。而供应链管理在美国的兴起，其实是契约经济模式被关系经济模式强烈冲击后，美国系统地研究、学习、总结日本供应链实践的结果。

3. 日本恒久发展的全球现代供应链模式

日本百年以上的企业有 3.5 万家，这些企业兢兢业业做事，不轻易进行产业转型。

日本制造业的供应链转型是从 2011 年开始的。日本 NEC 公司是日本计算机产业的鼻祖，当人们热衷于选购计算机时，NEC 公司决定放弃计算机供应链事业，结果到了 2019 年，计算机产业全球现代供应链暴露短板。NEC 公司兴起了日本供应链产业的转型革命。日本全自动驾驶汽车的系统是 NEC 公司研发的尖端技术，所以进行制造供应链转型是其一种自我革命。

日本很早就放弃了白色家电整机组装供应链，但仍掌握研发核心技术。日本也没有再维持电子产业，而是轻装开拓新产业。日本放弃了手机整机供应，而是提高手机零部件生产供应链水平，日本电子产业精细供应链获得的价值比手机整机供应链还高。生产打印机的富士通在构建物联网，同时在构建一个宇宙监测系统，因为富士通看到了产业链上更高的价值。日本做照相机的佳能也开始转型参与研发小型火箭，还投身医疗产业。日本转型最成功的一家企业是富士。富士从传统生产胶卷的企业成功转型为高新技术企业，这种基于商业模式和体验的创新是企业生存与发展的前提。

4. 日本供应链发展支持政策

日本大力扶植中小企业促进供应链精细化，使企业供应链管理做得更好，做到数字化、智能化。一是为企业创造营商环境；二是为企业发展提供资本，助推企业在初期飞速发展。另外，企业一定要有自有资金积累，这样遇到金融危机才可以支撑 3～5 年。

6.6.9　新加坡海港供应链国际枢纽国家战略

1. 因港而兴的新加坡

港口物流供应链以集成物流为核心，港口在供应链中的核心与枢纽地位越发被凸显出来。当前，第二代港口仍是发展主流，第三代海港供应链建设已经开始。新加坡港口在转型中走在世界前列，新加坡拥有世界金融和贸易中心，其在科技和工业领域的投入比在服务业领域的投入还要多。新加坡港务局（MPA）的数据显示，受地缘政治紧张局势和贸易摩擦的推动，全球经济形势充满挑战，新加坡港口的集装箱吞吐量在 2019 年创下历史新高，达到 3720 万标准箱，比 2018 年的 3660 万标准箱增加了 1.6%。2019 年，悬挂新加坡国旗的船舶总吨位增至 9730 万吨，同比增长 7%。为了让客户享受更快捷、更可靠、更实惠的优质供应链服务，新加坡实行自由港政策，港口不断提升科技水平。

2. 新加坡发展海港全球现代供应链枢纽

新加坡的地理位置、时差、英语环境等优势，使其成为一个非常重要的国际供应链和金融中心。海运和空运供应链枢纽建设对新加坡发展有很大帮助。

（1）新加坡的发展充分体现了资源整合的"魔力"。

新加坡国土面积为 710 平方千米，人口为 510 万人，是一个几乎没有矿产资源的国家，连饮用水都要靠马来西亚供给，军队需要去国外租地训练，却能成为"亚洲四小龙"之一。2017 年，新加坡人均 GDP 为 57713 美元，在全球排名第 8 位；新加坡是国际金融中心、国际物流与供应链中心，是资源最丰富的物资集散地之一。新加坡现代化的物流组织方式与资源控制力令世人刮目，其将信息资源、网络资源和知识资源这三大无形资产整合为几乎可以控制其他国家经济命脉的网。新加坡可以使澳大利亚北海岸运送到南海岸的物资，先经过新加坡物流配送中心，再送达澳大利亚南海岸。尽管这样路程要比从澳大利亚北海岸直达南海岸多出 2 倍，但运输成本低得多。这足以证明新加坡对世界资源的整合能力所创造的价值是多么惊人。

（2）新加坡港物流运作效率世界一流。

新加坡港物流运作效率堪称世界一流，新加坡港集装箱船舶的装卸时间承诺不超过 10 小时，是世界上效率最高的规模化经营的集装箱码头，能够轻而易举地为全球提供优质、便捷、高效的供应链服务。新加坡港口管理政企分开、责任明确，是世界上最繁忙的港口和主要转口枢纽之一。新加坡政府支持"一条龙"发展海港供应链枢纽国家战略，具有良好、坚实的营商环境，成为全球重要的港口服务和航运中心。

（3）世界上最大的物流枢纽之一。

新加坡港是世界上最繁忙的港口之一、世界上最大的物流枢纽之一、亚洲主要转口枢纽之一、世界第三大炼油及交易中心、第一大钻油平台制造及船舶修复基地，以及世界上最大的燃油供应港口。截至 2019 年，新加坡港拥有 200 多条航线、连接世界上 600 多个港口，港区内拥有 7 个自由贸易区，码头泊位最大吃水深度为 24.5 米，拥有年处理 62617 万吨货物、3370 万标准箱的物流能力。

（4）新加坡海港高质供应链。

新加坡 2021 年启动了大士港（Atus）项目，逐步整合集装箱作业，将港口的吞吐量增加 1 倍，达到 6500 万标准箱。其中，巴西班让 5 号港区的 CPLT 码头已完成了两个阶段的建设，年吞吐能力达 400 万标准箱。该码头由法国达飞集团参与建设，使用了码头自动化等行业领先的港口基础设施和技术，可为法国达飞集团及其附属航运公司的大型船舶提供高质量服务。

3. 从谋篇布局的角度看新加坡

新加坡以现代信息技术为基础，以协同方式提供一体化的综合港口物流服务为目标进行港口建设。新加坡港口发展经历了如下阶段：第一代港口主要是海运装卸仓储；第二代港口是具有使货物增值效应的服务中心；第三代港口是国际物流中心。

新加坡是一个因港而兴的国家，地处国际海运洲际航线上，新加坡港的地理位置极为优越，是全球现代供应链海运中心，也是世界上最繁忙的海港之一。新加坡凭借在国际船东和船舶经营者中的声誉，位居全球顶级船舶注册地之列。新加坡港采用全国性海港网络电子商务系统，效率较高，可确保供应链顺畅运作。新加坡港建成了"港口网络""贸易网络"平台，实现了运作自动化，配置了高技术仓储设备、自动立体仓库、无线扫描设备、自动提存系统等现代设备。新加坡港远景目标是发展成集海、陆、空、仓储于一体的全球现代供应链枢纽中心，并为实现这一目标采取了新举措：一是调整港口管理策略并制定新措施，开放港口合资自营码头，投资发展码头；二是进行技术改造，提高生产力，如海港采用自动识别系统提高港口安全航行率。

4. 新加坡海港供应链发展模式

新加坡港具有一流的"港口设施、网络技术、物流人才"，可提供世界一流的港口服务。

（1）提供方便和优惠。

新加坡港由新加坡政府投资，执行自由港政策，采取优惠措施，如中转减免仓储费、装卸费和管理费等，吸引各国船舶公司，巩固其全球现代供应链中心的地位。

（2）分工明确，集约经营。

新加坡港设 3 个配送中心，提供拆拼、仓储、运输、取样、测量、贴牌、包装等服务。其中，便捷的集装箱配送中心采用先进信息技术系统实时了解货物情况；散货分拨中心主要处理货物转运工作。

（3）形式多样的增值服务。

新加坡港提供 IT、物流、供应链等增值服务，提供集装箱管理服务；开发虚拟仓库系统，提高仓储的响应速度及供应链效率。

新加坡注重培育海港全球现代供应链，使港口与加工业联合发展。新加坡港的港口建设吸引外资，提供给跨国公司作为专用中转基地，鼓励在港区建设供应链配送中心。港口提供专业、高效的供应链服务，提高加工水平和经营效益。

新加坡港的运作效率和科技水平高，重视信息技术和自动化设备的应用；专业性强，服务周全，专业化、社会化程度高，有些企业专为某行业提供全方位服务，为各行业提供某一环节的服务，物流集聚程度高。港口、机场均设有自由贸易区或保税物流园区，集中提供服务，带来大进大出的集聚效果。

（4）新加坡海港全球现代供应链战略。

全球前 25 强的跨国企业有 17 家在新加坡设立总部或地区总部；在新加坡投资的跨国公司有 7000 家，其中超过 4000 家在新加坡设立全球总部或区域性总部。

善抓战略机遇，明确战略任务。新加坡的发展得益于政治稳定、经济持续繁荣、法律制度规范，得益于新加坡第一代领导人的远见卓识，使港口成为新加坡经济发展的重要支撑力量。

能抓住战略机遇，把握战略方向。新加坡港改革港口体制与经营战略，推进全球现代供应链发展，政府干预经济发展较为成功。

6.6.10　加拿大太平洋门户国际供应链战略

在美国、日本、德国、英国、法国、意大利和加拿大 7 个最发达的工业化国家中，加拿大是最依赖贸易的国家，其经济的繁荣程度基本取决于国际贸易。

加拿大供应链部门委员会发布的《劳动力市场信息人力资源研究报告》显示，目前在加拿大有 27000 个供应链工作岗位需要人才，而未来 5 年在加拿大将有大约 360000 个供应链岗位。加拿大供应链管理行业越来越热门。

加拿大政府认为，当今全球贸易活力来源于全球现代供应链中货物和人员的迅速、安全和无缝流动。围绕供应链和贸易方式的活动均集中在重要的地点和贸易门户上，这两者连接在一起，并通过贸易走廊与主要市场连接。

1. 贸易门户和贸易走廊的有效运营至关重要

（1）加拿大太平洋门户的内涵和实际意义。

太平洋门户战略就是以加拿大—亚洲贸易为中心的交通基础设施网络，包括以多种形式的运输方式将基础设施相连，并组成交通运输体系，这将带来交通运输量的大幅增长。另外，增加运到港口的集装箱，将使贸易额增长从而为实现经济增长做贡献。

（2）太平洋门户战略的国家利益。

加强在世界上的竞争力是各国的首要任务。太平洋门户战略是加拿大的发展战略，其旨在改善亚太地区的基础设施连接，降低国际贸易成本。太平洋门户是加拿大的贸易门户，还有若干发展潜力，应统筹考虑和开拓。

（3）建立太平洋门户的依据。

交通运输物流经过一个多世纪的发展，形成了极为发达的网络。加拿大面对中国、印度等新兴市场的崛起，力争使太平洋门户效益最大化，确保加拿大最大限度地获利。

国际贸易和投资因中国崛起重新排列，改变了全球现代供应链。中国和加拿大合作具有良好的基础，中国是加拿大的第二大贸易伙伴，近年来贸易额快速增长。

（4）太平洋门户的机遇和挑战。

作为太平洋门户的温哥华港和鲁珀特太子港近年来保持增长态势。加拿大大型基础设施项目已安排在不列颠哥伦比亚省，这是加拿大与亚洲展开贸易的重要保证，其航运需求巨大，应营造良好的投资氛围，吸引投资商参与基础设施建设。

2. 畜产品供应链溯源体系

畜产品安全问题一直备受关注，因养殖、屠宰、加工的特殊性，如何建立一套溯源体系对畜产品生产实现全流程监控，并"有理有据"地追溯问题根源显得尤为重要。通过建立一套完整和稳定的追溯数据，沿着产销供应链上溯或下行，进而得到从生产到物流各单元的位置、状况等信息成为解决这一问题的有效手段。建立并完善了食品安全管理制度，由政府推动实现了食品产业链条的全覆盖，实现信息共享，以更好地服务消费者。若食品质量消费端出现问题，则可以通过溯源码进行联网查询，找到生产源头等信息，确定相应的法律责任。此项制度倒逼市场确保食品安全，具有一定的约束意义。

（1）动物源性食品可追溯体系。

食品安全管理制度赢得普遍认可：一是集中管理权，负责所有食品的法定检验报告安全情况；二是重视质量安全，制定了畜禽产品的分类质量规定及技术规范。

（2）法律法规。

加拿大与食品安全有关的法律包括《食品与药品法》《肉类检验法》《动物健康法》等，涵盖防止动物疾病传播、防止对动物的损害、人类及动物保护等规定。例如，规定任何动物在离开源农场时必须佩戴经批准的标签；对棚舍、饲料、饮用水、健康等方面进行了规范。

（3）操作机制。

基于国际市场压力，以及有关食品安全法规的要求，加拿大制定了全链食品（可追溯性跟踪和追踪）标准，目前超过 25 个行业协会和政府组织参与这项工作。

标准规定，在食品供应链中的每个参与者应保留记录，以有效地跟踪食品的各方面，保障食品安全。

（4）食品安全管理法制化、科学化和现代化。

第一，保障食品安全监管。完善的法规制度，是保障食品安全和可追溯体系建设的基础，应进一步完善与可追溯相关的立法和标准，保证食品卫生安全。

第二，全过程的监管制度。对于实现无缝监管，加拿大是世界一流的，应将加拿大作为国家食品控制体系的典型案例进行研究。加拿大从生产源头到消费者全面追踪食品供应链信息，可有效预防食品安全风险。

第三，加强食品安全知识和专业技能的培训。提高对可追溯体系的认识，明确其在食品安全管理中的作用。将操作员的编号上传数据库，既监督从业人员，又加强责任意识和法律责任。

第四，全民监督的氛围。公开食品安全公共信息平台，及时处理投诉，增强监管信心；加强食品安全机制建设，提高公众认知水平，营造良好的社会氛围。

（5）加拿大食品检验署。

加拿大食品检验署（CFIA）于1997年4月成立，是负责组织实施加拿大动植物检验检疫及食品安全的专门机构。加拿大食品检验署自成立以来，在保护动植物健康和食品安全、促进农林产品方面发挥了重要作用，代替加拿大农业与食品部、加拿大卫生部、加拿大海洋渔业部的相关工作，为克服政府各部门不统一的弊端做出了贡献。

加拿大食品检验署有6500多名雇员，分布在四个大区的18个办事处、22个实验室、400个办公室。加拿大食品检验署内部制定政策和实施政策的部门是分开的，以保证政策的公正性及有利于执行。加拿大有关食品的法律法规是加拿大食品检验署职责的主要依据。加拿大食品检验署的成立，为消费者和国民经济带来了利益，特别是为农业和食品发展创造了条件。加拿大食品检验署行政执法权力大，并采取公司化模式。

加拿大动植物检验检疫和食品安全管理模式是世界一流的，引起了国际食品法典委员会的注意，多个国家考察学习并积极效仿采用。

6.6.11　发达国家现代供应链创新趋势与启示

1. 促进现代供应链服务创新加速发展

全球现代供应链创新向高质量转变，一系列以新组织形式等多元创新为动力的全新格局，极大地推动了现代供应链的变革和升级。随着经济发展水平的提升和现代供应链规模的持续扩大，现代供应链服务日益分化和专业化。例如，按照商品类型和运输要求，形成了冷链、生鲜食品供应链等新的专业服务领域。现代供应链领域服务涌现并日益专业化，如无车承运人服务及主要从事供求对接、运输优化等方面交易和管理的服务。现代供应链的快速发展，使提供多式联运服务的大型公司成为"全球现代供应链运营商"；综合供应链枢纽借助现代供应链优势，成功转型为连通全球市场的国际现代供应链中心。随着新型供应链服务组织的涌现，供应链结构转型升级，发达国家物流产业结构出现重大变化，以物流设施为支撑要素，形成以运输仓储为基础、以新兴服务业为主导的服务结构。在分工持续深化和现代信息技术深度应用的推动下，全球现代发展动力出现巨大转变。在全球现代供应链百强企业中，出现了20余家像美国罗宾逊全球货运有限公司这样的大型企业，并且巨头们纷纷向供应链管理转变。发达国家通过供应链的数字化变革赋能实体经济成效显著，据美国商务部的一份报告显示，供应链数字化使包括钢铁、机械制造、医疗、农产品交易等在内的主要行业的物流成本显著下降。其中，钢铁行业的物流成本下降 21%，医疗行业的物流成本下降 14%，农产品的物流成本下降 9%，等等。这充分显示了供应链变革的经济效应。

2. 国际供应链创新启示

随着经济发展水平的提升和现代供应链规模的持续扩大，现代供应链服务呈现多样化、细分化和专业化发展趋势，新型现代供应链服务加速涌现。在技术进步、全球化、资源环境条件变化、制度与政策调整等因素的推动下，发达国家现代供应链出现了频繁多样的创新活动，实现了供应链效率的快速提升，逐步形成了知识、技术、资本高度密集、高效运行的现代供应链体系。

（1）分工深化和专业化。

全球现代供应链呈现加速发展、分工深化和专业化趋势，促进了其创新服务日益细分。例如，美国运输企业中介超 1 万家，为全美约 11% 的汽车企业和数十万家工商企业服务，对整合零散载货汽车运力发挥积极作用。供应链信息、资金等要素的增加，促进了供应链相关服务发展。例如，在供应链金融方面，围绕资金流和物流，把不可控风险转变为供应链整体的可控风险，通过立体获取信息将风险控制在最低。

（2）现代信息技术主导全球现代供应链创新。

全球现代供应链在自动化的基础上，以现代信息技术为主导进行技术创新，推进现代供应链活动全过程信息化，提高供应链活动运作效率。信息技术创新和全程信息化水平的提高，带动了基于信息技术的现代供应链管理工具等一系列创新和研发，为物流企业提供了大量智能化的新型物流设施和装备，加速了信息管理系统管理模式和工具的研发应用。信息化成为供应链领域创新的主要途径。

（3）融合互动推动一体化集成创新。

互联网技术的深度应用，促进了信息互通、流程对接和操作融合，实现了供应链体系整合，促进了集成创新，为资源整合创新提供了新途径。在全球资源大背景下，发达国家以节能降耗为核心进行绿色技术创新。例如，欧盟实施冷链物流节能计划，为绿色发展提供研发创新支持。

（4）大型化、集群化和平台化趋势。

全球产业转移促进供应链体系调整，推动服务创新和技术创新，供应链边界和网络体系被打破，全球现代供应链孕育着前所未有的机遇和市场空间。全球现代供应链巨头加速涌现，全球化物流格局形成竞争，国家现代供应链全球扩张，大型跨国企业涌现。例如，联邦快递拥有 16 万名员工、1200 个转运货站、10 个航空枢纽、47000 辆运输车辆、634 架货运飞机，服务网络覆盖 220 个国家。

大型企业向交通物流枢纽集聚，形成了大型现代供应链集群，对接全球现代供应链骨干网络。供应链领域分工细化、共享资源，以联盟方式寻求创新，形成了资源共享的服务平台组织。全球产业链重组加快，上下游物流活动形成一体化的供应链，从单一服务转向供应链服务。

（5）资源整合与优化配置。

供应链企业数量、服务能力丰富多样，资源要素整合和优化配置以更具效率的方式创造价值，形成新型服务商业模式。多式联运迅速发展，对接和一体化集成创新，极大地促进发达国家交通运输体系的形成和提升。供应链系统化物流服务方式正在快速兴起。发达国家发展的冷链，实现了从生产到餐桌的全覆盖，蔬果的冷链经由率达 70% 以上，减少了流通损耗，提升了冷链品质。

（6）创新驱动物流产业加快转型升级。

发达国家一系列的新服务、新组织、新技术和新方式，实现了供应链的结构调整与转型升级，促进了供应链效率的提升。美国运输服务业比重下降，新兴供应链服务比重上升，并成为新支柱。全球化基础设施的提升，推动了全球现代供应链网络体系及枢纽的布局，形成了基础设施支撑及庞大供应链集群，可提供多样化的供应链服务功能，改变着各国在全球现代供应链体系的地位和优势。

资源配置能力成为全球现代供应链竞争的新优势，有效促进供应链效率的提高。随着多样化、大范围供应链创新的出现，供应链资源的优化配置和使用效率得到促进，有效推动发达国家供应链成本降低。发达国家的供应链创新实践和成效，对推动供应链创新发展有重要启示，供应链创新是经济发展转型和产业升级的内在要求。

（7）制度创新是供应链发展的必要基础。

发达国家创新发展与完善制度创新密不可分，改革监管有利于释放创新活力，推进制度创新可为供应链创新开辟更大空间。创新有赖于市场经济体制，需要政府破除原有体制的障碍，加快创新体制机制，为供应链实现创新发展释放活力：一方面引入新的制度，另一方面创新设立专项制度。一系列制度建设为推动经济高效发展、提高生产效率奠定了制度基础。为支持供应链创新及加大人、财、物等要素的投入，应积极探索新机制和新政策。利用供应链创新平台，促进信息共享、人才培训和技术推广等，有效推广供应链创新的新机制。创新是市场探索实践的过程，取决于需求和特性，以及自身的创新能力和条件，并与创新环境和制度密切关联。

第 7 章

全球化思维

"一带一路"建设带来新的发展机遇，但需要勇敢去面对全球化的挑战。"一带一路"是一次重要的机遇，而把握机遇的核心在于有没有能力做到全球化思维。

7.1 全球现代供应链创新发展与应用

全球现代供应链创新发展促进了高速铁路技术的创新。中国铁路世界领先：铁路路网世界领先，铁路规模世界领先，铁路技术装备世界领先，铁路创新能力世界领先，铁路运输安全世界领先，铁路经营管理水平世界领先。而高速铁路技术对经济具有极大的推动作用，创新发展对促进技术进步具有尤为重要的意义。

在全球化进程中，全球现代供应链创新发展具有重要意义。其是建设现代化经济体系的战略支撑，可为实施发展战略行动计划、建设产业转型升级提供原动力。全球现代供应链创新发展解决的关键在于，坚持"创新驱动、集群集约、转型升级"发展思路，以转型升级为核心，以建设为平台，以培育为关键，形成产业支撑的良好态势，促进相互协作、融合和提高，促进经济要素的集约和优化配置。

7.1.1 现代供应链步入重要发展机遇期

经济发展的主要矛盾是供应链打通的矛盾，应有效整合物流资源，将全球资源以高效的方式引入需求领域。创新将制造业活动延伸至商务环节，组成并优化链路，使资源供应速度加快，通过生产销售环节使产品增值，并送到终端客户手中，缩短需求被满足的时滞，以增加整个供应链价值。全球现代供应链创新发展推动经济发展，使商品便捷扩散到不同地区，引发社会需求的增长，即全球化思维。全球化思维可解决全球经济增长亟待解决的问题，如果没有全球化思维，不具备行动的能力，也无法把握全球化发展的机会。经济增长以内需外供为基础，其推动作用是广泛而深入的，扩大内需外供的作用将日益显现。

全球现代供应链创新促进经济增长，促进产业结构升级。物流发展对技术进步的推动作用涉及制造业、电子信息业等多个产业，产业结构优化可满足制造业供应链的需要。全球现代供应链创新和技术进步，对物流新工艺、新技术、新原料、新能源、新装备的出现有诱导作用，如无人驾驶货车等。全球现代供应链创新发展对促进产业结构升级有直接的重要影响，可提高各类经济活动的效率，使创新活动的经济效益更显著，发达的经济必然存在完善的物流产业结构。现代供应链步入重要发展机遇期，对所有行业的产、供、销等物流活动产生积极影响。

7.1.2　中国构建现代供应链智库

1. 中国构建现代供应链智库刻不容缓

"智库"也称"思想库"或"智慧库"，是指由专家、学者和相关研究人员组成智囊团，为决策者处埋经济社会发展中的各方面问题策划运筹，以及提供最佳理论、策略、方法、思想等，是影响产业发展决策和推动产业发展的一支重要的社会力量。严格意义上的智库以公共利益为研究导向，以社会责任为研究准则，其相对独立于决策机制，既可以是营利性的研究机构，又可以是非营利性的研究机构。

近年，新型智库不断涌现，具有 5 个特点：一是资金来源广泛；二是智库规模较小；三是既重视科学研究，又重视公关工作；四是形式上较为灵活；五是坚持其独立性。

智库在经济全球化背景下，运用团队的智慧和才能，整合知识资源，为产业发展提供优化方案。智库是全智能产业链的集中体现，其对实施方案进行调查研究，目标是针对战略的制定将结果反馈给决策者，以创新为核心进行诊断纠偏，跟踪重大决策的实施，并根据现状进行系统研究、创新，寻找产生原因并提出解决方案。

智库产业以智库为载体，从不同的角度和方法出发，以产业示范为重要抓手，提出各种前瞻性和储备性的政策建议，集聚高端智力资源，积极履行智库使命和职责，以服务于国家发展战略为前提，将智库研究成果不断转化为科学决策，以节约战略成本和政府执政成本，形成具有操作性的政策和决定，提高科学民主决策的质量，进而将智库成果转化为现实生产力，为国计民生带来社会效益和经济价值，为经济跨越式发展提供重要支撑。

2. 中国智库机构发展演变

远古时代，足智多谋出谋划策者，有军师、谋士、幕僚、师爷等之称，已显现智库的影子。"幕僚"一词源于中国，执政决策者重视谋士文化传统，后来称"幕僚"为"师爷"。"师爷"为幕主出谋划策，从"军师""幕僚"产生而来，是古代中国对智库的称谓。文武兼职参与机要，起草文稿代拟奏疏，处理案卷裁行批复，奉命出使事务联络，具有思想库特点的组织机构不断涌现。

智囊历史演化已久，君主诸侯善于利用谋士，形成咨询参与决策的体系。历史上就有重视谋士的传统，智囊以敏捷的思维辅佐政权，智囊可以弥补决策者知识的不足，确保决策的可行性，实现治国安邦、强兵富民、变法改革，推动社会发展，影响历史发展的方向和进程。

3. 国际上智库机构的发展

未来，国际智库趋于自发性和专业化，更关注管理型评价体系构建，更聚焦对智库运营效能的考察，更重视网络及新媒体指标的应用，评价指标体系设计更加体现用户驱动的特征。世界智库前 7 位的国家分别是美国、英国、德国、法国、阿根廷、印度、俄罗斯。

1）美国智库

根据美国总统罗斯福颁布的第 8248 号总统令，总统竞选成功后，应马上成立自己的幕僚班子。美国总统的高级幕僚一般称为白宫班子（The White House Staff），其由一系列高级顾问机构组成，正式名称为总统办事机构，美国白宫办公厅主任、美国总统国家安全事务助理、美国总统新闻秘书等都属于这个班子。但是，服务于这个机构的不是美国政府官员，而是被称为"白宫官员"，他们由总统直接任命，不需要国会、法院等任何机构批准。近年来，美国总统办事机构和政府机构在国家政治生活中的作用此消彼长，演绎着当代西方新的幕府政治（智库）。智库在美国的作用举足轻重，美国有约 2000 多个智库，赖斯、基辛格都曾在智库任职。美国智库分为体制内、体制外两种，体制内智库具有政党背景，体制外智库立场比较客观，无明显党派倾向。

美国智库的特点如下。①独立是美国智库发展的根基，美国智库不依附政治派别，重点是获得社会公众的信任；是有独立研究成果的客观性、科学性的部门；智库获取政策待遇有利于其长远发展。②差异化发展格局，凭借"专业性"实现可持续发展。综合性智库相对较少，特定领域的特色研究专业智库较多，分为安全导向型、自由导向型、国际战略导向型等。③资金可保障研究的质量，智库的经费来源渠道多元，通过高效运作可保持收支平衡，智库虽然接受政府捐助，但有严格的行业自律意识。④对成果进行推销，扩大影响力，赢得发展空间，拓展生存空间，吸引决策者关注。⑤美国智库董事会成员身兼要职，为智库的发展提供了保障，扩大了其影响力。⑥灵活的"旋转门"机制，提升了研究人员的素质。在"旋转门"机制下，官员、教授、智库专家的身份自由转换；有名望和影响力的离任官员也有机会从事研究工作。

2）德国智库

德国是智库历史最悠久的国家之一，近年来，德国智库深受美国智库、英国智库影响，开始追求资金来源的多元化，重视与其他机构和领域的合作，通过提高专业化程度、构建智库标准等，努力适应新环境以完成自身变革。德国智库大体可分为学术型智库和代言型智库两大类。学术型智库拥有较长的历史，约占德国智库数量的 75%，从资金来源及其与政府的关系来看，学术型智库又可细分为政府类型智库、学会类型智库、高校类型智库 3 种。德国智库建设的经验为：一是学术型智库对思想独立性要求苛刻，资金提供者不得干预研究已成为出资方和智库的共识；二是对接严格的监管，与高校联系紧密；三是亲政党政治基金会强大的外交功能，助力传播德国价值观、实现国家利益。

20 世纪 90 代年以前，一些机构虽然承担智库的功能，但大多没有为自己贴上"智库"的标签，甚至不承认自己是智库。直到 20 世纪末，德国的公共政策研究机构才逐渐接受"智库"的概念。在过去的 20 年中，德国的智库数量有了较大幅度的增长，组织形式也变得更加多元。学术型智库是主流，有极高的相似度和重合度。代言型智库约占德国智库数量的 20%，其中，一类由亲政党政治基金会支持，另一类由利益集团创办。德国六大政党分设基金会，除了 6 家政党智库，德国联邦层面设立了 20 多家基金会。

德国智库的特征如下：一是约 50%的智库依靠公共资金；二是大多数德国智库不追求聚焦性；三是智库一般不超过 50 人，有 30 多家智库顾问人数过百；

四是通过学术出版、媒体传播及政策咨询输出观点；五是智库大多注册为协会、基金会或有限公司。

3）英国智库

英国有许多智库，如伦敦国际战略研究所、皇家国际事务研究所、费边社、欧洲改革中心、公共政策研究会等。英国智库在 20 世纪 80 年代获得大发展。英国智库属于非政府组织，观点虽然独立，但实际上大多依附于政党或政府部门，称为"国际政治军事冲突的权威研究机构"。

英国智库分为两种：一种是参与政策制定、影响决策的官方智库；另一种是与社会公众联系密切、影响决策的社会智库。

英国智库的特点为：一是具有依附于政党的党派特点；二是资金筹集多元化，大多数智库依靠政府拨款；三是注重实效，建立了传带机制，由资深者指导和培养年轻人。

4）俄罗斯智库

据《全球智库报告 2018》统计，俄罗斯有 215 家智库，居世界第 7 位。俄罗斯安全与军事研究机构组成相当繁杂，既有官方的，也有民间的，甚至还有外国资助的；既有政府层面的，也有科学院系统的，还有军事院校所属的。20 世纪五六十年代，苏联抽调全国优秀人才组建中央政策研究机构，最有实力的三大研究机构是俄罗斯社会科学院、俄罗斯社会科学研究所和俄罗斯马列主义研究所。苏联解体后，部分机构经改造得以保留。20 世纪 90 年代后期，西方资助的莫斯科卡内基中心东西方研究所等国际研究机构相继成立。

俄罗斯科学院、俄罗斯国际事务委员会、俄罗斯外交与国防政策委员会、全俄社会舆论研究中心、西北基金会战略研究中心、莫斯科大学等都是俄罗斯比较有名的智库。俄罗斯智库建设具有主体多元、重视成果质量等特点。俄罗斯智库重视基础学科建设，充分发挥保障作用，坚实的学术支撑和理论研究具有前瞻性，可对形势做出精准判断与预测，为政府决策和制度创新服务。俄罗斯智库参与政府纲领、政策性文件起草，通过各种方式提出建议供决策者参考。俄罗斯智库建设重视通过媒体发布观点，以影响舆论和政府决策；实时更新网络数据，出版发行智库专家的重要研究成果，扩大影响力。俄罗斯智库非常重视搭建各种平台，打通政、商、学的界限；选拔培养青年专家，加强智库交流合作，鼓励学者开展深入研究。俄罗斯智库每年都会举办各种学术会议和论坛，鼓励政府官员与大众沟通交流，鼓励同国内外合作建立科研平台，提升国际学术影响力。

5）印度智库

印度智库的发展具有现实性和前瞻性。印度智库表现强劲。印度数据统计研究所提供了许多经济发展数据，成为印度主要的智库。20 世纪 80 年代初，印度成立了经济发展研究所、国际经济关系研究院及信息系统研究所，这些很快发展为印度的主要智库。

印度数据统计研究所成立于 1948 年，统计经济发展数据。印度国家应用经济研究委员会成立于 1956 年，提供政策咨询、规划服务。印度智库涵盖各领域，按隶属关系分类：一是官办型智库，二是独立型智库，三是高校型智库，四是大企业智库。

印度智库有六个特点：一是规模较小；二是与政党联系较弱；三是注重发展问题研究；四是顾问委员会是官方智库的一种重要形式；五是来自国际的资助呈上升趋势。

4. 中国智库新的发展方向

《北京高质量发展报告（2018—2019）》中提到，智库产业或将成为新的经济增长点之一。打造政策链、人才链、产业链、技术链、价值链"五链融合"的体系是中国智库成功的关键。中国智库的参与主体包括政府、企业、科研机构、专业类机构，各参与主体分别发挥不同的功能。"五链融合"的本质是市场导向、企业主导。因此，智库协同发展的关键在于如何实现"五链融合"，提高创新活动的精准性和有效性。中国智库建设需要做好目标定位、方向定位和运行定位，在运行中要解决专业化、名实化、去行政化问题，要做好信息同步化、预先通报化、系统协调化、运行常态化、操作规范化和品行清廉化的工作。中国智库建设以担当为信念，以竞争力为核心，以创新为驱动，以特色为支撑，以智力为服务，还要处理好继承与创新的关系。通过智库论坛建设的国际化发展可以看出，中国特色智库的建设越来越受重视，已提升到国家战略高度，建设中国特色智库已成为影响政府决策、推动社会发展的重要力量，成为提高国家软实力的重要组成部分。新时代下，中国特色智库有新的发展方向。

（1）探讨新型智库建设的评价标准体系。

新型智库建设的评价标准体系建设包括新型智库职能作用发挥的制度保障、领军人才确立和培养、智库社会效益评价等。围绕新型智库建设遇到的这些理论认知和实践操作问题，智库人员撰写了大量理论文章，展开新型智库建设的理论探讨和交流。这些理论对于初期新型智库建设意义重大，使智库的工作人员从理论认知上明晰了新型智库的功能定位、社会作用和工作方向；对于全社会认识新型智库的作用和价值，以及提高公众对新型智库建设的共识，具有解放思想、开拓启蒙的价值意义。中国智库建设迎来了最好的时代，中国"智库热"是中国政治民主化、决策透明化的产物，也是国家实力需要更多智力支持的必然结果。中国未来发展需要中国智库提供重要支撑，中国要从智库大国迈向智库强国成为学术界的共识。

（2）"五链融合"的产业新体系是智库产业成功的关键。

智库产业体系构造主要以高端三产为主导产业。智库的目标是，针对国家战略的制定、区域发展政策的落实、企业重大决策的实施，以及区域人才短缺、传统产业升级转型、技术和制度后发优势培育等一系列问题，进行系统探索、研究、创新，提出解决方案，带动一产、提升二产、促进三产。中国智库服务于国家政策制定，以节约区域战略成本和政府执政成本，因地制宜地引领高端产业集聚，使智库建设成为区域软实力建设的重要内容，使智库成为区域经济跨越式发展的重要支撑。智库外延体现为各类智力成果的产业化应用，包括：第一产业中以品牌建设、绿色生态、高质量、高价值为特征的现代高端示范农业，第二产业中以集约、集聚、循环发展为特征的高技术制造业和战略性新兴产业，等等。

打造政策链、人才链、产业链、技术链、资金链"五链融合"的产业新体系是智库产业成功的关键。构建智库产业新体系，形成以政府政策开放带动、参政议政高端人才聚集推动、高端产业集聚拉动、金融市场融合互动、科研应用创新驱动为核心产生的全智能产业链，即"智库+政府决策""智库+高端人才""智库+高端产业""智库+科研应用"等全智能产业链。

（3）智库发展的具体方向。

①走进民间：民间智库发展、智库优势互补、完善智库体系。

②走向世界：提高智库公信力、影响力、软实力。

③智库产业：构建智库基地，实现产业模式转变、经济结构转型。

④高端化、专业化：保证智库的权威性、实操性、高质量、高水平。

5. 中国供应链智库发展背景

在推进物流与供应链创新发展、高质量发展的多重国家战略要求下，应将培育和发展理论创新型、实战应用型的智库作为新的经济增长点之一。

（1）智库与供应链交融发展趋势。

当前，智库成为国家的软实力，供应链变革使国家物流与供应链枢纽经济发展紧密融合。这是提高国家综合实力的两大热点。在大物流、大智慧、供应链变革的大背景下，智慧物流和智慧细化产业开始融合互生，供应链智库发展成大势所趋。

（2）发展中国供应链智库。

物流产业发展虽快，但供应链智库助力不足。目前我国物流与供应链人才缺失严重、集中度低，建设供应链智库是集聚物流智慧、开发物流人才的迫切需求。

中国已成为全球货物贸易第一大国，决定了中国属于物流大国，对供应链智库的需求强烈，物流与供应链研究问题比西方更复杂、更高深。所以，要建设具有中国特色的供应链智库，融合本土化理念与系统观理论，为引领中国供应链变革提供动力。

（3）供应链智库的内涵。

供应链变革就像永无止境的旅程，行业需要研究、探索各种能力以应付可能出现的各种情况。

以凝聚智慧、增进共识、推动合作为核心，以专业的物流与供应链专家、研究机构为智力要素，发挥政府、企业、资本、项目、科研的桥梁和纽带作用，推动行业、金融机构、投行信托之间的融合与合作，实现政府、产业、学术、研究机构互动一体化共享。

6. 构建供应链智库联盟

非官方智库机构是中国政府科学决策、民主决策、依法决策的体现，智库已经融入国家开放平台，成为中国政策决策的一部分。面向供应链智库建设，探讨智库联盟构建的必要性与方法，在分析中国供应链智库的内涵与建设意义的基础上，明确建设智库联盟的必要性，提出建设智库联盟的方法。智库联盟是中国智库建设的必然，智库联盟系统构建是智库联盟建设的核心，智库联盟通过整合联盟成员的资源为智库机构创新提供服务，智库联盟系统的有效运转不仅需要先进技术作为支持，而且需要科学、合理的管理机制作为保障。

智库联盟体系可以满足行业千变万化、瞬息万变的需求。供应链智库的开展需要重视物流基础设施战略的设计，重视物流产业的协同带动，重视供应链科研成果的产出与推广，重视社会资源的配置与管理，重视人才与资源的吸引及整合。

7. 供应链智库致力于创新研究

供应链智库作为中国产业智库的领航者之一，是中国智库体系的一个重要分支。

1）探索与实践一：智力集群

根据产业集群发展的需要进行改革，通过高校与科研机构之间的整合形成智力集群，更好地为产业集群服务。智库体系构造主要以高端产业为主导产业，其外延体现为智力成果的产业化应用，包括以品牌建设、绿色生态、高质量、高价值为示范，以集群、集聚、循环发展为特征和战略体系。

2）探索与实践二：建设项目池

在建设项目中推行全生命周期管理理念，结合建设项目管理状况及面临的主要问题，就推行全生命周期管理理念的现实意义及具备的基础条件进行客观、深入的分析，针对建设项目应用解决方案的主要阶段划分与主要目标的建立、风险识别、组织管理模式的优化、建立统一的全生命周期数据信息平台，以及对相关工作的开展提出具体的措施与建议，对入建设项目池的建设项目和投产运行的项目管理有重要的参考价值。

3）探索与实践三：建设供应链金融联盟

供应链金融在金融界及其他产业链中是热门。供应链金融具有金融业增值服务的内涵，正在成为金融机构新的利润来源。供应链金融联盟致力于使供应链金融规范化、标准化、健康化发展，促进联盟成员之间的有效合作，吸引更多新成员推动联盟的发展壮大，促进产业升级，同时发挥联盟的纽带作用，构建互相交流合作的平台，提高供应链金融业务风险规避能力，探讨供应链金融业务的新模式、新方法，实现行业的共同繁荣发展。

4）探索与实践四：供应链人才培养及管理

供应链人才培养在瞬息万变中颠覆传统的人才管理思路，在动态历程中探索和总结经验，助力推动转型时期的人才管理革命。供应链人才的培养及管理在于，通过动态短期的人才规划、灵活标准的人才盘点、无时差的人才补给、最大化的人才培养，颠覆传统人才管理中的常规思维模式，帮助企业打造与动态业务相匹配的动态人才培养及管理模式，加快物流专业高级人才的培养，以此推动现代供应链的快速发展。

5）探索与实践五：建设供应链软科学发展基金

建设供应链软科学发展基金，从各自不同的角度对全球宏观经济形势、应对金融危机的政策效果及今后的经济走势等进行分析研判，致力于支持供应链软科学事业发展的公益性资助专项研究重点课题，开展有竞争力的理论、政策与案例研究，对区域创新体系的影响及对策研究，可持续发展战略研究及供应链管理最新理论和应用的研究。

6）探索与实践六：建设供应链智库系列丛书

从战略角度研究热点和难点问题，积极传播研究成果；研究全球现代供应链理念，创新性梳理全球现代供应链发展，对中国全球现代供应链进行交叉研究。丛书主要作者结合各界力量，从国家战略角度出发关注发展动向，致力于中长期的分析和探讨，紧扣社会关键问题建言献策，报道最新成果和创新案例。

7）探索与实践七：建设智慧公益供应链

智慧公益供应链强调推动形成全面开放新格局，坚持"引进来"和"走出去"并重，加强创新能力开放合作，培育贸易新业态、新模式，推进供应链强国建设。在需求层面，全球消费需求已从以往全面偏重传统欧美国家逐步转向了亚太地区，尤其是中国市场。国务院办公厅印发的《关于积极推进供应链创新与应用的指导意见》提出，供应链与互联网、物联网深度融合，打造大数据支撑、网络化共享、智能化协作的智慧供应链体系。在这种大环境下，通过各种孵化器加速器联络一批具有创意的初创企业，将最新的产品及服务融入现代商贸，利用 3D 打印等技术将供应链数字化，配合智慧物流打造创新的供应链业态模式。

8）探索与实践八：建设供应链产学研基地

为深化供应链学术理论研究，促进科研成果转化，发挥产学研结合优势，加强物流理论体系和学科体系建设，推动全球现代供应链健康发展，我国积极建设供应链产学研基地。

供应链产学研基地的设立对象包括：重点供应链企业，生产制造或商贸流通供应链管理部门，承担供应链教学或培训任务的大专院校、职业学校，承担供应链规划、咨询、研究工作的研究机构。

供应链产学研基地设立的条件为：具有开展供应链研究、实际运作、成果转化等基本条件，在全国同行业某个专业领域有较大影响和示范带动作用。

供应链产学研基地的主要任务：开展重点科研项目和课题研究；提供供应链方面的咨询服务；开展业务培训，接受实习、实训，开展国内外物流学术理论交流；推广供应链新技术的经验。

供应链产学研基地率先发起创立的全球首个多边联合体，旨在培养国际化、高层次、创新型的物流人才，实现教育科技、经济贸易优势资源共享，推进供应链产学研深度合作。

9）探索与实践九：建设中国供应链智库的展望

智库产业是一种新型的产业形态，智库产业要能够持续发展，需要具备 4 个方面的条件和基础：充分的市场需求是前提，具有多层次、多元性特点，包括政府和企业的需求；竞争性市场环境是保障，必须有完善的规则、公平的机制；高质量、专业化的产品是智库发展的核心；产业资本的持续支持。

智库产业主要有两种：一种是智库主体自身形成的无形资本；另一种是推动无形资本转换、可以用于直接生产治理产品的配套设施，也就是有形资本。这两种资本相互支持才能形成具有造血功能的循环机制。

"建设供应链智库群，打造中国供应链智库产业园"是未来供应链智库的发展方向与趋势。智库是供应链与物流行业的连接者和价值创造者，面对全球现代供应链变革，建立供应链智库，专注中国智慧物流与信息化产品和服务，将服务和推动产业发展。各学科的专家聚集组成智囊团，共同建设供应链智库独有的政、产、学、研、资一体化"智库群"，将物流及供应链服务连成一体策划产业联动，立足智慧物流产业生态系统，建设中国首个供应链智库产业园，打造汇聚行业精英的高层次平台和国家行业示范基地，助推国家一级稀缺性特色专业的发展。

8. 社会组织创建智库的建议

社会组织建设新型智库需要加强顶层设计，建立有效机制推动智库产业化，健全智库机制营造公平竞争环境，发挥各级智库的整合优势，推动社会组织在新时代再创辉煌。

（1）制定新型智库建设的指导意见。

重视智库在现代社会与现实决策中的地位及其发挥的独特作用，制定出台顶层设计方案，鼓励健全决策咨询工作机制，营造公开、公正、透明的环境。

（2）建立智库决策咨询的有效机制。

推进新型智库建设，在法规制度上将决策咨询引入公共决策过程中，将公共智慧吸纳进来，对决策程序进行规范化管理，建立公开、透明、开放的公共决策制度；建立对智库成果进行独立性、权威性社会化评估与认证的制度。

（3）积极推进智库产业化发展。

新型智库建设也需要走产业化道路，可以借鉴生产性部门产业化的生产组织方式和市场化的资源配置方式，采取市场化的运作模式，选择部分地区先行先试，提高各类智库机构的运作效率。

（4）不断创新促进智库建设的体制机制。

借助云智慧搭建平台，实现管理体制创新，加强智库评价和行业管理，切实创新现代智库研究服务。制定公平竞争的规则，将市场资源打开，实行公开招标，取消门槛限制，将省部级体制内智库推向市场，刺激智库良性发展，为智库产业发展创造良好的市场环境；打破官方/半官方智库垄断的情况，给"体制外"的智库释放发展空间。

（5）建立智库成果传播机制。

促进新型智库与社会联系，加强各类智库的互动，建立智库成果传播机制，增强智库与政府之间的互动，建立互信机制，增强国内外智库的互动开放机制。智库联盟应统一加强宣传力度，提升智库对公共政策的影响力。

（6）发挥智库的整合功能。

随着社会经济的发展，相关议题越来越呈现多元性，客观上需要智库参与提供建议。各类智库协调整合服务，将不同领域最合适的专家调度起来，为政府出谋划策、提供决策参考；开展互动交流与合作，发挥整合功能，形成传帮带的良好氛围，促进各类智库共同成长。

7.1.3　国家编码数据合作

编码识别技术已广泛应用在各领域，全球统一标识系统是全球应用最广泛的商务语言，商品条码是其基础和核心。国家编码数据合作指加入国际物品编码协会（Global Standards 1，GS1），向社会提供公共服务平台和标准化解决方案，向社会提供质量检测服务。

2018 年 5 月 14—17 日，国际物品编码协会全会在浙江省杭州市召开，国家市场监管总局、中国物品编码中心与国际物品编码协会签署协议，将进一步深化中国与"一带一路"沿线国家的国际合作，推动构建全球电子商务生态圈，推进全球数据同步项目、海关快速通关项目，促进商品信息互认，同时将重点聚焦在大数据、云计算、物联网等基础信息技术方面，在电子商务与物联网、现代物流等领域全面引入全球通用的国际编码。国际物品编码协会目前拥有来自不同国家和地区的 112 个成员组织，且标准应用于 150 多个国家或地区的食品、服装、物流等 30 多个领域。中国于 1991 年 4 月加入国际物品编码协会，中国商品条码系统成员数量已超过 30 万户，居世界第一。

中国设有 47 个物品编码分支机构，形成了覆盖全国的集编码管理、技术研发、标准制定、应用推广及技术服务于一体的工作体系。物品编码与自动识别技术已广泛应用于零售、制造、物流、电子商务、移动商务、电子政务、医疗卫生、产品质量追溯、图书音像等国民经济和社会发展的诸多领域。同样，记录性和可追溯性是物品编码技术在电子商务应用中的主要特征。

7.2 构建现代生鲜食品供应链体系

进入新时代，基于新的发展现状、发展阶段、发展趋势，充分利用产业优势与机遇，以冷链物流为特点，以优化布局和供应链体系为主线，以国际和国内两大市场为对象，以打造食品供应链为核心，构建生鲜食品供应链体系。

7.2.1 生鲜食品供应链

随着科学技术的进步与制冷技术的发展，食品安全和现代供应链上升为国家战略，生鲜食品供应链既是前沿发展方向，又符合未来发展需求，将迎来发展新机遇。

在生鲜食品供应链热词、热潮、热能下，大额投资生鲜食品供应链项目隆重出台，对生鲜食品供应链的认识与模式进行创新，生鲜食品供应链发展进入最好时期。具体来说，冷链物流、生鲜食品、跨境电子商务、自贸区建设和国际贸易，无疑带来大量海产品、农产品、食品和果蔬，为生鲜食品供应链发展带来前所未有的机遇。

1. 食品安全和现代供应链上升为国家战略

"民以食为天，食以安为先。"生鲜食品是人们生活的必需品，为达到保鲜的目的，其要快速进入消费环节，流通中的环节越少越好，因为其新鲜度和食用安全性就是价值所在。生鲜食品是最重要也是经营难度最大的一类商品，它主要是指人们日常生活中消费的农副产品，主要包括蔬菜、水果、水产、肉类等，加上较常见的生鲜制品衍生而来的面包、熟食。

生鲜食品主要的特性包括：一是易腐性，这一特性要求生鲜食品的采购与配送周期要短；二是季节性，这一特性源于蔬菜、水果、水产等产品的生物生产周期，控制其上市节奏，因此很难配合均衡经营；三是地域性，农产品的地域特性使某些产品只有在特定产地才有供货；四是价格的波动性，这使生鲜食品供应链上、中、下游的效益与效率、管理与技术、创新与应用，相对一般产品与业态供应链而言难度大、门槛高，并面临方方面面的考量。生鲜食品供应链的重点体现在食品安全方面，涉及人类健康和生存。

　　人民健康是民族昌盛和国家富强的重要标志；实施食品安全战略，是党中央对群众呼声的直接回应，也是对群众期盼的郑重承诺。食品安全，不仅关乎百姓的身体健康，而且是百姓获得安全感、幸福感的基本要求。如果百姓吃得不放心、吃得不安全、吃得不健康，小康之乐就很难实现。

　　2017 年，一系列政策发布，冷链物流发展迎来高潮。2017 年 4 月 21 日，《国务院办公厅关于加快发展冷链物流保障食品安全促进消费升级的意见》发布；2017 年 8 月 11 日，《商务部办公厅　财政部办公厅关于开展供应链体系建设工作的通知》发布；2017 年 8 月 22 日，《商务部　农业部关于深化农商协作大力发展农产品电子商务的通知》发布；2017 年 10 月 13 日，《国务院办公厅关于积极推进供应链创新与应用的指导意见》发布。我国政府就供应链创新发展出台的相关文件，为现代供应链的发展指明了方向。现代供应链的发展着眼于推动国家经济社会发展，中国物流产业将全面迈入供应链体系创新与应用阶段，产业结构调整和产业转型升级成为当前改革的关键问题，要求通过产业创新、业态创新、模式创新，实现产业要素和资源的优化配置，使产业迈向高端。

2. 开拓生鲜食品供应链发展的新空间

　　构建"一带一路"开放新格局，能够为城市建设注入新的动力和活力，为城市建设、城市合作、城市区域合作提供更多的服务，必将开拓生鲜食品供应链发展的新空间。

　　依托自由贸易区、国际商贸建设、商品进出口、跨境电子商务，在新的历史条件下，生鲜食品供应链将大大促进国际海产品、农产品、食品、果蔬的集聚和分散。中华饮食博大精深，中国鲁、川、粤、苏、闽、浙、湘、徽八大菜系逐渐誉满全球，富有特色的中国饮食文化闻名于世，而饮食的改革与创新离不开跨境电子商务和生鲜食品供应的范畴。借助现代的商品交易和流通渠道体系，对生鲜食品进行转口和集散，实现了"国外选货→航空运输→机场服务→园区养殖→派送全国"的一条龙模式，挪威三文鱼等生鲜产品的进出口量每年以 30% 的速度增长，为跨境电子商务和生鲜食品供应链的张力带来了强劲动力。

　　面向全球的生鲜食品供应链渠道体系的拓展，提供了更高层次的发展格局与广阔的空间。作为全球"四大湾区"之一，中国粤港澳大湾区聚集的资金总量（本外币存款总额）高达 30 万亿元，占全国聚集总量的 1/6 以上。同时，港珠澳大桥将在 20 年内为港珠澳三地带来 400 亿元的直接经济效益。也就是说，粤港澳大湾区将是世界上最大的港湾、贸易和供应链枢纽。面对这样的大格局，将有越来越多的国际生鲜食品及有冷冻储藏运输配送需求的商品，借助粤港澳大湾区内的自贸区进入中国市场，因此将更有利于生鲜食品供应链的大发展，进而推动产业和经济的发展。

3. 消费全球化为生鲜食品供应链体系建设带来重大机遇

中国生鲜食品消费与人均 GDP 增长成正比，中国居民对生鲜食品的需求，尤其是对进口水果、海鲜、牛肉等的需求持续高速增长。生鲜食品的全球化、国际化是一个必然的发展趋势。中国进口国际生鲜食品，引导和培养了国内市场，掌握了若干重点产品的渠道控制权和主导权，尤其是在进口水果和海鲜方面。因此，围绕国际生鲜食品市场扩张构建现代生鲜食品供应链体系，一方面是挑战，另一方面是机遇。

目前，中国居民的消费已经从生存型消费阶段过渡到发展型消费阶段，消费者越来越注重消费品质和食品安全。然而，各种渠道的生鲜食品流通，尤其是生产加工及销售集约化经营程度还比较低，仓储、配送、批发、零售等各环节的社会化分工管理粗放、效率低下，尤其是生鲜食品供应链中的配送难度大，缺乏生鲜食品供应链一体化的整合等。针对这些问题，政府和企业需要积极探索完善生鲜食品供应链体系。这对生鲜食品供应链的影响巨大，也为生鲜食品供应链体系建设及发展格局重构带来了重大机遇。

4. 生鲜食品供应链迈向高端发展阶段

为了对食品安全环境进行整治，被称为"史上最严"的《中华人民共和国食品安全法》于 2018 年 12 月 29 日修正并发布，体现了我国依法整治食品安全的决心。随着电子商务的发展及新零售的变革，生鲜食品供应的重心正从上游供应商向下游消费者延伸，生鲜食品供应链全渠道体系越来越成熟完善。生鲜食品供应链全渠道体系智慧工程就是运用现代通信技术、计算机网络技术、食品安全管理技术、生鲜食品技术将生产基地的生鲜食品及食材，用全程冷链一站式配送方式送到城市社区终端自提柜，社区居民根据自己时间安排自由提取食品的服务方式。这项创新型工程彻底解决了中国生鲜冷链食品"最后一千米"的流通瓶颈。目前，其已投入试运营，填补了中国生鲜食品供应链"最后一千米"配送服务的空白，并且其核心技术已获得国家知识产权专利。

这项创新型工程的核心价值在于：一是提升了现代化城市品质生活的服务动能；二是为城市居民提供了可靠的食品安全保障；三是有利于城市污染、拥堵的综合治理；四是打通了生鲜食品供应与城市居民零距离的直销渠道；五是为打造生鲜食品供应链智慧社区创造了必要条件。随着布局范围拓展，冷链物流要素资源从更大的区域进行了整合，这为生鲜食品供应链体系规模化和现代化发展提供了新机遇。我国生鲜食品互联网服务业基础设施的建设有很大的发展空间，发展具有现代服务特征的新兴服务产业将为企业发展提供助力。

7.2.2　科技在食品安全领域的应用与展望

1. 太赫兹技术及其应用

"黑科技产品"被认为将在未来颠覆安检、食品药品安全、生物医学、通信等诸多行业，因而受到政府、科研界和产业界的多方关注。鉴于食品药品安全问题的重要性，其检测技术面临巨大的机遇与挑战。太赫兹光谱成像技术提供了一种新型的食品药品安全检测手段，在食品药品安全检测领域具有独特的优势，受到广泛的重视，具有广阔的发展前景。

太赫兹波又称为"生命光线"，波长为 $3\sim1000\mu m$，太赫兹波段是介于微毫米波和红外波之间的波段，是电磁频谱中唯一有待全面开发的频谱资源，是国际社会公认的"改变人类社会"的尖端科技之一，也是下一代信息技术产业及相关产业的重大基础。

中国近年来日益关注太赫兹技术的研究，目前已经有多家科研机构开展太赫兹领域的相关研究，已建立了几十个太赫兹研究中心或实验室。太赫兹源、真空太赫兹源、太赫兹辐射源等领域的研究，促进了太赫兹技术的发展。随着超快激光技术的发展，脉冲激发光源为太赫兹技术发展创造了条件。

太赫兹波是一种新的、安全的、有很多独特优点的辐射源。太赫兹波所具有的独特性质，使它在天体物理学、材料科学、生物医学等领域有大量的应用。太赫兹波将对医疗用品、保健品、食品、药品、美容、农业、环保等领域产生深远的影响，进而改变人们的生活。

由于太赫兹波光子能量较低，不会对被测物体造成损坏，并且对某些非极性材料具有良好的穿透能力，因此利用太赫兹波的穿透性和安全性等优点进行成像技术开发，可对被测物体进行成像，从而实现安全检查和无损检测。

太赫兹波具有透视性，能够对包装的物品进行不开封检测；对食品药品进行检测，是确保食品药品安全的有效措施。例如，检测混入的玻璃等杂物碎片；利用太赫兹多彩成像装置成功实现对隐藏残留物的鉴别。

目前，国内外科研机构在太赫兹辐射源、探测器及太赫兹应用技术方面都取得了重要的研究成果，为太赫兹技术的应用奠定了良好的基础，尤其是太赫兹食品药品安全检测，其结合原材料生产加工、物流配送服务特点，建立"从农田到餐桌"跨环节、跨区域、跨监管部门的全过程衔接制度，以新型高科技技术为追溯信息载体，汇集包括产地、生产、包装、检验、物流、存储等各环节供应链条上的信息，实现来源可查、去向可追，推动国民经济高质量发展。

2. 生鲜食品供应链可追溯体系与食品安全战略

生鲜食品供应链可追溯体系延伸到种植养殖环节，推动紧密型、规模化蔬菜供应基地生产流通可视化、可追溯建设，完善生鲜食品供应链各环节的衔接配套，提高消费安全水平。

由于运用区块链记录了企业之间的各类交易信息，因此可以轻松地进行数据溯源，降低流通成本和损耗。促进生鲜食品供应链各环节紧密结合，可促进产业功能互补，辅助解决假冒伪劣产品等问题，从而衍生农业新型业态。生鲜食品供应链溯源功能当前已经被应用于实践，应探索推进生鲜食品供应链品牌、品种权、专利等作为质押物的金融产品和指数型保险险种等农业保险产品的创新。

未来，生鲜食品供应链的智慧探索方向如下：应用产业变革的颠覆性技术，积极培育发展太赫兹技术应用；在食品药品安全保障方面，同步检测多种有害物质；通过完备的信息系统实现食品来源可查、去向可追等。

3. "物联网"对药品安全、食品安全的自动化识别、检验和监管

受大数据的应用成本限制，目前智能物流大数据应用主要应用在高附加值、高标准要求的物流业务中，其中食品、药品行业的食物可追溯系统、药品可追溯系统在应用大数据方面较领先。这些智能的可追溯系统给食品安全、药品安全提供了坚实的物流保证。

智能蔬菜追溯系统，基于安全的 RFID 技术实现对蔬菜的溯源，即实现对蔬菜从种植、培养、采摘、检验、运输、加工，到出口、申报等各环节的全过程监管，可快速、准确地确认蔬菜的来源和安全性，从而加快检查速度、提高通关效率，并提高了检查验收的准确性。基于 RFID 技术与数据库形成的物联网，可提高对蔬菜的自动化识别、检验和监管效率，从而实现快速通关。

目前，在药品产业、农业产业、制造产业，产品可追溯体系在物品跟踪、识别、查询、判断等方面都发挥着巨大的作用，形成很多有效的案例。

4. 物流规划设计仿真技术

物流仿真是评估对象系统（配送中心、仓库存储系统、拣货系统、运输系统等）整体能力的一种方法。物流仿真针对物流系统进行系统建模，并在计算机上编制相应的应用程序，以模拟实际物流系统的运行状况，并统计和分析模拟结果，用于指导实际物流系统的规划设计与运作管理。物流仿真使用的建模方法有排队理论、Petri 网、线性规划等。例如，联邦快递公司要在满足客户服务质量的前提下，在庞大的人员车辆配置和成本之间取得最佳平衡，使用的方法就是物流仿真技术。物流仿真技术在复杂物流系统的分析和决策中的巨大价值已成为不争的事实，每年可创造数千亿美元的经济效益。

在中国，广州大学物流与运输研究中心是中国物流技术仿真实验示范单位。该中心主要从事生鲜冷藏食品保鲜技术、食品安全机理、食品物流技术与管理、大数据物流应用、物流技术条件、物流仿真技术等方面的课题研究，在国内率先系统开展冷藏物流技术条件的实验研究，其研究工作得到国家自然科学基金的资助；对冷藏运输技术条件特别是新品种的运输条件进行了实验研究，提出了具体的技术标准。

7.2.3　生鲜食品供应链体系构建

在新时代，对生鲜食品供应链体系的构建要基于新的发展现状、发展阶段、发展趋势，对发展战略进行适当调整，形成新的发展思路。

总体而言，基本思路可以确定为：充分利用区位优势，充分利用自贸区建设、深化内贸体制改革及跨境电子商务示范市设立等优势与机遇，以枢纽型、国际化、集群化为特点，以优化冷链物流布局和城市配送体系为主线，以国际生鲜食品为主要对象，以打造国际生鲜食品供应链为核心，逐步建成现代化的新型生鲜食品供应链体系。

生鲜食品供应链体系发展思路强调 6 个方面。

1）结合自身城市的定位

应当立足于打造面向全球、辐射东南亚、服务全国的国际新型生鲜食品供应链枢纽，不断提升生鲜食品供应链发展水平，不断增强服务"一带一路"国家发展的功能。对于将生鲜食品供应链惠及广大市民的重大创新型智慧工程的建设，应予以政策方面的有力支持，并列入优先发展项目。

2）延伸冷链物流供应链

在生鲜食品供应链平台基础上，拓展配送网络，实现仓配一体化服务，为城市及周边提供更专业、更标准、更快捷的优质生鲜食品供应链服务，实现真正"最后一千米"门到门服务。对生鲜食品供应链智慧工程建设给予政策上的大力扶持，并进行试点，争取用两年时间完成城市的全面布局应用；对自提冷柜进驻社区做到统一规范、有效推进，制定可行的操作标准。

3）以打造国际农产品冷链物流枢纽为突破口

逐步占领国际生鲜食品供应链发展的制高点，成为农产品物流需求方和服务提供商的集聚地，有利于产品品质加工和管理标准化，可带动区域整体生活品质的提升，使冷链物流成为新的经济增长点；政府需要对生鲜冷链配送车辆的限制进行调整，以满足生鲜冷链配送车辆全天候进行冷链配送的需求。

4）强调集约化经营

优化整合需要，协调物流资源配置，在重点区域合理布局、规模化经营、集约化管理，避免重复建设和资源浪费；建议设立生鲜食品供应链运营联盟，即以增进冷链物流成为新的经济增长点而组织起来的联合体。

5）加快生鲜食品加工配送中心的建设

生鲜食品加工配送中心可以有效调控大宗农产品物流和各连锁超市生鲜区之间的物流联系，并以生鲜食品加工配送中心为核心，向生鲜食品供应链上游延伸，最终重新整合生鲜食品供求双方的各种资源。

6）设立中央屠宰场、分拣中心、中央储备冷库基础设施

要求统一品牌、统一屠宰、统一监管、统一调度、统一配送，为生鲜食品供应链体系建设创造有利条件。重点规划布局国家级生鲜食品供应链体系网络，通过资源共享、设施共用，促进生鲜食品供应链网络化、规模化、集约化，以构建高效率、低成本的全国生鲜食品供应链网络体系，促进行业降本增效。

7.3　战略思维统揽全局

战略思维是 21 世纪才出现的。出现战略思维的概念，是因为人们想从思维机理层面探索判断战略优劣的标准，形成制定优良战略的程序和规则，这对现代供应链发展有深远的指导意义。

7.3.1　战略思维对现代供应链发展的意义

1. 构建符合全球现代供应链未来发展机制的战略思维

中国需要新的支持经济增长的产业，未来三大产业将会支持中国经济发展：

一是战略性新兴产业，如信息技术、移动互联网、人工智能等；二是服务业，服务业将会成为重要的支持中国经济发展的产业，如商务服务业、生产服务业等；三是现代制造业，如航天制造、高铁、装备制造等。

2. 战略思维的重要性

2019 年 1 月 21 日，国家主席习近平在省部级主要领导干部坚持底线思维着力防范化解重大风险专题研讨班开班式上强调，提高战略思维、历史思维、辩证思维、创新思维、法治思维、底线思维能力。

2014 年 8 月，国家主席习近平在纪念邓小平同志诞辰 110 周年座谈会上的讲话指出，"战略问题是一个政党、一个国家的根本性问题。战略上判断得准确，战略上谋划得科学，战略上赢得主动，党和人民事业就大有希望。"党的十八大以来，国家主席习近平更是多次强调在改革和发展的各项工作中要有战略思维，"战略、全局、方向、长远"等都是他讲话中的高频词。他强调，"要真正向前展望、超前思维、提前谋局。"

2014 年 12 月，中共中央政治局第十九次集体学习时，国家主席习近平又一次提到战略思维，他指出，"要树立战略思维和全球视野，站在国内国际两个大局相互联系的高度，审视我国和世界的发展，把我国对外开放事业不断推向前进。"

党的十八大以来，国家主席习近平曾多次在重要会议和实地调研时，高频率反复强调"战略定力"。习近平说，"我们要保持战略定力和坚定信念，坚定不移走自己的路，朝着自己的目标前进。"国家主席习近平强调，要始终保持清醒坚定，保持强大前进定力。

7.3.2 供应链战略思维与实战应用

在全球变化迅速和信息充分的时代，在现代供应链领域及科学研究领域，能够动态地综合跟踪多种因素的同时变化、迅速变化的战略思维和科学具象思维应运而生。其中，战略思维有明确预期的实际行为。应用战略思维的供应链更敏捷、集合运营数据能力更强，可对供应链创新发展提供强力支撑。

1. 供应链战略思维下的全局观与优越性

在供应链战略思维的服务阵型中，7 人的团队协同效率是最高的。短时间内达成意见统一，是团队战斗力的必要条件，大团队达成统一意见的时间远超过小团队。远程呼唤联盟成员，后端集群会迅速驶向目标，这就是供应链战略发挥威力的最佳体现。扁平化的组织形态，可实现需求的匹配对接，成为组织变革的选择。

2. 供应链战略思维下的组织模式

一是"特种部队小分队+配合特种部队集群"模式，即配合特种部队集群会在后方提供强大的后勤支援。二是倒三角的组织模型，其以颠覆式的组织形式来组建公司，其特点：团队尽可能小；最大限度简化"管理"和手续。当前，基于项目建设特点的垂直多层级的组织模式已经难以适应业务变化的需求，无法满足互联网时代所需要的供应链快速响应和创新发展的需求。

3. 供应链战略思维下的组织架构模式与核心原因

供应链从传统的树状结构变成网状结构。基于业务线网技术，实现相互独立部门的信息共享、资源共享。为了供应链创新，需要协调沟通进行组织变革，目的是使管理更加扁平化、运作更加高效、业务更加敏捷灵活。

4. 供应链战略思维下的协作机制

1）紧密沟通机制

各种应用可提供专业的服务，不同应用带来的收益差异很大，因此识别优先级更高应用的重要性不言而喻，应用与用户之间建立了紧密沟通机制。

2）分歧升级机制

供应链组织架构从上到下包括"共享业务事业部→交易中心→下一个层级"，每个层级都由业务架构师作为部门负责人。通过分歧升级机制，将分歧在高层级与前端达成一致。

3）岗位轮转推动

在高层级通过协调沟通影响前端的协同效率。采用岗位轮换的方式，使岗位负责人对调，让双方感知、理解业务的出发点，让换位思考在现实中落地。

4）业务共建模式

当发现用户与应用有共性的需求时，需求成为新增的功能。这个功能覆盖面广，采用业务共建的模式，在最短的时间内实现业务功能，进而满足要求。

5）绩效考核机制

服务是重中之重。保障服务能力、实现稳定运行是运营团队的关键职责。应避免单纯地追求服务稳定运行，要鼓励团队进行业务创新。服务越支持应用，应用体现的价值就大。服务功能的不断完善和专业化，通过对客户进行满意度调查实现，即建立有效的绩效考核机制。

第 8 章

改变世界、畅想未来

以复兴追梦为原点的未来，带着中国方案，带着工业互联网、智能制造，向我们走来；世界新格局带来人类命运的新走向，改变世界，造福未来；在人工智能时代，物联网、数字经济、区块链将改变世界，让我们畅想未来。

8.1 全球现代供应链发展变革的新趋势

21 世纪世界的竞争是供应链和供应链之间的竞争。2017 年 10 月 13 日，《国务院办公厅关于积极推进供应链创新与应用指导意见》发布，标志着中国物流业进入全球现代供应链时代。工业互联网、智能制造已经进入高速发展的快轨道，加速发展的新一代信息技术与制造业的融合促进产业不断转型升级，传导到供应链链条上必将引发全球现代供应链发展与变革。

8.1.1 全球现代供应链发展与变革

全球现代供应链的发展，从客户的需求出发，结合当前时代背景，从供应链的角度关注企业，跟踪并深入探讨企业供应链的升级路径。中国日益成为全球重要的生产基地和消费市场，"中国制造"正在重塑全球现代供应链体系，但大约只有不到 20% 的中国企业能完全满足海外客户的需求，中国制造商的供应水准还有待提高。来自不同领域的物流服务供应商在供应链方面的最佳实践经验及革新成果如下文所述。

1. 全球现代供应链体系重塑

趋势一：智能化供应链

在工业互联网及智能制造助推下，供应链各环节要素都在发生变革，其中，研发协同化，云设计，采购集中化，生产共享化、柔性化、智能化，营销多样化。供应链各环节要素的数据化、互联网化，使整个供应链越来越可视、智能、透明、协同，构建了智能化供应链。

趋势二：订单式供应链

物联网概念将进一步升温，引发新一轮的供应链技术热潮。物联网时代的到来被称为"信息技术革命的第三次浪潮"，其包括智能交通、智能电力、智慧物流等。要想从竞争蓝海中脱颖而出，就必须学会如何迎合消费者的个性化需求。随之而来的问题是，如何建立订单式供应链，什么样的行业才能扎根订单式供应链。就智慧物流而言，一个突出要求是，建立以订单驱动生产的供应链方式。

趋势三：电子商务融入供应链

当越来越多的电子商务网站繁花般涌现，当越来越多的人开始习惯网络购物，那些传统的制造型企业也忍不住涉足电子商务领域了。这些企业要么自建电子商务网站，要么直接在电子商务网站开店，这是一种时髦的生存需求。在这个新趋势下，企业如何利用好电子商务平台，并将它与传统供应链运营模式有机地结合在一起，将是必然会面临的新课题。

趋势四：低碳供应链

低碳经济已经深入人心，各国政府纷纷提出降低二氧化碳排放的规划并付诸行动，这必然会影响国际各经济领域。低碳物流将成为未来的行业热点，然而如何结合企业现实问题做好低碳物流，如何调动企业的积极性，值得思考。

趋势五：供应链全程监管

随着对现代供应链管理监管方式的提升，要求供应链各流程更加透明、可追溯。这种需求不仅体现在食品、药品、危化品、保税物流等领域，而且开始向更多产业领域扩展，这需要采用各种可行的现代技术对供应链过程进行全生命周期的管理与监控。在流通过程中，产品将被打上可追溯标签，将可以查出水果、肉类、水产品等的产地、规格、营养成分、安全性等信息。

趋势六：生产型供应链

随着供应链智慧化发展成为趋势，在生产型供应链体系设计下，供应链的发展正在从流通端走向生产端，由过去传统型、贸易型向更深层生产协同转换，物流与生产加工是其业务活动的主体。这种新型供应链呈现软硬件结合、由轻变重的特征，起点高、成长快、规模优势明显是其优势，生产型供应链将成为未来发展的新趋势。由于其企业资本带有明显的外来移植性，并利用信息化与科学技术进行具体实施，所以企业对外部经济环境变化的依赖性较强。以生产型供应链引领生产制造，提升供应链竞争力；以生产制造辅助生产型供应链，两者既可能存在良性互动，又可能进入难以为继的循环。围绕"成本、质量和效率"需要反思的问题很多，而这正是全球现代供应链的 3 个核心要素。生产型供应链的产业稳定性是其发展机制的重要实践环节，从全球现代供应链的角度看，优化现代供应链也是生产型供应链研究的重点。供应链平台发展要往前端走，则需要研究生产型供应链建设工作，以降低成本及得到更好的生产协同体验，进而保障生产型供应链龙头企业发挥示范作用。

2. 打造中国供应链创新中心

1) 中国是"全球最大的物流市场"，也是"全球现代供应链中心"

随着社会经济的发展，供应链在促进增效降本、供需匹配、企业转型升级方面的作用更加凸显。当今时代正在激烈变化，这对供应链体系提出越来越高的要求。

2017 年 10 月 13 日，《国务院办公厅关于积极推进供应链创新与应用的指导意见》发布，首次将供应链的创新与应用上升为国家战略，并明确了目标：培育 100 家左右的全球现代供应链领先企业，重点产业的供应链竞争力进入世界前列，中国成为全球现代供应链创新与应用的重要中心。

推进供应链创新发展是落实新发展理念的重要举措，是引领全球化、提升竞争力的重要载体。智能供应链将继续发挥自身优势，在全球现代供应链发展变革中打造中国供应链创新中心，将其打造成为全球现代供应链创新与应用的重要平台。

大数据发展日新月异，我们应该审时度势、精心谋划、超前布局、力争主动，深入了解大数据发展现状和趋势及其对经济社会发展的影响，分析我国大数据发展取得的成绩和存在的问题，推动实施国家大数据战略，加快完善数字基础设施，推进数据资源整合和开放共享，保障数据安全，加快建设数字中国，更好地服务我国经济社会发展和人民生活改善。要推动大数据技术产业创新发展，应从四大战略领域布局：构建以数据为关键要素的数字经济，运用大数据提升国家治理现代化水平；运用大数据促进保障和改善民生；切实保障国家数据安全。

2）引领全球现代供应链技术发展，形成供应链服务能力

进入 21 世纪，"互联网+"等技术的兴起及广泛、深度应用，极大地促进了现代供应链各环节之间、企业之间的信息互通、流程对接和操作融合，逐步打破了供应链领域传统的组织边界和技术束缚，实现了更大范围内的供应链体系整合；促进了流程再造、功能重组、模式创新等方面的供应链集成创新，有效地促进了各种运输方式、供应链服务之间的相互竞争和合作，为供应链创新发展提供了重要的制度保障。供应链从传统上更多依赖设施装备及劳动力的大量资源投入，转向更多依赖现代供应链管理知识、市场信息及高素质人力资源等创新要素，推动了供应链向知识技术密集型产业的转变。

供应链信息化水平提高和技术创新，成为创造新服务组织、形成新商业模式的主要动力和途径，已经成为现代供应链创新发展的主要动力，带动电子商务等新型服务组织及运营平台的发展，也为资源整合方式创新提供了支撑和新途径。供应链上下游互联互通和协同发展，通过核心技术产品及平台赋能，打造智能供应链的强大优势。在开展供应链创新与应用试点的过程中，应充分挖掘人工智能、大数据、云计算等先进科学技术在供应链领域的创新应用，形成先进的、数字化的智能供应链管理技术，打造更优质的供应链创新与服务平台，从而助力供应链网络中所有参与企业的发展，并促进新常态下的产业高质量升级。

为了打造引领全球的供应链技术，树立全球现代供应链创新风向标，应通过理论研究与实践应用，提升行业供应链的技术能力，完善供应链管理体系，并逐步推广最佳实践到供应链上下游，最终形成供应链服务能力，推动供应链成为经济新增长点、新动能。

3）不断深入供应链领域"政产学研用"的脉络

2019 年 12 月 11 日，《2019 中国大数据产业发展报告》在第六届中国国际大数据大会上发布。报告数据显示，2019 年我国大数据产业规模超过 8000 亿元，研发投入超过 550 亿元。报告披露，未来中国将成为全球数据中心，IT 技术的持续创新将加速大数据时代的到来，在此大背景下，数据成为关键的生产要素。全球数据总量的 20%来自中国，中国成为全球数据资源大国。

在构建中国供应链创新中心的过程中，集管理洞察与研究、教练式辅导与咨询、运营服务与实施优化、管理技术开发与方案于一体，形成了一批从事供应链管理和服务的代表企业。具有完善的现代供应链产业配套、多样化的服务

功能、强大的规模优势和整体竞争能力的大型现代供应链集群，成为对接和支撑全球现代供应链体系的骨干，以及吸引合作协同共创"政产学研用"的无界供应链体系。

构建的中国供应链创新中心将积极参与制定供应链国家管理标准，并建立供应链绩效体系及数据库；结合国内的科研和管理成果，充分利用价值链长、商业价值高的大数据和丰富的商业场景，打造中国供应链创新中心，并使之成为全球现代供应链体系中的创新平台，促进供应链创新成为经济转型阶段发达国家供应链发展的关键和核心战略。系统梳理和整合供应链的各种需求，通过流程再造和整合供应链中的各种资源，形成面向供应链全过程的系统化、一体化的新型服务管理方式和服务体系。

4) 中国供应链创新中心未来发展与建设规划

大数据与智能供应链积极参与中国供应链创新中心的运营，构建供应链创新应用试点基地，形成拥有自主知识产权的增值产业及服务能力，并打造供应链技术创新应用研究型组织，解决企业在供应链领域所遇到的挑战，突破企业的数字化管理难点，让更多企业享受现代供应链的优势。

以平台为支撑，以数据为驱动，食品产业链、温控供应链多业融合、多网协同、多式联运，构建跨界融合、共创共享、共生共赢的智慧生鲜产品供应链平台，催化新要素，包括金融、信息、技术、人才、标准，重构产业链，重塑价值链。依托良好的全球客户服务能力，以及在全球现代供应链的强大资源整合能力，为众多国际品牌和大型零售企业提供从原材料采购、定制加工、国际贸易到零售门店的供应链管理服务，涵盖电子商务、冷链、国际供应链、集采分销、供应链金融、技术研究与服务的完整产业服务体系。在技术、标准、数据、金融等高端资源要素的催化下，加速产业之间的融合，建立从源头到终端全产业链的生鲜产品供应链平台，提供全流程一体化的极致体验。

在新时代下，以供应链服务模式形成新型组织模式，对供应链各环节进行优化，用新技术创新打造能够引领更多企业发展的、更为卓越的供应链，供应链创新的来源、形式、内容、成效可能各具特色，需要根据自身发展条件和要求制定和实施相应的创新战略，使创新成为供应链发展的主要动力。

持续为供应链上的企业与广大用户带来价值。在数字化等新兴技术的推动下，企业需要构建能够同时充当防守角色和进攻角色的全能型供应链，形成可持续的供应链创新，推动数以亿计的运营成本优化。今天的供应链战略体现了社会担当。通过加快推动中国供应链创新中心的建设与发展，借助供应链创新协助企业将供应链变成一个"利润中心",最终将供应链的创新打造为经济增长的新动能。担当责任,引领未来,是中国智能供应链创新发展的方向。

5) 产业发展趋势

趋势一:行业标准化。推动行业国际标准化活动,为提升行业国际话语权奠定基础。

趋势二:区域化协同共进。区域化协同共进的局面更加清晰,以促进当地大数据产业的发展。

趋势三:技术融合下的应用时代。重构商业思维和商业模式,为大数据应用场景提供空间。

趋势四:数据安全。数据安全法治问题受到关注,《信息安全技术个人信息安全规范》(GB/T 35273—2020)实施。

趋势五:数据开发与共享。实现公共数据资源合理,适度向社会开放,共享数据资源。

8.1.2 全球现代供应链竞争

国际分工不断深化,带动资源在全球范围重新配置,全球现代供应链体系不断创造,竞争中的优势已成为衡量全球经济竞争力的一个重要指标。要优化提升产业结构,就需要努力发展和促进供应链,努力占据全球价值链研发和销售两个高端。

1. 全球国家间竞争的主线已日益深化

不同国家在实施供应链全球化战略过程中所考量的因素和重点不同,给全球现代供应链发展提供了借鉴。

(1)重塑竞争力,实现追赶和超越。21世纪的竞争是供应链之间的竞争。随着全球化的深化,战略联盟的步伐加快。在全球经济发展大潮中,促进供应链融合与创新发展,重塑竞争优势是摆在各国面前的现实问题。

(2)供应链生态圈演进升级。现代物流与供应链规模发展,促进了经济结构调整和发展方式转变,发挥了对经济的支撑和保障作用。随着供应链的发展,业态交叉融合不断创新,从产业供应链→平台供应链→供应链生态圈,商业模式不断创新,技术不断进步,供应链金融逐渐融入,这为产业升级提供了条件。

(3)培养世界眼光。在全球范围内加强对供应商的选择,努力整合资源,打造具有优势的大型企业；依托自身优势，建设供应链服务公司，成为第三方物流供应商。

2. 产业供应链的崛起在于建立了广泛的产业集群支撑

产业供应链的崛起在于建立了广泛的产业集群支撑，有海量的市场需求与供给，更有互联网带来的数字供应链的异军突起。在国家供应链博弈上，中国更应该有制度自信。中国供应链虽然起步较晚，但社会主义市场经济制度所拥有的制度优越性能在重大决策上更高效推进，加速供应链创新和应用的发展。

（1）融入全球现代供应链。

最现实的做法应该是根据自身实力找准市场定位，从而确保企业获得未来发展的基础。全球现代供应链是随着经济全球化发展和全球产业分工深化，通过全球采购、全球制造和全球销售，实现资源和要素的自由流动及配置效率提升的组织形态。全球现代供应链推动世界由单极化向多极化发展，未来全球化将进入全球现代供应链竞争时代。通过基础设施互联互通带动产业转移和输出，技术和标准扩散及互联互通引领全球现代供应链的发展。

（2）供应链知识体系推广。

可持续发展已成为世界性话题。维护自身形象，关注环保、节能减排成为选择供应商的必要审核条件。企业一定要加以重视，努力成为环境友好型企业。发挥供应链行业影响力和专业优势，在现代供应链理论体系建设、供应链宣传推广、供应链创新与应用试点专业支持、供应链标准建设、信息统计和评价体系建设、供应链知识体系推广、国际交流与合作等方面发挥积极作用，为全球现代供应链发展贡献力量。

8.1.3 全球现代供应链未来发展趋势与特点

1. 引领全球现代供应链的浪潮必将来临

现代供应链的创新和应用也被提升到了全球化战略的层面。伴随着各国相关政策的陆续出台，现代供应链变革和创新已经来临，有理由相信，在不久的将来，会有越来越多的企业开始引领全球现代供应链的浪潮。

趋势一：以信息技术与生产制造业加速融合为主要特征

新一轮科技革命与产业变革风起云涌，未来现代供应链必然是以高度的集成化和智能化为特征的智能化系统，以信息技术与生产制造业加速融合为主要特征，在整个现代供应链流程中通过计算机将人的智能活动有机融合。有效地推广专家的经验知识，基于新一代信息技术，贯穿供应链流程设计、生产、管理、服务等各环节，实现现代供应链流程的最优化、自动化、智能化，发展具有信息深度自感知、智慧优化、精准控制等功能的先进系统与模式。

趋势二：智能化技术是市场竞争的取胜之道

在现代供应链流程中，作为数据源的数字化系统中的组成部分，智能化技术实现了现代供应链流程的最优化、精准操作，提高了服务品质和作业安全。集成化涵盖从产品上游到下游终端完整的周期服务，是市场竞争的取胜之道。智能化技术服务于周期服务中的每个环节，智能化技术在现代供应链流程中的应用将日趋广泛。

趋势三：互联网和物联网的作用日益突出

在现代供应链流程中，从入场配送到生产、销售、出厂和终端配送服务，通过互联网+系统整合储存系统和生产制造供应系统，通过服务计算、云计算、物联网等信息技术与制造技术融合，实现人、机、物、信息的集成、共享、协同与优化，实现资源和能力的全系统、全方位、透彻的感知、互联、决策、控制、执行和服务化。

趋势四：现代供应链全球化动态管理、整合与优化

供应链是一个复杂、动态、多变的管理过程，供应链整合与优化将是实现个性化、社会化的有效模式与手段。现代供应链全球化动态管理更多地应用互联网、物联网、人工智能、大数据等新一代信息技术，通过供应链的整合与优化实现全过程管理、信息集中化管理、系统动态化管理，更倾向于采用移动化的手段来访问数据，使用可视化的手段来显示数据，能直接从计算机数据库中读取并显示任何产品信息，缩短周期、提高生产效率、降低生产成本，实现整个供应链的可持续发展。

趋势五：通过系统的协调性实现人性化的技术和管理

现代供应链要以科技竞争抢占制高点，应大力推广数字化，建立数字化、智能化的服务型现代供应链。信息和网络安全问题，服务和软件的适用性会制约、限制现代供应链智能化的发展与推广，使现代供应链全球化动态管理更加重视人机系统的协调性。但是，许多场景没有数字化的接口，无法采集数据及进行传输，因而也无法建立人性化的技术和管理系统，难以用数字化、智能化的手段来管理。通过数字化，可以缩短订单时间，降本增效，提高价值链协同效率与生产效率，使全球现代供应链更具效率。

2. 智能物流的发展趋势

智能物流是构成社会、城市、生活最基础的环节，其利用先进的物联网技术对物流行业进行新一轮变革，推动整个物流行业颠覆创新，实现整个物流供应链向集约化、协同化、自动化与智能化的方向发展，使智能物流成为每个人和世界发生连接的重要方式，提高物流行业的服务水平。21世纪是一个物流全球化的时代，智能物流正在由"新"到"兴"，制造业和服务业逐步一体化。在新的技术突破下，大量消费使物流规模日趋庞大和复杂，传统的、分散的物流活动正逐步拓展，智能物流将有不一样的新趋势。

趋势一：信息数据的社会化

物流信息化是现代物流的核心，智能物流对物流信息系统提出了更多的需求。在遵守市场规则的条件下，智能物流系统要依托互联网、人工智能、大数据、区块链等技术，与更多的设备、更多的系统互联互通，其社会化、平台化、第三方化的趋势已经显现。物流信息平台相互融合将成为智能物流发展的突破点。公共物流信息平台是为物流企业、物流需求企业和相关方面提供物流信息服务的公共商业性平台，同时保证数据的安全性和准确性，使整个智能物流系统正常运转，其本质是为物流业务提供信息化手段的支持和数据交换保障。

趋势二：智能物流绿色化

智能物流成立的前提就是更高效、更低耗：一方面，促进国民经济从粗放型向集约型转变，绿色物流实现了快速发展；另一方面，成为消费生活高度化发展的支柱，绿色型、循环型、低碳型物流转变是大势所趋，这也将倒逼仓储、运输及物流平台发生根本性变化。大数据应用的一个重要目的是降低社会损耗，以满足环保和绿色的发展要求。随着社会环保意识的提升，更大力度的环保政策将延续，物流服务将发生从重量到重质的转变，绿色物流将是物流业发展的重要趋势，新能源物流车、无人配送车和无人驾驶货车将开始应用并得到推广。

趋势三：智能服务优质化

智能物流从想象变为现实，通过大数据完成用户画像，基于用户需求的多元化使物流产业不断升级；促进智能物流服务优质化、发展现代化，以不断优化营商环境满足用户全方位的服务需求；以新一代信息技术为手段，创新实现"5 Right"（价格、质量、数量、时间、地点）的服务方式，以提供优质的产品和服务为标准，切实提高体验感受和获得感。

趋势四：物流智能化、产业协同化

在物流智能化时代，为构成社会、城市、生活最基础的环节，制造业和服务业逐步一体化，整个供应链向集约化、协同化、智能化的方向发展。物流智能化可分为智能操作和智能连接，这是从应用场景来区分的。相互独立的系统在具体应用时相互配合，可以为实现智能操作和智能连接提供机会。智能连接是指用智能系统完成大量设备的连接，包括边缘设备和数据中心之间的连接、边缘设备和边缘设备之间的连接、数据中心和数据中心之间的连接；智能操作是指用智能系统完成部分或全部操作。智能物流服务智能供应链值得期待，是物流领域的重要发展趋势之一。

趋势五：智能物流方案供应商

随着智能物流技术的不断发展，具备完整核心开发和定制服务能力的智能物流解决方案供应商，以及高端的、服务于第三方物流的专业智能物流方案供应商成为一种趋势，这是物流企业向物流服务商转化的体现。向客户提供自动化与信息化的解决方案作为一种提高物资流通速度、节省仓储费用和资金在途费用的有效手段，通过芯片技术与柔性机器人系统、仓储系统等结合，并将信息与流程分析延伸至物流的各环节，使之成为采购服务的一部分。通过智能物流方案供应商提供智能化方案，将成为智能物流领域发展的方向之一。

3. 智能物流建设的三大趋势

智能制造的变革需求是多层次的，智能制造基于智能物流运作，要求实现各层次的智能化，即制造基础智能化、产品/装备智能化，实现物流与供应链模式转变及智能化建设。

趋势一：物流与供应链生态整合

供应链结构要素智能化，效率革新逐渐开展，各要素协同驱动发展成为供应链生态的重要引擎。物流企业在整合发展中成长和扩张，在此过程中，数字化技术悄无声息地潜入各行业的各环节，智能物流发展态势呈现层次分明的迭代特征。整合的驱动力源为信息分享和互动协同，通过需求感知形成需求计划，聚焦流程端到端的整合，形成智能物流与供应链。

趋势二：以需求驱动为价值导向

链思维方式加速创新和行业经验沉淀，以点带面，强调全局性。未来，具有协同共赢关系的物流与供应链运营模式将为主要趋势，协同共赢强调智能化，绩效管理强调协同性，为用户带来更加多元的优质服务。未来的智慧供应链将使企业更加看重增值要求，更加重视基于全价值链的精益制造，更加强调以制造企业为切入点的平台功能。智能物流将拉动运输、仓储、调度、配送各环节智能，以应对市场挑战。

趋势三：智能物流协同互动

信息流和实物流共同构成了智能物流的价值。供应链的智能化发展离不开信息流的协同互动。智能物流的发展方向是智能的、有效的，智能物流活动需要实现全流程的数字化和网络化，在这过程中，信息化将起到了决定性作用。

链主企业通过信息计算技术与制造技术的融合，以及智能化信息系统与制造装备技术的紧密结合，构成智能物流平台，实现硬件制造资源和能力的全系统、全方位感知、互联、控制、决策和服务化，进而实现人、机、物、信息的集成、共享、协同与优化，最终形成智能供应链生态圈。

8.2　大数据开启了一次重大的时代转型

当今社会，大数据的应用领域不断扩大，通过技术创新和模式创新驱动服务业发展、创新经营模式，帮助拓展新领域的业务。大数据思维正在覆盖各行各业，影响人们的思维方式和工作模式，大数据时代已经到来。

大数据时代物流模式的优势是更加便于管理、更加系统化，既提高了效率，又使服务更加多样，保证了用户的满意度。物流行业在大数据时代进行了模式改革，大数据推动物流全流程提供一体化的服务，使个性化、体验式服务在不断变革创新中前行。

当前，我国积极发展智能物流模式中用到的核心技术，整合信息资源实现共享，提升物流人才培养的成材率。物流产业的不断拓展带动了产业的智能化发展，智能物流是物流产业科技创新与高质量发展的方向和必经之路。

大数据的应用提高了劳动生产率，降低了成本，成为重要的生产力要素。大数据技术帮助企业分析收集的数据，使企业快速、精准地了解各类信息。以数据为本质的新一代信息技术革命宣告生产率增长、生产成本降低和消费者盈余的时代到来。大数据推动人类生活向好的方向发展，大数据思维是数字产业链、价值链之根，产业链配置创新链，创新链提升价值链，这一前沿理念正在引领每个行业的新未来。

8.2.1　大数据的发展历程

大数据的发展历程一般可以划分为 5 个阶段，即大数据出现阶段、大数据初级阶段、大数据热门阶段、大数据时代特征阶段、大数据爆发期阶段。

1）大数据出现阶段（1980—2001 年）

著名未来学家阿尔文·托夫勒所著的《第三次浪潮》中将大数据称为"第三次浪潮的华彩乐章"。1997 年，美国国家航空航天局的两位研究员迈克尔·考克斯和戴维·埃尔斯沃斯在第八届可视化会议上首次使用"大数据"一词来描述模拟飞机周围的气流——是不能被处理和可视化的。其数据集通常非常大，超出了主存储器、本地磁盘，甚至远程磁盘的承载能力，称之为"大数据问题。"

2）大数据初级阶段（2002—2008 年）

在"9·11"事件后，美国政府为了阻止恐怖主义，开始涉足大规模数据挖掘。美国国防部整合现有政府的数据集，组建了一个集通信、犯罪、教育、金融、医疗和旅行等记录来识别可疑人的大数据库，但一年后该数据库停止使用。大数据在云计算出现之后才凸显其真正价值，谷歌在 2006 年首次提出云计算的概念。2007—2008 年，随着社交网络的激增，专业人士为大数据的概念注入新的生机。2008 年 9 月，《自然》杂志推出了名为"大数据"的封面专栏。

3）大数据热门阶段（2009—2011 年）

2009—2010 年，"大数据"成为互联网行业的热门词汇。2009 年，印度建立了用于身份识别管理的生物识别数据库；联合国全球脉冲项目研究了如何利用手机和社交网站的数据来分析预测疾病爆发之类的问题；欧洲一些领先的研究型图书馆和科技信息研究机构建立了伙伴关系，致力于改善在互联网上获取科学数据的简易性。2010 年，肯尼斯库克尔发表大数据专题报告《数据，无所不在的数据》。2011 年，IBM 的沃森计算机系统在智力竞赛节目《危险边缘》中打败了两名人类挑战者，《纽约时报》称这一刻为"大数据计算的胜利。"2011 年 6 月，麦肯锡发布了关于大数据的报告，正式定义了大数据的概念，并逐渐受到了各行各业关注。2011 年 11 月 28 日，工业和信息化部发布的《物联网"十二五"发展规划》中，把信息处理技术作为 4 项关键技术创新工程之一提出来，其中包括海量数据存储、数据挖掘、图像视频智能分析，这些是大数据的重要组成部分。

4）大数据时代特征阶段（2012—2016 年）

《大数据时代》一书中将大数据的影响分为 3 个不同的层面，分别是思维变革、商业变革和管理变革。"大数据"这个概念乘着互联网的东风在各行各业扮演了举足轻重的角色。

2012 年，大数据被越来越多地提及，人们用它来描述和定义信息爆炸时代产生的海量数据，并命名与之相关的技术发展与创新。数据正在迅速膨胀，随着时间的推移，人们将越来越意识到数据的重要性。

2012 年 1 月，在瑞士达沃斯世界经济论坛上发布的《大数据 大影响》宣称，数据已经成为一种新的经济资产类别。2012 年，美国奥巴马政府在白宫网站发布了《大数据研究和发展倡议》，标志着大数据已经成为重要的时代特征；2012 年 3 月 22 日，奥巴马政府宣布在大数据领域投资 2 亿美元，这是大数据技术从商业行为上升到国家科技战略的分水岭。2013 年 6 月，日本发布了《创建最尖端 IT 国家宣言》。世界上其他一些国家和地区也制定了相应的战略和规划。2012 年 7 月，联合国发布了《大数据促发展：挑战与机遇》，总结了各国政府如何利用大数据更好地服务和保护人民。2012 年 7 月，为了挖掘大数据的价值，阿里巴巴在管理层设立"首席数据官"一职，负责全面推进"数据分享平台"战略，并推出大型数据分享平台——"聚石塔"，为天猫、淘宝平台上的电子商务及电子商务服务商等提供数据云服务。

2013 年被称为中国的"大数据元年"，大数据因互联网和信息行业的发展而引起人们关注，并开始在我国逐渐展开应用。阿里巴巴于 2013 年 1 月 1 日转型重塑平台、金融和数据三大业务，阿里巴巴是最早提出通过数据进行企业数据化运营的企业。2013 年，在全球 70 个开放数据国家和地区中，中国仅列第 35 位。2013，英国政府宣布注资 6 亿英镑发展 8 类高新技术，其中，1.89 亿英镑用来发展大数据技术，旨在开放欧盟公共管理部门的所有信息。大数据掀起的变革，对生产力和生产关系产生重要影响。

2014 年，数据开放运动已覆盖全球 44 个国家。2014 年 4 月，世界经济论坛以"大数据的回报与风险"为主题发布了《全球信息技术报告（第 13 版）》；2014 年 5 月，美国白宫发布了全球大数据研究报告《大数据：抓住机遇、守护价值》。2014 年，大数据首次出现在我国《政府工作报告》中。2014 年 8 月 7 日，国务院通过《企业信息公示暂行条例》（国务院令第 654 号），原则是实现企业信息的互联共享，运用大数据等手段提升监管水平。

2015 年 9 月 5 日，《国务院关于促进大数据发展行动纲要的通知》发布；2015 年 10 月 26—29 日，党的十八届五中全会召开，提出要实施"国家大数据战略"，这标志着大数据战略正式上升为国家战略，开启了我国大数据建设的新篇章。

2016 年 12 月 18 日，工业与信息化部正式印发《大数据产业发展规划（2016—

2020 年)》。《中国大数据发展调查报告》统计显示，2016 年中国大数据市场规模为 168.0 亿元，增速达到 45%。

5）大数据爆发期阶段（2017—2022 年）

2017 年，在政策、法规、技术、应用等多重因素的推动下，我国基本形成了跨部门数据共享、共用的格局。北京、天津、上海、重庆、河北、辽宁、贵州、山西等省份相继出台了大数据研究与发展行动计划，展开区域数据中心资源汇集与集中建设。北京、上海、贵阳开展了大数据标准试点示范，全国至少有 13 个省份成立了大数据管理机构，已有 35 所高校获批"数据科学与大数据技术"本科专业，62 所专科院校开设"大数据技术与应用"专科专业，申报"数据科学与大数据技术"本科专业的院校达到 293 所。

2017 年，我国大数据产业的发展进入爆发期。《2017 中国地方政府数据开放平台报告》《大数据安全标准化白皮书（2017 版）》《中国大数据发展调查报告（2017 年）》《工业大数据白皮书（2017 版）》等陆续发布。

在 2018 拉斯维加斯消费电子展（CES）上，美国消费技术协会总裁兼首席执行官加里·夏皮罗、英特尔首席执行官布莱恩·克尔扎尼奇等都表示，大数据将对人类生活产生深远影响，大数据是未来科技浪潮发展不容忽视的巨大推动力量。2018 年，许多国家都对大数据产业发展展现出高度的热情：美国希望利用大数据技术实现多个领域的突破，包括科研教学、环境保护、工程技术、国土安全、生物医药等，涉及美国国家科学基金会、美国国家卫生研究院、美国国防部、美国能源部、美国国防部高级研究计划局、美国地质勘探局 6 个联邦部门和机构；欧盟在大数据方面的活动主要涉及 4 个方面，即研究数据价值链战略因素，资助"大数据"和"开放数据"领域的研究和创新活动，实施开放数据政策，促进公共资助科研实验成果和数据的使用及再利用。

2019 年，随互联网流量、全球大数据量呈现爆炸式增长，中国数据量增长最迅速，年平均增长速度比全球快 3%。大数据产业将不断丰富商业模式，构建多种多样的市场格局，具有广阔的发展空间。截至 2019 年 6 月，中国网民数量达到 8.54 亿人。2019 年 12 月 5 日，2019 中国（上海）大数据产业创新峰会在上海召开，会议按照"融合创新"的宗旨，围绕大数据产业创新链营造积极、良好的生态氛围。

大数据发展浪潮席卷全球。以美国、英国、韩国和日本为代表的发达国家一向重视大数据在促进经济发展和社会变革、提升国家整体竞争力等方面的重要作用，把大数据视为重要的战略资源，大力抢抓大数据技术与产业发展的先发优势，积极捍卫本国数据主权，力争在数字经济时代占得先机。美国实施"三步走"战略，推进大数据产业发展，对大数据应用及其产业发展持续关注，并督促相关部门实施大数据重大项目，构建并开放高质量数据库。

全球各经济社会系统采集、处理、积累的数据增长迅猛，大数据产业市场规模逐步提升。

大数据产业或开源大数据商业化有七大特点：一是开源大数据商业化进一步深化；二是大数据行业分析应用开拓新市场；三是大数据细分市场规模进一步扩大；四是大数据推动公司并购的规模和数量进一步提升；五是大数据分析的革命性方法出现；六是大数据与云计算深度融合；七是大数据一体机将陆续发布。

8.2.2　大数据成为供应链的核心动力

随着计算机技术的发展，互联网的应用逐渐普及，数据的产生方式和产生量不断增长，应该清晰地认识到，信息技术手段的加入更像加入了催化剂，其更迭速度日益加快，各产业都随之发生质的变化。数据规模越来越大，数据蕴含的信息量越来越多，数据类型越来越多样化，海量数据技术时代来临，数据成为核心资产和创新驱动力。

未来，供应链管理体系建设必然基于大数据平台，对各种原材料、设计与研发、生产与采购、供应商管理、成本管理、品质管理、生产加工与跟进管理等供应链数据进行记录、汇总和分析，与产业链进行更有效的协同。

1. 收集和积累大数据

在大数据时代，大数据支撑制造业业务变革最根本的目标就是提质增效，随着大数据分析技术的不断提高，我们能够从海量的数据中提取出最有效的信息，能够深入地了解数据所具有的价值，对事物的理解将比以前更加透测、更加全面。

1）减少影响运营利润最致命的因素——库存

通过数据分析结果来指导产品供应的全过程，包括仓储、物流及产品的质量检验等，基本解决了产品销售端的"大数据"问题，即区别于一般线下销售平台服务方式，通过对各种数据的记录与跟踪，形成对需求的汇总，快速得出市场对产品需求的方向和趋势，从而为参与供应或销售的商家提供快速反应的报告，让供应或销售有的放矢，以减少影响运营利润最致命的因素——库存。

2）为上下游提供精准的数据和分析预测

通过对产品前后端"大数据"的整合和利用，对数据进行精准把握和分析，为买方或卖方及上下游提供精准的数据和分析预测，使卖方有目的性地备货，并帮助买方解决实际问题，实现自身的价值。这类应用通过大数据平台发展用户，利用平台收集和积累数据，通过数据分析和总结为本企业、本行业甚至全社会提供产品销售预测。

大数据应更科学，然而在产品供应链端，迄今为止对大数据的认知和需求欠缺甚多，对数据的分析和应用则更加微乎其微。基于未来所处的环境和现状，必须想办法改变供应链每个环节的大数据问题。不可否认，目前行业 80% 以上的生产企业仍然维持传统的固有思维，甚至还有大量企业全凭"传统操作"在维系。当前，中国企业大量的库存并不是因为对销售大数据的管控出现了问题，而是对供应链数据的忽视造成的。越来越多的产品供应链端开始意识到大数据对行业生存和发展的重要性。

2. 未来的供应链以系统为主线对各种资源进行整合

在供应链大数据行业，"数据产生—数据采集—数据传输—数据存储—数据处理—数据分析—数据发布、展示和应用—产生新数据"的生命周期比较长，一般要 5～8 年。从强化供应链信息化顶层设计，到实施后的数据积累和沉淀，是耗时、耗力、耗财的过程。目前，中国大力促进供应链大数据发展应用，处于腾飞前期阶段，并以国家信息化战略为引领率先实现供应链大数据增值，加快推动提升区域经济和国民经济综合竞争力。

通过对各种供应链数据进行收集、记录、整理和分析，可为供应链从业者提供展示产品、业务操作，甚至实际工作流程的指引。标准与规范制定，包括从企划、研发与设计、工艺技术标准管理、生产与采购、品质管理、资源管理、成本管理、仓储物流、财务结算及供应商等多个维度进行整合与统筹。大数据分析和总结，可为供应链提供理论依据，为供应链的工作指引趋势和方向，从而实现供应链的真正柔性化制造，实现过程可控、制造可柔、价格可信、质量可靠的供应链共享载体。

3. 价值链成为供应链的核心动力

大数据价值创造的关键在于大数据应用，在于数据的跨界和业务的边界是否有所突破。随着大数据技术的飞速发展，大数据应用已融入各行各业，大数据产业正快速发展为新一代信息技术和服务业态。我国大数据应用技术的发展涉及机器学习、多学科融合、大规模应用开源技术等领域。

大数据的应用价值与其所处的应用场景密切相关，更多地体现在对未知途径的数据模式和规律的探索。大数据价值产业链使产业生态不断拓宽，主要体现在 3 个方面：数据服务、数据分析和数据探索。

受产业价值链不断传递和延续的影响，供应链流程和环节当中已渗透了价值链理论和思路。全球产业链、供应链、价值链融入全球经济大循环，促进国内外物资流、资金流、人才流、技术流和信息流加速集聚转化。"创新为引领，价值为引擎"，始终是供应链发展的鲜明方向。

4. 供应链体系控制和保障

实际做过供应链工作的人都知道，从运营方向转向"供应链"领域，需要切切实实在供应链实际操作过程中通过对各种工作细节的管控，利用在设计研发、集中采购、生产管理及仓储配送等方面的经验和优势，提供高效、低成本的供应链服务。另外，通过机器设备、软件系统或自动化设置来落实规则和规范，在全国乃至全球构建一个覆盖范围广、"手工"操作少，以及通过大工业化制造理论与生产体系来控制和保障、供应能力强大的供应链体系，这才是行之有效的对策和方法。

8.2.3　大数据变革与供应链新思维

供应链以"协同""跨界"为核心，供应链系统是由很多实体、人和各类资源组成的有机系统，这个系统的目的是以可接受的成本将产品或服务提供给终端客户——这是供应链的基本定义。

1. 供应链中有 5 个核心理念

第一，顾客价值是供应链的核心，即以顾客的需求为原动力。

第二，强调业务竞争力，这样可在供应链上定位，成为供应链上一个不可替代的角色。

第三，相互协作的双赢理念，合作是供应链与供应链之间竞争的关键之一。

第四，优化信息数据流程，信息系统只是支持业务过程的工具，数据系统模式决定了信息数据系统的架构模式。

第五，以商流、信息流、资金流、物流"四流合一"的一站式服务为载体，形成以供应链服务、全球采购中心及产品整合供应链服务为核心的全球化现代供应链。

2. 现代供应链核心思想

现代供应链中通常会有很多企业参与产品和服务的供给，因此企业之间的协同与合作非常重要。供应链是跨学科、跨部门的，其协同不仅是跨公司之间的协同，而且是跨地域之间的协同。从福布斯公布的经济数据可以得知，在世界百强经济实体中，大部分公司所属的行业都是制造业，几乎都有不同地域之间、不同文化之间的协同。这些企业有一个共同的特征，即所在的供应链中时刻发生着物流、信息流和资金流的密切交互，也就是说整个世界的经济很大程度上依赖实体经济的增长，这决定了供应链对于跨部门、跨地区协同的要求远高于其他商业职能领域。

3. 现代供应链的复杂性

1）现代供应链的首要职能

现代供应链的首要职能是采购管理。当前，大多数公司都把采购提高到战略层面，因此许多公司的供应商来自全球多个国家，并且数量众多。例如，全球飞机公司的飞机零部件来自全球供应商企业，需要实时监测供应商是否能够按照计划生产，以及是否有健康的资金流、物流、信息流，这是非常巨大的工作量。

在信息网络发达的今天，除直接的物流和现金流的管理之外，现代供应链还要考虑其他因素。例如，如果知名企业的供应商犯了错误，那么会直接影响该知名企业的市场收益，因此需要实时掌握供应商的状态。基于此，管理好采购成为企业是否盈利最关键的因素之一。

2）现代供应链的管理职能

每种产品选择合适的运输形式非常重要。在运输具体物品时，通常的做法是选择第三方物流介入，在这个过程中，大量的实时信息会对决策产生影响。另外，要考虑从公司到客户的物流，从公司到客户的供应链管理实际上也是很多企业成败的关键因素。

3）现代供应链的资源管理、人员管理和质量控制职能

生产制造的决策还包括资源管理、人员管理和质量控制。影响生产制造企

业很重要的因素是生产量，生产量越大，单位生产成本就越低，因此若产品多样化程度比较高，则会降低生产效果。生产技术的创新使生产多样化得以实现，从供应链的角度来说，它带来的是个性化的供应链。也就是说，供应链的组织形式可能对每个个体客户来说都是不一样的，这是供应链管理的一个大趋势。

4）现代供应链的需求预测与计划职能

资源和运作上的计划都是随需求预测来展开的。从公司的角度来讲，如何做好需求预测是一个永远的难题。在供应链管理层面，一是决定什么样的产品和服务该提供给什么样的客户；二是价格，因为需求走势和产品价格是有关系的，市场对于货物价格的反应是供应链管理的核心问题。

8.2.4 大数据在全球现代供应链中应用的思路

随着物联网的快速发展及供应链的信息化，大数据已渗透到全球现代供应链中。全球现代供应链中大数据的应用是重点发力领域之一，成为重要的生产要素。

1. 大数据应用于供应链

从数据来源来看，大数据主要来自社会化媒体、互联网及移动互联网、电子商务等方面，要探索市场化机制下供应链信息资源整合利用的新模式。

全球高度关注大数据应用，应用大数据是获得竞争力发展优势的重要因素。国际巨头已聚焦于产业大数据，挖掘其价值，大数据的应用成为全球现代供应链竞争的关键，其对于适应全球各行业动态多变的环境、满足日趋个性化的需求及占据市场竞争先发优势具有重要意义。

2. 大数据对全球现代供应链竞争力的影响

大数据的应用使供应链表现得更加稳定可靠，使供应链上下游企业的反应更加迅速。

1）环境要素

大数据时代，社会快速发展，信息科技十分发达，有助于提升供应链竞争力。大数据对环境的影响体现在商业模式创新中，资源环境约束商业模式创新，在一定程度上增强了物流企业对环境的适应性，并方便地支持改善环境和结果，推进供应链整体创新。

2）资源要素

大数据时代，大数据对供应链资源要素的影响体现为，通过参与供应链运营活动和过程，充分地发挥其独特的整合效应，有效地推动知识的内部共享。

数据被比作"新型石油"，是战略性资源核心，是其承载的战略价值的经济资源。供应链竞争力的快速、弹性提升，使资源分配有效合理，提高了组织效率，增加了经济效益。大数据将"搜索""创意"和"解决"结合在一起，为供应链创新机制提供动力源泉。

3）能力要素

提升企业创新发展能力，可提升物流企业的品牌管理能力，提高客户满意度，进而使经济效益提高，并提升供应链创新与应用能力。数据分析可有效检测品牌的声誉，有利于推行数据驱动的敏捷决策，提升供应链运营的可视化，推动供应链组织全面变革，推动知识和信息的共享，加强推动创新力度，精确掌控资源的运行情况。这将使供应链决策配置更合理，可拓展供应链的市场营销能力，使决策的制度化、目标客户的精细分化、流程的信息化程度更高，有助于提高经济效率。

3. 现代供应链应用大数据的模式

抓住大数据带来的机遇，主动借力提升供应链竞争力。

1）战略模式

供应链数据战略着眼于供应链实际情况，是供应链战略组成之一。供应链数据战略有长远的规划，围绕"资源管控"和"服务优化"两个主题，通过软件和硬件指导性的安排，在供应链整体战略中设计大数据应用方案。

2）决策模式

供应链大数据应用是"头号"工程，大数据技术的应用使供应链决策层主动变革思维模式，助力落实指导性的日程安排。

3）流程模式

大数据应用高度重视外部数据优化，并认真评估其战略价值，推动供应链的数据处理与相关集成，整合挖掘"休眠数据"价值，实现数据交换和信息交流。

4）技能模式

促进大数据应用技术在内部扩散，采取措施推动数据应用技能进步，并内化为供应链组织整体技能，促进供应链上下游人员的沟通。推动数据驱动决策下的业务运作，进行数据的沟通、共享、协同，将数据视为运营的工具和助手。

5）先锋模式

培养大数据应用于供应链的专业人员。这些"数据工程师"是在供应链中应用大数据的"先锋"战士，可为引领供应链运营跨越"数据鸿沟"提供技术服务。

8.2.5 "工业 4.0"和供应链求变

发展中国版的"工业 4.0"，促进产业转型升级，需要物流设备自动化、标准化、智能化的技术支撑。实际上，随着我国经济结构调整和供给侧结构性改革的步伐加快，降低流通成本为企业减负，以及加快建立高效、快捷、智能化的物流设备体系已成为近期重点推进的工作之一。2016 年 4 月 21 日，《国务院办公厅关于深入实施"互联网+流通"行动计划的意见》（国办发〔2016〕24号）正式发布，流通基础设施建设成为重点。这为产业带来革命性的变化，极大地促进传统物流设备产业升级换代，引领物流设备产业进入新时代。但是，物流设备成本过高仍是制约我国经济发展的重要因素，特别是在经济发展新常态下，物流产业尽快突破瓶颈成为必然。

"工业 4.0"将传统意义上的物流产业倒逼为智能物流产业。"工业 4.0"的到来促使供应链求变，并产生深远影响。在全球制造业的四级梯队中，中国还处于第三梯队的领头地位。第一梯队是全球科技创新中心，第二梯队是高端制造领域，中国要成为制造强国还要再努力。

1."工业 4.0"及其三大主题

"工业 4.0"是德国政府提出的一个高科技战略计划，由德国联邦教育局及研究部、德国联邦经济技术部联合资助，投资达 2 亿欧元，旨在提升制造业的智能化水平，建立具有适应性、资源效率及人因工程学的智慧工厂，在商业流程、价值流程中整合客户及商业伙伴。"工业 4.0"的技术基础是网络实体系统及物联网。"工业 4.0"通过一个综合计算、网络和物理环境的多维复杂系统，将生产中的供应、制造、销售信息数据化、智慧化，最后达到快速、有效、个性化的产品供应。

"工业 4.0"的三大主题：一是"智能工厂"，研究网络化分布式生产设施的实现，以及智能化生产系统和过程；二是"智能生产"，研究智能技术在工业生产过程中的应用，涉及生产物流管理，注重吸引中小企业参与，使中小企业成为智能化的使用者，也成为生产技术的创造者和供应者；三是"智能物流"，通过互联网、物联网、物流的网络整合物流资源，充分发挥资源供应商的效率，使需求方快速获得匹配的物流服务。

2. 智能猜测、预测

经过收集用户消费特征、预期需求、商家历史出售量等大数据，运用算法进行智能猜测，并将结果用于前置仓储与运送环节。智能猜测已有一些应用，但猜测精度仍有很大的提升空间。

当前，市场需求预测不再基于历史销售数据了，大数据会帮助厂商做出智能预测。全新的人工智能研究则依赖神经网络技术——从会说话的数字助理到无人驾驶汽车，很多事物的发展依赖的都是这项技术。神经网络是一个复杂的数学系统，致力于模拟人脑的神经元网络，能够独立完成任务。在人工智能的帮助下，计算机会在海量数据中寻找各种模式，大规模数据分析方式的改变有助于更好地、智能地预测形态，并提供快速而准确的预测预警。

3. 个性化的服务

市场需求预测从综合预测向个体预测转变，为企业提供更精准的产品及预测指导。同时，大数据对生产领域产生的影响将导致供应链的物流、信息流和资金流的管理方式发生改变，机器设备、人员及产品之间的信息交互将带来生产方式的深刻变革。个性化也叫定制化，是适应特定需求的服务，可提高线上销售转化率。个性化是系统中的一个关键元素。

4. 智能化程度

大数据分析技术通过数字网络基础设施对商流、物流等数据进行收集、分析，主要应用于需求预测、仓储网络、路由优化、设备维修预警等方面，重构产业合作链条，降低合作成本；提前洞察消费者需求，进行预先分仓备货。

人工智能技术可用于末端产品配送、干线货物运输、产品溯源、决策支持等方面。物联网可达成万物互联的目标，从应用场景的角度来看，主要用于仓内搬运、上架、分拣操作、自动分拣、无人机配送方面，可有效提高仓内的操作效率、降低物流成本。"最后一千米"配送是物流配送的最后一个环节，可以实现"门到门"、按时按需送货上门。产业发展的"智能数据底盘"也称为

"数字化底盘"，标志着数字时代新纪元的开启。

智能化是现代人类文明发展的趋势，要实现智能化，涉及许多前沿学科。由于数据的汇集与分析，供应链智能化程度进一步提升。例如，自我规划、自我维护的设备逐渐应用于生产；传感器触发的调度适配也有可能实现。这些因素都将引起现代供应链的改变。

5. 数字化供应链

供应链包含许多不同的工作，如计划、采购、生产、分销、退货。一是要帮助企业内部管理好不同的流程，做不同的决策；二是要将这些流程与客户流程、供应商流程综合起来进行决策。针对这些不同的、复杂的决策，需要积累数据及提高数据分析能力，这样才能从大数据中获取相应的决策和解决方案。

数字化供应链是指用供应链提供数字化的产品和服务。数字化需要寻找合适的方法，将供应链的不同环节、组织、人、设备之间的流程用数字化的工具连接起来。在此过程中需要用数字化的技术，如互联网及相关 ICT 技术（ICT 是信息、通信和技术 3 个英文单词的词头组合，即 Information Communication Technology）。数字化供应链是信息技术与通信技术相融合，并应用于供应链领域而形成的一个新的概念和领域。

8.3　区块链在中国供应链中的应用

区块链技术一直在发展，区块链的应用已延伸到经济社会的各领域。区块链技术在中国供应链领域的应用，与国际区块链+供应链的趋势大致相同。在不久的将来，区块链技术和供应链将完美结合，颠覆供应链的运行模式，解决供应链行业存在的障碍，协调供应链产业上下游之间的关系，实现供应链的升级，显著提高供应链效率。

8.3.1　区块链颠覆供应链的运行模式

物流与供应链已成为区块链最具潜力的应用方向，产业之间本身也存在上下游关系，这会产生相关的纵向协同。区块链解决的是信任问题，其中电子存证、供应链金融、产品溯源和共享经济是最主要的应用场景。供应链金融的业务涉及金融机构、企业、服务提供方、仓储监管方等，还包括买方和卖方，在相关流程中获取数据和数据之间的来回确认相对比较麻烦。由于各方都有记录信息的方式，所以各方一起对账非常烦琐。区块链应用于物流与供应链产业大概有几个方面的内容：一是区块链和供应链融合的过程，更好的方式是各自往区块链记载分布式账本；二是供应链有一个能够达成的共识，已经成为区块链应用最具前景的场景；三是进入区块链+供应链时代，区块链解决的是供应链金融的信任问题；四是区块链应用怎么达成共识的信任关系。

为了对区块链在供应链运行实践有深入了解，中物联区块链分会评选了 45 个案例，其中，区块链技术企业占 27%，供应链企业占 22%，互联网企业占 13%，金融企业占 11%，物流企业占 18%，制造企业占 9%。可以看出，供应链企业和物流企业共占 40%，超过了区块链技术企业的占比。区块链在供应链上应用的范围，主要还是供应链金融，这个与国际区块链+供应链的趋势大致吻合。区块链在供应链上的其他应用包括物流信息、产品溯源、运输、快递、底层平台技术、共享平台等。以上是技术应用的问题，在行业分布方面，主要包括汽车供应链、家电供应链、化工供应链、农产品供应链，农产品供应链更多涉及溯源和物流信息平台。供应链金融细分的领域比较多，主要有交易平台、电子票证、电子运单、电子仓单、电子发票等。

1. 区块链在供应链中的应用

区块链技术出现的时间不长，在金融、智能制造、医疗等行业的应用刚拉开帷幕。区块链技术迅速变化的过程，无疑会对供应链产生重要影响。区块链的监管和标准目前还不完善，在区块锌+供应链方面还没有相关标准。将区块链应用于全球现代供应链，有待建立一套完整的全球现代供应链标准体系。

区块链核心技术还有待突破，其在供应链越来越长的时候效力就开始下降。从技术方面怎么提高效率，怎么找到更好的解决方案，还需要突破。专业人才稀缺是全球普遍的现象，是目前的短板。大众对区块链的认知和区块链在供应链方面的应用是两回事，关键还在于区块链技术本身的颠覆性，这是监管、标准、技术、人才、认知、效果 6 个方面需要研究的问题及需要强补的短板。

IBM 花了很多时间研究区块链在供应链上的应用场景，区块链现在已经从时髦词发展到了现实应用的阶段，全球有 700 多家巨头企业已经进入该领域。

区块链市场上真正研究底层技术的人并不太多，随着技术的发展，参与底层架构的人会越来越多。从大公司、大企业的区块链战略就能看出哪家企业有国家战略担当。

区块链在各领域落地，特别是在供应链的前端、中间、后端都有非常广泛的应用场景。区块链技术和供应链的结合给很多中小企业提供了发展机会。因为在不同应用场景可以发现很多新的应用机会，会有能力找到更好的应用场景，进而提高应用效率，使企业快速成长起来。

2. 区块链技术应用被证明是最有增长前景的领域

区块链技术是人类具有颠覆性的技术，区块链应用还处于基础阶段。

农业贸易中涉及农民、收购商、分销商、零售商之间复杂的关系，复杂的供应链程序及大量无法管理的数据，使货款的支付和产品的产地证明非常复杂。随着农产品贸易日益国际化，创新者正在努力通过区块链的分布式记账技术将农产品贸易带入新时代。

区块链技术应用于生鲜产品供应链溯源，不仅有利于消费者，而且有利于生鲜产品企业赢得市场，并提高行业的透明度。顾客可以从该溯源系统中获得丰富的信息，如品种及动物生长的相关数据。

8.3.2　区块链在供应链金融科技服务中的应用

1. 供应链金融科技服务

供应链金融科技服务是指，基于供应链内部交易结构，区块链以其颠覆性的理念引起金融服务业的广泛关注，应用自偿性贸易融资信贷模型，成为下一代金融服务业创新的基础设施。在核心企业、物流企业引入风险控制变量，利用区块链在技术和商业层面的创新，为供应链不同节点提供金融科技服务。

我国的供应链金融源于 20 世纪 90 年代的贸易金融，经过多年的发展，已经形成了相对成熟的理论框架和业务模式。中国人民银行、中国银行保险监督管理委员会发布的《中国小微企业金融服务报告（2018）》显示：从服务覆盖面来看，截至 2018 年年底，小微企业法人贷款授信用户为 237 万户，比 2017 年增加 56 万户，同比增长 30.9%，但贷款授信用户仍仅占小微企业法人用户总数的 18%；从贷款余额来看，截至 2018 年年底，我国小微企业法人贷款余额为 26 万亿元，占全部企业贷款余额的 32.1%，其中，单户授信 500 万元以下的小微企业贷款余额仅为 1.83 万亿元，普惠小微企业贷款余额为 8 万亿元。这说明了小微企业所获得的融资支持与其国民经济地位之间的差距。

制造业在全球范围内寻找成本洼地，业务外包和离岸生产成为趋势，部分参与机构正在特定场景以定制化方案进行概念验证，并在供应链金融、保险等少数应用场景开始试点。

供应链管理向财务层面发展，市场与收益融合的供应链金融科技服务应运而生。低风险市场供应链金融科技服务是指对真实交易关系链进行评估，由高信用等级企业为低信用等级上下游中小企业提供信用背书，使中小企业从高风险市场变成高收益、低风险市场，银行等金融机构以应收账款、存货等动产为依据提供金融服务。

2. 区块链与供应链金融科技服务的结合

1）供应链金融业务存在的问题

发展中国家的供应链金融业务主要受当地信息化程度不高及管理水平不足的影响，参与全球现代供应链的公司主要受边境管理低效的影响。

（1）局部地区供应链金融业务的问题是信息及管理水平较低。发展中国家的供应链金融业务的问题主要是制造业信息化程度不高、供应链内部分成员信任感及关联度不足，具体为：一是金融科技相对滞后；二是供应链金融覆盖范围有限。

（2）跨地区供应链金融业务的障碍是信任不足。跨地区供应链金融的信息技术及管理水平已较为成熟，其业务障碍主要体现在市场准入、边境管理、运输与通信基础设施、商业环境 4 个方面，并最终导致运营和投资成本增加、业务各环节不必要的延时增加，或者耗费时间不确定、业务量下降、风险增加等不良结果。

2）区块链可针对性解决供应链金融业务存在的问题

区块链的技术特性在不同场景下体现的价值有所不同。在供应链金融场景下，区块链技术首先是信息化工具，可进一步实现去纸质化、电子方式传达，更深层次的作用是增强管理能力、消除贸易壁垒。

（1）增强管理能力。区块链的分布式逻辑意味着供应链金融体系是网络中立的，各参与方可设立自助存放的数据库，而不是所有信息都汇集到网络主导者，这可以增强供应链内弱势公司的信任感，提升供应链成员的关联度和约束性，最终使供应链金融在高度和深度上的覆盖范围显著扩大，形成具备中立、透明、隐私等特点的全新管理系统。

（2）消除贸易壁垒。线上模式的供应链金融的本质是传统金融业务的电子化，其信用创造方式并未改变，相关领域仍需要制定大量的规则、监管政策等安全机制，以在"建立信任"上投入资源。

8.3.3 区块链与供应链金融科技服务的发展前景

1. 供应链金融巨大的市场规模与区块链存在诸多结合点

供应链金融市场规模巨大，局部地区的供应链金融业务与区块链存在诸多结合点，如贷款等表内授信，相关尝试处于概念验证或试点阶段。更多区块链与供应链金融合作项目集中在跨地区的供应链金融领域，吸引了大量机构参与，主要涉及信用证等表外授信。部分项目可落地并形成第一代解决方案，这体现了区块链技术对跨地区贸易的再造意义。

从全球范围来看，跨地区供应链金融在短期内还难以出现兼具功能性与稳定性的普遍解决方案。主要原因如下。①合约不够智能：区块链借助智能合约理念，但目前智能合约无法形成成熟的使用系统，缺乏技术规范和可靠性，失效保护和止损方式也不明确，无法实现多功能、稳定的自动化效果。②物联网可用但不发达：物联网无法实现实时、全面、稳定、安全的数据采集，有待进一步发展。③金融决策和执行仍需要依赖人：金融体系并未形成智能化评估与决策能力，尚未并发出实现区块链系统与现有金融系统相互识别的接口，仍依赖人工操作。

2. 区块链在供应链金融中的应用

区块链有六大应用场景，具体如下。

1）自带信息共享功能

自带信息共享功能解决的难题是信息互通。利用区块链的不可篡改和共识机制，提高整个供应链上资金的运转效率，构建一条安全、可靠的信息共享通道。

2）解决融资难的场景

凭证上链便捷，流程简化，秒级放款，解决融资难的问题。改善现金流与负债表，加强供应链管理，金融机构有了交易数据隐私保护。参与主体呈现了不同的价值，平台设计对应的链和账本，降低了小微企业的融资成本。链与链之间数据完全隔离，使应收账款的拆分转让安全可靠，并能够追溯至登记上链的初始资产。

3）区块链与供应链

区块链应用在供应链上，想象空间很大。供应链的所有节点上区块链后，极大地提高了小微企业的融资效率，真正实现了服务实体经济。供应链服务各节点是平等的，结合区块链技术开放、透明、无法修改数据的特点，实现商品溯源、进口申报溯源、境内物流溯源、生产企业溯源。

4）区块链与供应链金融

构建区块链开放式的供应链金融服务平台，企业用户可线上操作，实现通过金融赋能市场与小微企业，帮助建立银行和中小企业之间有效的信任机制，实现资产端和资金端在微企链平台的无缝对接。供应链所有节点上链后，围绕核心企业的"强信用"和"强数据"两个模式展开深耕，通过区块链的私钥签名技术，保证核心企业等的数据可靠性。区块链的数据不可篡改性，保证了信息的永久记录，为债权凭证拆分转让提供了安全技术保障，为各参与方提供了公允、可信的账本。合同、票据等上链，借助区块链解决了数据可靠性问题，实现了秒级自动清分服务。银行等金融机构站在整个供应链金融的顶端，通过核心企业为中小微企业融资背书，缓解中小微企业融资难的问题，实现从单环节融资到全链条融资的跨越。

5）区块链与跨境支付

区块链的引入，使交易记录永久保存并实现了可追溯，解决了跨境支付信息不对称的问题，符合监管的需求。通过区块链建立的信任机制有两个好处：一是效率提高，二是费用降低。另外，区块链引入后，通过公私钥技术，可保证数据的可靠性；再通过加密技术和去中心，可达到数据不可篡改的目的；通过 P2P 技术，可实现点对点的结算，提高了效率，降低了成本。区块链实现资产数字化，易于分割、流通方便，资产数字化后交易成本低，可永久存储、可追溯，完全符合监管需求。

6）区块链与数字货币

数字货币从诞生、发展到现在，融入了很多项技术，区块链技术的应用保障了数字货币的流通便利性，同时让数字货币交易过程更加安全。

在区块链上，存储记录是一块连着一块的，构成一个链条。除第一块外，所有区块都记录包含前一区块的校验信息，改变任意区块的信息，都将导致后续区块校验出错。因为这种关联性，在区块链中无法插入其他区块，所以已有记录难以再修改。基于此，将区块链技术应用于数字货币领域，保证了交易过程中所有信息的公正、透明、不可篡改。

8.3.4　区块链发展展望

1. 推广区块链技术在供应链中的应用

随着区块链技术的发展和推广，目前存在的算力、共识和社群问题不断被分裂和稀释，区块链成为传统供应链升级改造的一把金钥匙。算力、共识和社群的稀释，使协同变得更加容易，最终实现整体效率的大幅提高。随着行业发展，供应链将由"链主驱动"真正转变成"需求驱动"，共识也不断被稀释，为行业带来更大的价值。

区块链的应用场景有很多，包括已经落地的电子发票、供应链金融、物流信息、法务存证等，但还有很多应用场景还不大明朗。我国将持续推进区块链与各类行业应用场景的有效融合，与合作伙伴共同推动可信区块链的发展，打造区块链共赢生态。展望未来，区块链要与场景一起成长，以具体业务场景为主进行适配系统设计，以服务实际业务为目的进行技术赋能，未来可期。

2. 区块链生态圈供应链体系

1）生态圈供应链体系的总体要求、目标与任务

（1）推进供应链协同。

区块链应用已延伸到社会经济的各领域，以供应链、智能制造等行业的应用场景为代表。推动制造供应链建设，推广区块链等先进技术应用，为研发、设计、生产、制造、售后全链条供应链提供协同服务，实现产业链资源优化配置和能力精准交易，聚焦制造、流通、农业、金融、绿色等重点方向，培育形成整合供应链各环节、高效协同和业务流程再造的区块链生态圈区供应链体系。

（2）促进供应链可视化和智能化。

以供应链与互联网、物联网深度融合为路径，高效整合资源要素，推动建设智慧供应链体系，推动感知技术在制造领域的应用，推动供应链服务一体化、高质量发展；提高产业集成和协同水平，推广智能制造新模式应用，实现供应链可视化，形成供应链发展新技术。打造智能化新模式，加快智能工厂等技术和装备的应用，推动智能制造系统人机智能交互、信息共享。

（3）生产服务型制造新模式。

生产服务型制造新模式是典型的外生型产业集群。在外生型产业集群的驱动下，"产品+服务"协同，生产服务型制造形成了外生型发展新模式。在生产服务型制造新模式推动下，特定的环境再造和制度安排构建了有形的空间载体，推进了生产服务制造企业资源协同，吸引并移植了外部大量的第三方物流服务企业形成集群；再以物流服务企业集群为核心，吸引国内外与物流产业关联度高的生产型企业及相关产业在此集聚形成集群。对于生产服务型制造企业，一方面，在制度、平台、人才上与国际接轨，提高生产服务型制造企业的

服务效率；另一方面，提升产业价值链，加速建设与完善地方性流通网络，加大"众筹、众包、众扶、众创、搜索"等服务应用力度，推动跨国企业的本土化、企业服务对象的本土化等，推动制造供应链与产业服务供应链融合创新，完善生产服务型制造企业信息资源共享与合作制造新模式。

2）区块链技术在供应链中的前沿应用

（1）有效防范供应链金融风险。

区块链技术在供应链金融服务领域的应用相对成熟，区块链技术所拥有的数据可靠、可追踪、节约成本等特质，使其具备重构金融业基础架构的潜力。区块链为支付领域带来成本和效率优势，在跨境支付领域的作用尤其明显。供应链金融的应用还处于起步阶段，区块链有助于降低成本，有助于普惠金融的实现。

（2）链上资产数字化。

各类资产，如股权、债券、票据、收益凭证、仓单等均可被整合进区块链中，并确保借贷资金基于真实交易，推动金融机构全面提升供应链金融领域的风险防范能力。在托管库和分布式账本之间搭建一座桥梁，进一步推广动产融资统一登记公示系统在供应链金融领域的应用，建立实时清算与结算体系。上述功能可以借助行业基础设施类机构实现，让区块链扮演托管者的角色，确保资产的真实性与合规性。资产发行可根据需要灵活采用保密或公开的方式进行，区块链技术的核心特质是能实时地让分布式账本平台安全地访问托管库中的可信任资产。

（3）智能证券。

金融资产的交易是相关各方之间基于一定规则达成的合约，金融资产的交易涉及两个重要方面：支付和证券。区块链能用代码充分地表达这些业务逻辑，可完成点对点的实时清算与结算，并且保证相关合约只在交易对手之间可见。基于区块链技术创设法定数字货币或某种"结算工具"，如固定收益证券、回购协议、各种交易及银团贷款等，并与链上数字资产对接，实现合约的自动执行，从而显著降低价值转移的成本，并对无关第三方保密，缩短清算、结算时间。基于区块链的智能证券能通过相应机制确保其运行符合特定的法律和监管框架，使交易各方均可获得良好的隐私保护。

3. 区块链技术助力"一带一路"建设

1）充分放大"一带一路"效应

用区块链技术深度参与推进"一带一路"供应链体系建设，集聚全球价值链各类高端资源，融入全球现代供应链网络，形成集展示、推广、交易、销售于一体的全链条，带动能力强的功能性平台及相关产业创新发展；建立信用评价机制和监管服务体系，建立以信息服务、金融服务、投资促进、人才培训、风险防范为重点的"五位一体"的新体系，用区块链技术搭建完善的"走出去"公共服务体系；开展对外贸易和投资合作，提升全球现代供应链协同和配置资源能力。

2）倡导建立绿色供应链

积极倡导绿色消费理念，推行减量化生产和清洁化生产，发展绿色生态农业，培育绿色消费市场。积极推行绿色流通，应用节水、节肥技术，控制农药残留，推进再生资源回收、节能减排、生活垃圾分类收运，建立绿色供应链体系。推进绿色农产品认证，建立绿色产品示范推广基地，重构"点、站、场"设施网络，加强农产品质量安全全程监管。

3）促进制定供应链标准

提高供应链资源集成整合能力，包括信用评价机制、监管服务体系和供应链标准体系建设。推动企业提高供应链管理流程标准化水平，鼓励支持供应链产品信息数据采集、交易等关键共性技术标准化，推进供应链标准国际化进程，加强行业间数据标准的兼容，促进数据高效传输和交互，积极参与全球现代供应链标准制定。

8.4　人工智能时代的现代供应链

人工智能（Artificial Intelligence，AI）是研究、开发用于模拟、延伸和扩展人的智能的理论、方法、技术及应用系统的科学技术。

人工智能从诞生以来，理论和技术日益成熟，正成为推动人类进入智能时代的决定性力量。全球产业界也充分认识到人工智能技术引领新一轮产业变革的重大意义。

1956 年夏，麦卡锡、明斯基等科学家在美国达特茅斯学院研讨会上首次提出人工智能这一概念，标志着人工智能学科的诞生。人工智能是指可以模拟人的意识、思维的信息过程，世界主要发达国家均把发展人工智能作为提升国家竞争力、维护国家与全球安全的重大战略，各国人工智能应用领域也在不断扩大，力图在人工智能时代掌握现代供应链主导权。

2016 年被称为"人工智能元年"，2017 年是人工智能在各行业应用的大爆发之年。面对科技的迅猛发展，2017 年 7 月 20 日，国务院印发的《新一代人工智能发展规划》提出，人工智能产业成为新的重要经济增长点。2017 年 12 月，"人工智能"一词入选"2017 年度中国媒体十大流行语"。据清华大学发布的《中国人工智能发展报告 2018》统计，中国已成为全球人工智能投融资规模最大的国家，中国人工智能企业在人脸识别、语音识别、安防监控、智能音箱、智能家居等人工智能应用领域处于国际前列。"2019 世界人工智能大会"于 2019 年 8 月 29—31 日在上海召开，大会围绕前沿算法、类脑智能、AI 芯片、无人驾驶、智能机器人、AI+5G、AI+教育、AI+医疗、AI+工业等热门主题展开讨论。按照国务院相关规划，到 2030 年，中国的人工智能理论技术与应用总体达到世界领先水平，成为世界主要人工智能创新中心。

8.4.1 从全球现代供应链视角看人工智能

人工智能系统遵循人类发明的规则，能够真正地改变商业模式。任何商业模式的创新，都是为了给目标客户创造更多的价值，如果其没有供应链流程上的整合、创新和再造作为支撑，则很难落地。将全球现代供应链不同环节用新兴技术连起来将是未来的发展方向，而人工智能会使供应链的整合效率大大提高。

人工智能从周围环境中获取线索，并根据相关数据来解决问题、评估风险、做出预测和采取行动。

利用人工智能对供应链升级改造面临的挑战是如何将这些技术应用到供应链的不同流程中，使之数字化、自动化。可通过人工智能设计方案，把不同供应链之间的各种流程串联起来，使供应链管理更有效率。通过数据挖掘和分析来改善供应链中的薄弱流程，通过人工智能将数据转化到前端，优化供应链中的不同决策，通过数据赋能对产品和供应链的设计提供很好的规划。以上能力的建立及相应决策的优化是供应链创新的内核，而商业模式的创新又取决于供应链整合和创新的能力，人工智能在此过程中将发挥重要作用。

8.4.2 "一带一路"与人工智能

1. 在全球现代供应链方面

"一带一路"作为国际贸易的一种新渠道快速建设，在全球现代供应链方面连接货代、拖车、仓储、港口、船公司、快递、空运、铁路的全网络和线路。人工智能技术为全球提供专业、高效、智能化的验货、认证、测试等商品确定性服务。"一带一路"建设采用与政府、大项目、大企业结合的方式，商业模式的转变带来的是盈利模式的变化，从营销到整个供应链，大力通过人工智能技术挖掘"一带一路"沿线国家的信息资源，为"一带一路"建设服务，这些都在推动全球现代供应链的增长。

1）如何保持业务高增速

业务模式重要的属性是存续能力。"一带一路"为沿线各国走出国门、把商品销往海外提供了商机，以及提供了商品展示及与客户对接的平台。现在，"一带一路"不断优化出海链路各环节的服务，提供国际贸易供应链服务，价值在持续增长。在全球现代供应链中，通关、退税、贸易、融资和物流等实现全球买卖，沿着交易链路来看，信息服务可能是服务的第一步。人工智能技术可优化全球现代供应链现存价值，让更多中小企业享受跨境贸易的红利和平台集约化的红利，业务增长来自市场的旺盛需求。业务增长有两方面的表现：一是营收的增长，二是买家规模的增长。让业务增长的举措包括：基于环境的变化，通过人工智能技术对贸易链路各环节进行优化和创新；在商品呈现结构化背景下，利用人工智能技术准确表达和识别商品；创造多元化的场景和买家工具管理商机，帮助调动全球金融、物流资源，提升支付和物流体验，最终促使每笔交易以低成本、高效率的方式达成。

2）新制造与新外贸的关系

基于大数据、云计算等技术，无论是从贸易角度，还是从生产制造角度，供应链都在越来越柔性化。新制造对于新零售的供给侧是个巨大的升级，本质上，新零售就是通过大数据、云计算重构人、货、场。新外贸也一样，对海外的买家来说，其本来就是在找中国的生产制造基地，在这个过程中，从原料到整个生产制造的过程，都通过数据和互联网技术去重构贸易链路中的所有环节，这个流程是可视的，并且成本低、速度快，能够非常清楚地把控中间的质量和进度。

2. 布局"一带一路"与人工智能

新技术在国际上的应用已经越来越广，但新技术必须要找对场景，如人工智能在国际上的场景就是对自然语言的理解和翻译，智能翻译技术将买家沟通内容翻译成通用语言，实现实时沟通、交流。大数据反映成交额、订单量的增长与需求。目前，阿里巴巴有近 2 亿个国际注册会员买家，覆盖 40 多个行业、近 6000 个产品类别，每天有 30 多万笔询盘订单。截至 2019 年 11 月，阿里巴巴国际站平台活跃买家数同比增长了 78%，支付买家数同比增长 110%，订单规模同比增长 122%。这体现了买卖双方从产品筛选到下单、支付、配送等一系列数字化履约链路的完整体系。阿里巴巴国际站帮助中小企业进一步实现数字化出海，降低了中小企业参与国际贸易的门槛，助力中小企业加入国际市场，促进其全球化。

"一带一路"沿线国家的市场潜力正在显现出来，"一带一路"数字产业化加快推进，需要多语言去支持。利用人工智能进行图片收集、分析统计结果显示，不同国家和市场有不同产品和目标品类的需求，东南亚市场喜欢提现货，非洲对帐篷等需求量比较大，印度热衷电子产品，越南市场的 T 恤、3C 产品需求呈现爆发式增长，俄罗斯电子商务发展迅速，电子商务周边设备如摄影设备热卖。

从现在的世界经济形势来看，为了更好地推动"一带一路"沿线国家经济高质量发展，应加快人工智能技术在跨境电子商务领域的应用，在发展融合新业态方面实现突破。"一带一路"沿线是国际重点布局市场，采用项目化、具体化、清单化新模式，将所有国际上同样的商品罗列出来，供国际买家选择。根据现有的产业结构找准每个市场的特色重点突破，在融合发展中找到路子，是经济新的增长点所在。

8.4.3　人工智能未来的发展趋势

1. 人工智能是全球现代供应链的核心

全球现代供应链释放产业变革，从架构升级到应用场景的落地，积蓄的巨大能量将重构全球现代供应链各环节。智能芯片作为人工智能的基础，催生新技术、新产品、新产业，人工智能在全球现代供应链应用场景有巨大的市场空间。未来，将智能计算机的计算速度和统计能力与人类的天赋相结合的交互式智能服务将成发展趋势。随着全球现代供应链升级需求日益迫切，人工智能技术通过优化问题、预测问题或分类问题，逐步探索高效率、高质量应用，迎来良好的市场机遇。

2. 全球人工智能的发展呈现三足鼎立局面

人工智能从基础研究、技术到产业，都进入了高速发展期。2019 年，全球人工智能核心产业市场规模超过 718 亿美元，同比增长 29.2%，其中，基础层市场规模约为 143.6 亿美元，技术层市场规模约为 222.6 亿美元，应用层市场规模最大，为 351.8 亿美元；我国人工智能核心产业市场规模超过 105.5 亿美元，同比增长 26.9%，其中，基础层市场规模约为 21.1 亿美元，技术层市场规模约为 30.6 亿美元，应用层市场规模约为 53.8 亿美元。统计显示，全球人工智能发展呈现三足鼎立之势，主要集中在美国、欧洲、中国。

1）美国人工智能

服务行业是美国人工智能基础层和技术层产业发展的重点，2018 年，美国聚集了 2905 家人工智能企业，以谷歌、微软、亚马逊等为代表形成集团式发展局面，同时在人工智能企业数量、投融资规模、专利数量等方面全球领先。这是因为美国在人工智能研究和实施方面兼具强大的实力，拥有世界上最好的风险投资企业家生态系统，并且有谷歌、Facebook 和亚马逊等商业巨头，保证了美国的巨大领先优势。美国已经有四五十年的跨学科合作历史，半导体行业、PC 行业、软件行业、互联网行业、社交媒体行业、移动行业都在相互协作，而现在所有的资源都在帮助人工智能行业。

2）中国人工智能

中国人工智能行业 2018 年企业总数达到 670 家，占全球的 11.2%，中国人工智能论文总量和高被引论文数量都排在世界第一位，已成为全球人工智能专利布局最多的国家。中国人工智能领域的投融资占到了全球的 60%，成为全球最"吸金"的国家，投融资主要集中在技术层和应用层，中国出现了全球总融资额最大、估值最高的人工智能独角兽企业。

3）欧洲人工智能

2018 年欧洲人工智能企业总数为 657 家，占全球的 10.88%。欧洲通过大量的科技孵化机构助力早期的人工智能初创企业，高新技术产业转化率较高，诞生了大量优秀的人工智能初创企业。2020 年 2 月 19 日，欧盟委员会在布鲁塞尔正式发布了《人工智能白皮书——通往卓越和信任的欧洲路径》，确定了与人工智能相关的欧盟立法框架、未来监管框架范围、要求类型。欧洲未来会大幅度提高人工智能研究和创新领域的投资水平，目标是在未来 10 年每年在成员国范围内吸引 200 亿欧元的人工智能技术研发和应用资金。

三足鼎立之外，值得关注的是印度，印度已成为人工智能领域的后起之秀。2018 年，印度已有 500 多家公司部署人工智能，并在医疗保健、农业、教育、智慧城市和城市交通 5 个应用领域发力。

3. 人工智能得益于万物互联趋势和开源生态的加速

人工智能聚焦智能供应链全链条服务，技术方向仍在规划，市场需求尚未完全显现，万物互联趋势日益显著，开源生态加速构建，将推动出现人工智能商业化应用的合适途径。

在人工智能应用层市场，具备较强研发实力的典型企业与前沿性较强的科研机构已有所布局。2019 年，全球人工智能应用层市场规模最大，为 351.8 亿美元，但基础层智能芯片的研发占比仍然最高。此外，算法模型和智能传感器体量相当。在技术层，2019 年语音识别规模占技术层整体规模的 2/3 以上，达到 118.9 亿美元，图像视频识别次之。应用层市场规模分布较为平均，智能教育和智能安防市场规模分别为 43.6 亿美元与 43.4 亿美元，均占 16% 左右。其他产业发展规模继续保持稳步增长。

未来，在基础层，智能传感器和算法模型产业将快速增长；在技术层，随着交互精准度的提升和边缘智能化的布局，语音识别和计算机可视化将迎来良好的市场机遇；在应用层，现代供应链应用场景多元化，例如，智能机器人产业形成新增长点，智能金融受益于供应链全链条服务兴起，全球高度关注公共安全治理推动智能安防产业快速崛起，供应链智能服务将逐步实现全链式的定制化、普惠化，垂直行业应用的不断深入激发智能内容，催生了海量的定制化需求。

8.5 数字经济时代的全球现代供应链

数据要素对提高要素生产率、支撑生产生活和经济社会创新发展的作用将更加凸显。数据作为生产要素转化为新型生产力尚处于初级阶段，而这个阶段产业链全球化带来的恰恰是生产力的全球布局。伟大的科学发明产生了科技革命，在技术决定生产力进步的时代，数据资源的应用方式、管理模式、组织机制、运营环境等将带动生产关系的探索调整。数字经济指数字技术被广泛使用并由此带来整个经济环境和经济活动根本变化的经济系统。人类社会不断进步的本质是认识世界和改造世界能力的提高，数字经济社会是信息和商务活动都数字化的全新的社会政治与经济系统。数字经济主要研究生产、分销和销售都依赖数字技术的商品与服务。

科技成果的产业化、市场化，催生新的行业，急需提高数据产业的支撑能力。建立在互联网和大数据之上的新兴经济模式，改造着传统产业，也带给传统产业很多变革的机会。虽然数据产业总体发展形势正处于赋能实体产业的重要机遇期，塑造着产业新格局，但仍然存在一些数据资源治理的难题，这就引发了产业革命。全球现代供应链也如此，数字经济是信息技术革命的产业化和市场化，其存在问题如下：一是核心技术创新不足；二是缺乏统一的数据标准；三是企业数据管理能力不足；四是第三方数据交易体系尚不健全，影响了数据要素的交易和流通。依托互联网平台出现的数字化供应链实现单点突破，成为数字经济的亮点，是新一代信息技术在经济活动中的扩散、应用，将成为解决当前系统性创新仍然缺乏和经济发展问题的钥匙，引发以大数据处理为主要特点的新产业、新业态、新模式，创建生产者和消费者双赢的环境。

在数字经济时代，技术优势将转化为市场优势，数字供应链的无限扩展、无限集约、无界协同、无界触达的优势，将全力提升数字建设水平，使数据实现共享和流通，进而加强数字经济园区建设。全数字化管控精确到点，信息通信技术扩散重构了知识创造、传播、复用新体系，发挥了更直观的作用，培育了数字经济企业品牌，推进了知识分工的形成和发展，使知识作为一种商品参与到市场交易中。

加快数字基础设施建设工程，以及价值评估、定价标准、数据质量、信用机制的完善，实施数字经济培育活动。这一整套的数字化管理机制，保质保量地满足了很多客户提出的特殊要求，完善了"平台一个号、网络一朵云""手机畅行""数聚赋能"行动，构建了基于知识创造、传播、复用的产业体系，并使之发挥数据价值。

8.5.1　数字经济将成为整个时代发展的核心

在数字经济时代下，面向中小微企业大力推行数字化转型：短期内，助力企业快速脱困，降低运营成本，缓解订单及供应链压力，同时培育强大的国内市场；中长期内，进一步发挥数字经济的牵引作用，打通数字化转型链条，激发企业数字化转型内生动力，激发新的消费和投资需求，支撑经济高质量发展。大数据、智能终端等技术革命使现代供应链上的各家企业与最终用户直接互动，使数字成为资源和生产要素，使数据活动和过程的需求较产品本身更重要。据有关机构研究测算，我国企业数字化转型比例约为 25%，远低于欧洲的46%和美国的 54%。

1. 全球现代供应链战略及智能化策略都建立在数据基础之上

在数字经济时代，相当多的人类活动被智能设备替代。数字经济具有平台化、数据化、普惠化三大特征。数字经济时代将加速现代供应链创新的进程，数据将成为整个时代发展的核心。在完备的数字经济形态下，应提升数据安全监管工作的针对性和有效性，迈向经济社会的智能化。

数字经济的基础设施是数字，数字经济基于采集数据和感知信息，对消费者所处具体场景进行精准分析，为消费者提供个性化服务。随着大数据分析与人工智能的不断发展，数据采集端与智能终端被连接在一起，数据成为经济活动的第一要素。人类社会利用实时获取的海量数据，由人造器物替代人的一部分功能，实时收集人的主体数据、行为数据、交易数据、交往数据等来组织社会生产、销售、流通、消费、融资、投资等活动，可以充分挖掘消费者的潜在需求，对消费者的消费场景进行预测，从而提供有针对性的消费需求服务。

2. 数字经济促进实体经济高质量发展

推动数字技术创新应用，通过各种渠道获取消费信息，推进数字经济与实体经济融合发展，精准了解感知与需求的总量，促进实体经济的高质量发展，提高科技、人力和物力资源的利用效率，促进传统产业数字化转型。社会资源配置不断优化，使社会生产更好地满足千变万化的社会需求，使生产要素效率不断提高。数字技术已作为新一轮技术革命和产业变革的重点方向，将创新需求和创新资源连接起来，满足不断增长的、人民群众对美好生活的需求。我国数字经济蓬勃发展，社会资源与生产要素的配置效率不断提高，有效促进实体经济发展，为培育经济增长新动能提供重要引擎。

在数字经济时代，产品品质和供给体系质量不断提高，保持了供给体系的弹性，利用产品或设备来感知、获取产品和设备的利用信息，使供给结构与需求结构更匹配，使供给与需求更好地衔接，实现产销一体化，使供给满足需求，可以消除无效供给、减少无效库存。推动企业转型和价值链升级，利用大数据将社会供给能力更有效地组织起来，促进科技创新和科技成果的转化。

8.5.2 数据服务将成为数字经济时代的主流

1. 现代物流向数字物流转化

1）进入数字经济时代的数字技术

数字经济是全球经济增长重要的驱动力。"数字丝绸之路"和"数字中国"的概念，将数字化的浪潮推向新的高峰。世界经济的发展必将进入数字经济时代，具有全线、非接触、高效和低能耗的数字技术将得到进一步应用，数字化革命、虚拟现实等数字技术促进产业变革。在数字经济背景下，一个巨大的数字市场将产生，当然会带动传统产业的转型升级。所以，未来国家数字经济层面的竞争，核心将是数字技术、数字基础设施的竞争。

2）物流的未来趋势——数字物流

数字经济的发展为物流现代化高速发展提供了难得的机遇，开辟了数字物流时代，将供应链优化引入了快车道。数字物流是以数据（数字单元）为主要生产资料的物流形态，本质是一个信息和物流活动都数字化的全新系统，是通过数据将实体物流与虚拟物流进行不间断融合的有机过程。

3）数字物流改变现代物流模式

数字物流是指在虚拟现实、人工智能、计算机网络、数据库、多媒体等技术的支持下，运用数字技术对物流所涉及的对象和活动进行表达、处理和控制。数字物流具有信息化、网络化、智能化、集成化、可视化等特征。此处的数字技术是指以计算机硬件、软件、信息存储、通信协议、周边设备和互联网络等为技术手段，以信息科学为理论基础，包括信息离散化表述、扫描、处理、存储、传递、传感、执行、物化、支持、集成和联网等领域的科学技术集合。

数字物流实际上就是对物流的整个过程进行数字化的描述，从而使物流系统更高效、更可靠地处理复杂问题，为人们提供方便、快捷的物流服务，并表现物流体系的精确、及时和高效特征，进而实现物流操作数字化、物流商务电子化、物流经营网络化。对于物流系统的要求有多种提法，但本质上来说就是准确、快速、高效及个性化。

我国数字经济在引领产业结构调整的过程中，仍有巨大的数字化、自动化提升空间。物流设备的资产化将是大势所趋，单元化器具、存取设备、新能源充电桩、重卡，甚至飞机、航运、铁路、多式联运的资产都有证券化或资本化的可能。以上要素共同构建了数字物流体系。

4）数字物流的发展逻辑

在未来的物流网络部署中，数字物流体系应打破碎片化，推动物流节点的多功能性和多业务兼容能力，加强运力部署的弹性，构建整体连接、局部可调整的柔性网络，这将成为领先物流企业的立身之本。供应链领域的应用场景将越来越丰富，供应链数字化占据主导地位。以单元化的物流作为根本理念，数字物流、数字经济才能发挥极强的作用。面向全产业链进行整合，兼容并蓄、迭代更新，数字物流在充斥海量数据的多种行业才可以获得最快速度的发展，并不断产生价值。数字物流的新业态、新模式、新场景，以数据流带动完整供应链系统变革，形成全产业链上下游和金融机构跨界融合的"生产+商业+金融"数字化生态体系，进入全面赋能阶段。完成数字物流体系构建，这是一个全新的开始，数字物流的含义是，采用数字技术手段，通过数据获取价值，最终赋能全行业企业，进一步优化供应链创新变革。

2. 数字经济呼唤深层体制变革

随着数字经济产业发展和壮大，我国正处在由"数据大国"向"数据强国"转变的关键机遇期，需要探索形成满足促进数字经济发展、优化营商环境、培育市场生态等多方诉求的治理体系，安全、有序地推动数据资源的开发利用和流通共享，继续做大做强数字经济。

1）更好更快地发展数字经济

近年来，数字经济已经有了快速的发展，数字经济是一种新的生产、生活、工作方式。数字化转型行动倡议的动力源泉是科技革命的转化，推进数字化转型伙伴行动，科技创新的累积是关键。更好更快地发展数字经济，无论过去、现在和将来都要靠创新，更好更快发展需要不断地更新理念。鼓励创新就是解放创造力，共同搭建"中央部委—地方政府—平台企业—行业龙头企业—行业协会—服务机构—中小微企业"的联合推进机制；不断消除所有环节的不合理规定，数据服务将成为经济时代的主流，持续地深化体制改革。让科研人员的奇思妙想不断涌现，呼唤新的管理协调方式，将思想转化为科技成果，甚至是新的思维方式。在更大范围、更深程度推行数字经济赋智服务，数字经济对于转型升级的推动作用获得广泛认可。提升转型服务供给能力，让众多的科研成果顺畅转化，激发企业数字化转型的内生动力，并将其变为现实生产力，支撑经济高质量发展。

2）数字经济环境下信息的获取更为便捷

数字经济就是利用数据和信息的经济，通过组织示范信息的获取，组织数字化转型示范工程，支持建设数字化转型促进中心，使创新的小溪成为洪流，更规范、更严格地保护个人信息。支持数字化供应链平台、企业数字化平台等建设，着力解决企业数字化转型过程中依靠市场化方式难以解决的共性瓶颈问题，使信息获取便利化，使供给与需求连接直接化。进一步发挥平台企业赋能作用，强化面向中小微企业、行业和区域的数字化转型公共服务能力。

为了更好发挥政府作用、尊重市场的主体地位，同时依托产业互联网平台打造示范性应用，要加快出台个人信息保护法规，更好地调动市场主体的积极创造力，切实发挥市场在资源配置中的决定性作用，使市场进入更为方便；界定好个人信息的权利归属、保护要则，使要素流动更为顺畅，带动更多中小微企业加快数字化转型，平衡好社会进步需求，形成跨越物理边界的"虚拟产业园"和"虚拟产业集群"。

3. 数字经济发展为经济增长带来动力

在数字经济时代，数据供应链基于数据分析洞察用户需求与市场趋势，开展数字经济新业态培育行动。在商业领域，结合数字经济创新发展试验区建设，使用户入口等数据资源通过 API 模式变现途径得到了一定程度的发展，根据相关品类的市场状况等数据服务，推动在线医疗、在线教育等新业态领域开展政策试点，为经济的增长带来动力。强化政策支持，在数字经济供应链发展过程中，鼓励平台、企业面向中小微企业、创客共享开放数据化生产资料、设施、工具。

数据供应链的发展仍然存在很多问题：消费人群的消费偏好以交易对象的原始数据为主，附加值低，限制了数据的交易价值；缺乏有效的数据定价与确权机制，交易成本高，成交率低；搜索引擎分析其用户使用数据，对需求方的数据分析应用能力欠缺。

数据增值服务使数据价值更加清晰和显化。在数字经济时代，借助数据资产进一步拓展数据服务，数据供应链向后端延伸，数字服务提供方借助数据资源和相关专长，转向数据的进一步分析加工，深入挖掘数据价值；利用平台化运营，以数据服务的模式提高企业运营效率；借助网络效应累积数据资产，推动数据资产的增值与商业应用。

4. 全球现代供应链拥抱数字经济

全球发展迈入数字经济时代，作为产业体系的重要枢纽，供应链的数字化转型将是全球现代供应链发展的主要模式。随着智能技术的快速发展，数字经济已经触达社会各阶层，将给全球现代供应链带来更多的改变。

在数字经济时代，数字化建设在我国加速推进，传统产业朝智能化、数字化产业结构发展；全球现代供应链理论体系建设、供应链理论体系宣传推广、供应链创新与应用试点专业支持、公共服务平台建设、供应链标准制定、信息统计和评价体系建设、国际交流与合作等加快推进，并发挥积极作用，为全球现代供应链发展贡献力量。

随着大数据、云计算、物联网、人工智能等新兴技术的兴起，全球产业踏上了数字化转型的道路。加快推进满足数据应用需求的网络基础设施建设，创新数据产品研发机制，未来全球都将拥抱数字原生、数字化转型、数字孪生。作为企业运营的重要环节，供应链的数字化变革迫在眉睫。未来的供应链将是数字化供应链、一体化协同推进的数据产业链，可为数字经济创新发展提供强大的产业支撑，进而使全球迈向数字经济时代，全球现代供应链将拥抱伟大的数字经济时代。

8.5.3 全球现代供应链受疫情和经济双重压力而发生变化

2020 年，新冠肺炎疫情在全世界大爆发，对人类特别是全球经济造成空前的影响，其影响力度实属罕见，并远远超出了人们的预料，全球经济贸易受到严重冲击。新冠肺炎疫情对全球现代供应链冲击的加剧，引发全球产业的大变革，给全球公共卫生安全带来巨大的挑战。

1. 全球抗"疫"中国策

2020 年 3 月 26 日，国家主席习近平出席 G20 领导人应对新冠肺炎特别峰会，并传递出强大信心，提出全球战"疫"中国策。产业链、供应链环环相扣，只要一个环节阻滞，上下游就无法运转，这也是中国高度重视全球现代供应链开放、稳定、安全的原因。面对新形势，中国要继续坚持外防输入、内防反弹，及时发现无症状感染者，防止疫情死灰复燃。更迫切的问题是，要打造更具坚韧性的全球现代供应链，使之更加适宜全球经济发展。

2. "确保全球现代供应链安全"的解读

新冠肺炎疫情扰乱和撕裂全球现代供应链有序的运行结构，使供应链运行大大受阻、成本大大提高，对全球产业链、供应链、价值链造成了极大危害。面对这样严峻的形势，我国提出要加强国际经贸合作，加快国际物流供应链体系建设，保障国际货运畅通。我国把确保全球现代供应链安全提升到了国际战略高度，要打一场全球现代供应链保卫战。

"确保"是一种大国担当。供应链在社会经济中占据基础与先导地位，新冠肺炎疫情冲击及破坏性最大的是产业链、供应链与价值链。供应链是全球化的产物，供应链涉及前端供给与终端需求，任何一个"链环"出现问题，发生"裂"

或"断"都将危及这个大整体。供应链处于产业链与价值链的中间；供应链不安全，产业链就不可能安全，价值链更不可能安全。中国在这场全球疫情中的大国担当，力量之源在于全球共同体这个崇高的使命。随着中国新冠肺炎疫情逐步得到控制，中国采取了一系列调控措施支持企业复工复产，努力将疫情对经济造成的损失降到最低，特别是确保全球现代供应链稳定、安全。

3. 经济发展特别是产业链恢复面临新的挑战

新冠肺炎疫情给人民生命安全和身体健康带来巨大的威胁，全球经济严重受挫，全球现代供应链正因经受经济与疫情的双重压力而发生裂变与重构。中国在全球产业链中占据核心位置，优势集中体现在中下游制造领域，在新冠肺炎疫情的巨大冲击下，进口和出口两个渠道对我国工业生产造成冲击。2020 年第一季度，我国制造业、建筑业、消费、进出口首次出现负增长，短期需求受到的冲击大于供给。

中国是世界上唯一拥有联合国产业分类中全部工业门类，即 39 个大类、191 个中类、525 个小类的国家，中国形成了门类齐全、独立完整的工业体系。守住中国在全球现代供应链中的地位，优先恢复出口贸易，对全球化生产和供应链体系恢复具有重要意义。在此情况下，中国有自己的优势，中国是全球第二大经济体、全球第二大消费国、全球第二大吸引外资国、全球第一大制造国、全球第一大贸易国、全球第一大外汇储备国。当然，中国还缺乏高精尖技术、高科技，但中国正在加紧赶上。

4. 新冠肺炎疫情是全球产业链转型升级的机会

中国要抓住国际上部分产业停摆、经济衰退的机会，加快"补链"，重点打造一批空间上高度集聚、上下游紧密协同、供应链集约高效、规模大的战略新兴产业链集群。中国还是一个发展中国家，不仅有14亿人口的消费市场，更有新型工业化、城镇化与农村振兴的强大市场，"稳定经济"和"稳定社会"这个概念传递出的信息具有重大影响。

在新冠肺炎疫情危机应对方面，既要调动物质力量，又要调动精神力量。物质力量、精神力量相互配合、相互补充，却无法相互取代。中国在新冠肺炎疫情中之所以能够在短时间内取得最大优势，不仅源于全国统一行动的制度优势，更有集中力量办大事的能力。

新冠肺炎疫情重创了全球产业链，国际订单纷纷在撤单，虽然很多企业已复工，但没有订单是很大的问题。很多企业由于订单撤消无法复产，甚至面临倒闭，但也有一些企业，订单不但没有减少，还有较大幅度的增长。究其原因，是这些地方已经形成了产业链集群。例如，电子制造相关的配套零部件超过 80%是在中国生产的。这种集群化的生产模式，降低了从全球采购零部件带来的风险，在新冠肺炎疫情时期更突出显示了竞争力。

5. 内需产业供应链

在国际新冠肺炎疫情出现恶化的背景下，我国进出口受到影响，更要注重开发国内市场，扩大内需，刺激消费。内需产业供应链是指，在国家内或一个地区或一个城市群的经济商圈，在市场已有成熟基础条件下，自我形成一个内需消化的市场，自我形成这个区域生产和消费产品的供给自如，发挥产品快速集散功能，并形成产业链集群比较完整的行业，整合和优化供应链中的"五流合一"能力，努力稳定以获得产业的整体竞争优势。产业链动向是由经济规律决定的；如何配置资源，以及如何采购与供应，是由产品价格、品质、产量、交货速度等要素决定的。在激烈的市场竞争中，要按经济规律配置产业链。新冠肺炎疫情也催生了一些新场景，借机可以推进商业模式创新，积极培育线上消费业态，加快形成新的消费增长点。推进新一代信息基础设施建设，构建生态体系，促进线上线下融合等新模式加快发展，开辟经济增长新空间。全球现代供应链上下游关联的制造业企业不可避免地承受难以弥补的损失，因此需要具备全局性、长远性意识，确保每个链环节到位。要了解上下游产业链，准确发现哪个链环节需求在哪里，以全局意识谋划，准确地在用工、原材料供给、基础配件供应、物流运输、行业协调等方面做好保障，全面提升内需产业供应链，同时根据以大带小、上下联动、共享互动的思路，针对制造业复工复产中的问题进一步采取措施，推动产业链协同复工复产。内需产业供应链是新冠肺炎疫情中全球产业链重构的重要特征，中国已形成或将形成内需产业供应链集群的优势条件，将会更加刺激与吸引全球高端制造业关注，使其主动参与进来。中国自己把产业做强、做优了，国际产业链必然会回流。在常态化疫情防控中全面推进复工复产达产，确保内需产业供应链全面启动、稳定运行，才能推动经济平稳、有序发展。

6. 维护中国供应链基本稳定的应对举措

没有哪个国家愿意丢失中国市场，外商将会看到中国产业链市场的发展前景，并愿意将资金投给准备加入中国产业链集群的企业。抓住机会，做到引资

"补链、扩链、强链"，加速完成粤港澳大湾区、长三角、京津冀、成渝经济圈四大经济圈的产业链集群建设。守住中国目前在全球主要产品供应链的核心地位，出口企业抓住机会，加速数字化与智能化转型。采取更优惠措施吸引全球顶级公司来中国设厂，培养及形成高端产业链。加强中国在全球现代供应链的优势地位，加强在高科技领域的研发投入，支持引领全球发展的产业，包括集成电路、人工智能、大数据等，将中国产业链的位置向中高端延展，以此来巩固中国在全球现代供应链的核心地位。

7. 未来全球现代供应链彰显中国力量

全球化是当下世界最热门的议题。全球化会遇到新矛盾、新挑战，但全球化大趋势不会改变。社会是动态的，发展是动态的，灾难是动态的，胜利也是动态的，一切都是动态的，谁能够在变化中取胜、在动荡中取胜、在灾难中取胜，谁就能抓住演变中可能存在的机遇。新冠肺炎疫情对所有国家、所有地区、所有企业、所有人都是一个重大的意外。我们可以看到，新冠肺炎疫情正在促使下一阶段的产业更重视数字基建、云服务、物联网、远程连接。其他国家的不确定性可能会使中国成为全球资本"避险求安"的"平衡"首选目的地，全球现代供应链上的中国力量将得以巩固，未来全球现代供应链将彰显中国力量。

参考文献

[1] 王义桅. 世界是通的——"一带一路"的逻辑[M]. 北京：商务印书馆，2016.

[2] 刘卫东，田锦尘，欧晓理，等. "一带一路"倡议研究[M]. 北京：商务印书馆，2017.

[3] 赵磊. "一带一路"：中国的文明型崛起[M]. 北京：中信出版社，2015.

[4] 肖振生，张勤，周旋. 数说"一带一路"[M]. 北京：商务印书馆，2016.

[5] 苏尼尔·乔普拉，彼得·迈因德尔. 供应链管理[M]. 6 版. 陈荣秋，等，译. 北京：中国人民大学出版社，2017.

[6] 朱莉. 全球供应链网络优化管理：协调、均衡、协同[M]. 北京：科学出版社，2014.

[7] 陈苏明. 全球供应链管理与国际贸易安全[M]. 上海：上海人民出版社，2016.

[8] 丁俊发. 中国供应链管理蓝皮书（2017）[M]. 北京：中国财富出版社，2017.

[9] 丁俊发. 供应链理论前沿[M]. 北京：中国铁道出版社，2017.

[10] 孙燕，李芏巍. 基于构建国际供应链枢纽城市的探讨[J]. 公路交通科技：应用技术版，2018，4：314-316.

[11] 李芏巍. 中华驿站与现代物流[M]. 北京：中国财富出版社，2013.

[12] 李芏巍. 电商的战国[M]. 北京：社会科学文献出版社，2013.

[13] 李芏巍. 快递来了：顺丰速运与中国快递行业 30 年[M]. 中国铁道出版社，2015.

[14] 李芏巍. 电商大时代[M]. 北京：社会科学文献出版社，2014.

[15] 李芏巍. 电商之竞合[M]. 北京：社会科学文献出版社，2015.

[16] 李芏巍. 物流地产[M]. 北京：中国财富出版社，2014.

[17] 李芏巍. 国家物流枢纽将会是未来财富聚集点[J]. 大陆桥视野，2019(2)：64-67.

[18] 丁俊发. 供应链国家战略[M]. 北京：中国铁道出版社，2017.

[19] 丁俊发. 供应链产业突围[M]. 北京：中国铁道出版社，2017.

[20] 丁俊发. 供应链企业实战[M]. 北京：中国铁道出版社，2017.

[21] 李芏巍. 高端物流探索与研究[J]. 中国流通经济，2008，22(12)：20-23.

[22] 白永秀，王泽润. "一带一路"经济学的学科定位与研究体系[J]. 改革，2017(2)：19-27.

[23] 龚勤林. 合作共建绿色丝绸之路的思考[J]. 区域经济评论，2017，6：16-19.

[24] 赵晋平，罗雨泽. 一带一路建设的理论探索与实践成就[J]. 理论导报，2017，5：66-66.

[25] 冯绍雷. 一带一路建设呼唤理论创新[N]. 人民日报，2017 年 5 月 12 日.

[26] 杨雪锋. "一带一路"倡议为全球化指明新方向注入新内涵[N]. 人民网，2017 年 5 月 22 日.

[27] 蒋华栋，李鸿涛. "一带一路"建设将深刻影响全球政治经济格局[N]. 经济日报，2017 年 8 月 14 日.

[28] 张璟霖，伦祖炜. 区块链技术与供应链金融结合研究[J]. 合作经济与科技，2017(21).

[29] 王红春，刘帅. 大数据在供应链管理中的应用研究综述[J]. 物流科技，2017(8).

[30] 刘一成，吴若均，邹璐璐，等. "互联网+"背景下的农业供应链金融模式研究[J]. 现代商业，2018，3：105-108.

[31] 刘潇潇. 德国智库的运营机制及启示[J]. 中国社会科学评价，2017，2：111-124.

[32] 段伟常. 区块链供应链金融[M]. 北京：电子工业出版社，2018.

[33] 吕越，马嘉林，田琳. 中美贸易摩擦对全球价值链重构的影响及中国方案[J]. 国际贸易，2019，452(8)：29-36.

[34] 聂清，王晶. 绿色供应链在欧洲的发展及启示[J]. 生态经济（学术版），2010(1)：95-98.

[35] 楚丹. 推动"中国服务"参与主导全球价值链[N]. 国际商报，2018 年 4 月 8 日.

[36] 陈姝含. 借力"一带一路"上合组织将形成合作新格局[N]. 中国经济时报，2018 年 6 月 8 日.

[37] 王天津. 实施"一带一路"倡议 创建对外开放新格局[J]. 国家治理，2018，188(20)：43-50.

[38] 保建云. 大国博弈中的全球产业链分化重构[J]. 人民论坛·学术前沿，2018，154(18)：47-57.

[39] 尤嘉. 德国货运中心对苏南城市物流"最后一里"的启示[J]. 合作经济与科技，2015(21).

[40] 张颖川. 智能制造下的智慧供应链变革[J]. 物流技术与应用，2018，23(4)：84-86.

[41] 李幼萌. 加拿大重要的太平洋门户港战略[J]. 中国港口，2012，6：61-62.

[42] 谭铁牛. 人工智能的历史，现状和未来[J]. 网信军民融合，2019(2).

[43] 王海燕，焦知岳. 如何缓解中欧班列"返空"尴尬?[J]. 对外经贸实务，2018.

[44] 齐严. 美国供应链趋势及其对我国物流业的启示[J]. 宏观经济管理，2010(10)：72-74.

[45] 李芏巍. 自由贸易试验区与国家物流枢纽城市建设的战略定位思考[J]. 大陆桥视野，2020(1)：58-59.

[46] 李芏巍，杨倩，许行，等. 生产服务型国家物流枢纽：概念、特征及其在全球供应链中的地位[J]. 供应链管理，2020，3(3)：94-108.

[47] 李芏巍. 内陆城市发展国际陆港的基本思路和建议[J]. 大陆桥视野，2011(9)：44-45.

[48] 李芏巍，杨倩，甘盖凡，等. 新基建战略下国家物流枢纽及重要物流基础设施发展机遇研究[J]. 供应链管理，2020，10(10)：101-117.

[49] 汪鸣. 国家物流枢纽高质量建设与发展探讨[J]. 大陆桥视野，2019(9)：59-62.

[50] 周国辉. 现代供应链发展迎来政策春风[N]. 国际商报，2018 年 6 月 14 日.

[51] 梁海祥. 全球供应链是支撑经济全球化的重要力量[N]. 信息时报，2019 年 10 月 28 日.

[52] 陈红梅，李芏巍，杨倩，张震. 港口型国家物流枢纽：概念、特征及其在全球供应链中的地位[J]. 供应链管理，2020，1(9)：62-73.

[53] 李宏斌，李芏巍，王振，等. 空港型国家物流枢纽：概念，特征，机理及其在全球供应链中的特殊地位[J]. 供应链管理，2(7)：11.

[54] Neiberger C. The effects of deregulation, changed customer requirements and new technology on the organisation and spatial patterns of the air freight sector in Europe[J]. Journal of Transport Geography, 2008, 16(4):247-256.

[55] Alkaabi K A, Debbage K G. The geography of air freight: connections to U.S. metropolitan economies[J]. Journal of Transport Geography, 2011, 19(6):1517-1529.

[56] Mayer R. Airport classification based on cargo characteristics[J]. Journal of Transport Geography, 2016, 54:53-65.

[57] 葛春景. 我国货运功能为主的机场界定及特征分析研究[J]. 综合运输，2017(11)：42-46.

后 记

　　《"一带一路"与全球现代供应链》推出并进入公众视野，是"一带一路"和"全球现代供应链"两大产业细分与进步的结果。"一带一路"和"全球现代供应链"不仅是中国关注的内容，也是全世界关注的内容。笔者在长期从事城市发展战略和物流供应链实践探索与理论研究的基础上，对"一带一路"与"全球现代供应链"两大命题进行了全面、翔实的梳理，以让读者看到"一带一路"前进的铿锵，"全球现代供应链"承载着的豪情和希望。

　　在《"一带一路"与全球现代供应链》书稿整理过程中，笔者见证了"一带一路"从倡议到实施的过程；感受了全球现代供应链发展与创新探索的过程。从开始写作至完稿，笔者不断与有关人士交流，得到了很多建议、鼓励和帮助，借此机会向他们致以衷心的感谢。

　　感谢《物联网在中国》（二期）编委会和《国之重器出版工程》编辑委员会的支持与鼓励。特别感谢国家金卡办主任张琪司长多年来一贯的支持与帮助。感谢编委会领导、委员和专家，谢谢大家！

　　本书荣幸邀请商务部供应链专家、中国物流与供应链资深专家丁俊发作序。笔者与丁俊发相识于 20 年前，他是我特别尊重的一位师长，是德高望重的专业研究型学者，是国家级物流与供应链专家，也是中物策（北京）工程技术研究院的专家顾问，笔者非常敬佩他。一是他把物流与供应链作为一个崇高的事业，不仅注重理论方面的前瞻性研究，而且用自己的实际行动为推动中国物流业与供应链的发展作出了巨大贡献，被业界所推崇，获得终身成就奖与杰出贡献奖。二是他对笔者的工作一贯支持，每次相见都会对物流与供应链进行探讨，他的真知灼见对中物策（北京）工程技术研究院在各地项目的深入研究与实践有重要意义。他退休后更是倾注全部精力在各地走访调研和进行理论研究工作，并形成了丰富的理论与成果，对中国现代物流和现代供应链体系建设做出了重要贡献。当我告知他已着手编写《"一带一路"与全球现代供应链》这本书时，他给予了极大的支持与鼓励，肯定了题目和题材，建议花费大量精力和时间去做，并提出了许多建设性意见。他一直有个愿望挂在嘴边，那就是中国要从物流大国走向物流强国，成为全球重要的供应链创新中心。在书稿完成后，他欣然答应为本书作序。他已80岁高龄，但仍然战斗在中国物流与供应链第一线，这是值得大家学习的。特此感谢丁俊发对本书给予的帮助与支持！

本书得到国务院原参事、全国政协原常委、中国物流策划研究院和中物策（北京）工程技术研究院院务委员会主席、中国物流与供应链智库专家顾问委员会主席任玉岭研究员，国务院参事、全国政协原常委、中国物流策划研究院和中物策（北京）工程技术研究院院长李庆云教授，住房和城乡建设部稽查特派员、中国物流策划研究院和中物策（北京）工程技术研究院副院长苏是嵋教授级高工的帮助与支持，特此感谢。

在本书编写过程中，广州大学原副校长禹奇才教授，国际著名冷链专家、广州大学工商管理学院谢如鹤教授，广州大学建筑学院副院长龚兆先教授、沈粤教授，广州大学建筑设计研究院李建军院长、骆尔提书记、肖泽红常务副院长、吴薇副院长、罗文副院长、宁艳教授等对本书给予了帮助与支持，特此感谢。

本书在编写过程中得到了国内行业专家们给予的支持与鼓励，他们是中国物流学界的泰斗王之泰教授，北京交通大学物流研究院院长徐寿波院士、副院长王耀球教授，中国物流与采购联合会和中国物流学会会长何黎明、副会长崔忠付、副会长贺登才、副会长蔡进、副会长戴定一，全国物流园区专业委员会主任姜超峰、副主任冯耕中、副主任张晓东，中粮工程科技股份有限公司纪委书记陈华定，国家发展和改革委员会综合运输研究所所长汪鸣，国务院发展研究中心研究员魏际刚，广东省中小企业局副局长黄建明等，特此鸣谢。

本书在编写过程中得到了遂宁市政府、德阳市政府、达州市政府、广清指挥部、鹤壁市人大常委会、安康市政府、安康市发展改革委、高安市政府、都匀市政府、遂宁市船山区政府、乌兰察布市集宁区政府、中国西部现代物流港管委会、集宁现代物流港管委会、宜宾市翠屏区政府、德阳市商务局、清远市规划局、恒口示范区（试验区）管工委、达州国资管理公司、达州秦巴物流园、达州供销合作联社、四川棉麻集团、宜宾市翠屏区商务局、高安市汽运产业基地管委会等的帮助与支持，特此感谢。

本书在编写过程中得到了中国物流与供应链智库、首控国际智库、中新智库、"一带一路"自贸驿站建设发展工作联席会议、中关村产融合作与转型促进会、中国信息协会智慧物流产业分会、华南商业智库、亚太供应链智库、华南现代物流学会、广东省商业经济学会、广东物流与供应链协会、广东物流与供应链学会、广东高科技产业商会、广州物流技术与应用协会的帮助和支持，特此感谢。

本书在编写过程中得到了贵州省投资促进局、贵州省职工书画摄影家协会、贵阳市乌当区政府、荣氏投资集团、贵州荣氏贵广生鲜供应链有限公司的帮助与支持，特此感谢。

本书在编写过程中，得到了广州商控集团、广州交投集团、东鹏集团、绿然集团、来裕集团、林安集团、顺和集团、湘林集团、威斯腾西部铁路物流园区、四川双龙铁路物流园、天源国际、北京雨成管理、广百物流、海元物流、佳吉物流、都匀电子商务仓配港、贵海仓储、都匀农投、广州广匀和、志鸿物流、宝新物流、行者物流、中运国际、贵广绿谷创意园、广东兰亭智投、广州贵广投资、节点云科技信息、贵州省仁怀市本味坊酒业、贵州省仁怀唐家酒坊、广东黄老爷生物科技等企业的帮助与支持，特此感谢。

在本书编写过程中得到了《澳门导报》报社及陈藝（Lucy）总编辑的帮助与支持，特此感谢。

特别感谢中国物流学会、中国物流策划研究院、中物策（北京）工程技术研究院、广州大学建筑设计研究院、广州大学工商管理学院、广州大学物流类专业教学指导委员会、广州大学物流与运输研究中心等对本书给予的帮助与支持。

本书得到了中国物流与供应链智库精英团队优秀成员李家齐教授、李弘教授、黄远新教授、林植潘教授级高工、秦进教授、陈红梅教授、张良卫教授、易海燕副教授、杨京帅副教授、刘广海副教授、刘仁军副教授、刘鹏飞副教授、李宏斌博士、冯志祥高级经济师、古日新注册规划师、甘盖凡注册规划师、薛战雷注册规划师、徐来注册规划师、颜梦注册规划师，以及许行、付夏莲、李峻磊、杨倩、赵春洁、马兰等的帮助和支持，特此感谢！感谢广州李芏巍工作室李子豪、李慕妍、李灏钧等给予的帮助和支持。

感谢出版社及编辑对本书给予的帮助、支持和辛苦的工作。

另外，本书写作参阅与引用了大量相关的资料、数据、事例，这些都来源于公开发表的报纸、杂志、书籍，以及网络、电视、广播等，有原作出处的本

书已经注明，有遗漏未注明出处的，在此一并致谢。本书涉及信息来源广泛，感谢所有参考资料的作者及其单位的支持与帮助。若本书中标注遗漏，请有关人员与笔者联系（微信：liduwei56；助理电话：020-86237961）。

感谢所有对本书给予帮助与支持的朋友们！在此，谢谢大家！

李芏巍

于广州大学